INTRODUCTION TO LATIN AMERICAN LITERATURE

A Bilingual Anthology

Jack Child

UNIVERSITY
PRESS OF
AMERICA

Lanham • New York • London

Library of Congress Cataloging-in-Publication Data

Introduction to Latin American literature : a bilingual anthology /
[compiled by] Jack Child.
p.   cm.
Includes bibliographical references and index.
1. Spanish language—Readers.   2. Spanish American literature.
I. Child, Jack.
PC4117.I57   1994   468.6'421—dc20   94–26826 CIP

ISBN 0–8191–9694–0 (pbk. : alk. paper)

The paper used in this publication meets the minimum requirements of
American National Standard for Information Sciences—Permanence
of Paper for Printed Library Materials, ANSI Z39.48–1984.

Contents

Preface

This text is intended for third-year college Spanish students who have just completed a 300-level "advanced" or "conversation and composition" course. As such it is appropriate for courses which attempt to make the transition from basic language-acquisition courses to upper level elective language courses (literature, topics, colloquia, and other courses taught in the Spanish language in which content is stressed).

In searching for materials appropriate for such a transition or "bridge" course, we ran into a lack of suitable texts. The readers designed for advanced or conversation and composition courses were too simple, and did not give the student a realistic preparation for higher level courses. On the other hand, most literature anthologies were far too difficult for the student at this level, especially if they involved the early periods of Latin American literature, or regional or popular variants of Spanish. A number of texts carrying variants of the title "Introduction to Latin American Literature" have numerous students aids in the forms of glosses, footnotes and supplementary vocabulary, but even with these aids the material was found by most students to be excessively difficult. A partial solution was found by providing students with English translations of the more difficult passages. This in turn led to this present text, which provides an English translation of the texts in parallel with the original Spanish.

We are aware that this approach has its pitfalls. The danger exists that some (or many) students will limit their efforts to reading the English version. However, our experience with the translation approach over a number of semesters has proven to be quite positive. At the beginning of the course the approach is carefully explained, and the use of the English as an aid to learning (and not as the primary reading source) is stressed. Lesson 1, which follows, provides the student with a written explanation of the technique. Students understand the approach and appreciate the high level of support which is available to them through the translated version. All class discussion, as well as quizzes and exams, are in Spanish, as are written reports. The introductory and biographical sections of each lesson are available only in Spanish.

Organization of the text is by lessons which provide appropriate material for a single class session, with supplemental readings used as necessary. A glossary and summary tables for each period give additional

organizational structure to the readings.

The author has developed a Macintosh computer program (on Hypercard software) which has been used as a review and tutorial, with gratifying results. There is also available a course syllabus, as well as quiz and examination materials. Master copies of these materials are available free of charge (with authorization to reproduce as needed) for colleagues who use this text in their courses. For further information, please contact the author: Dr. Jack Child, Department of Language and Foreign Studies, The American University, Washington, D.C., 20016-8045. Tel: 202-885-2385.

A number of friends, colleagues and students have assisted in this project, and they richly deserve acknowledgment. At the University level, Dr. Ann S. Ferren (Vice Provost for Faculty Development and later interim Provost) and Dr. Valerie French (as Director of the Greenberg Ph D Seminar) were instrumental in providing the support which permitted hiring students to do the artwork and scanning for the computer programs. Our Department head, John Schillinger, was constantly supportive, as were Spanish/Latin American Studies colleagues Amy Oliver, Olga Rojer, Danusia Meson, Frank Graziano, Covadonga Fuertes, Pedro Vidal, Mary Corredor, Hugo Pineda, Jeanne Downey-Vanover, Oscar Salazar, and Diane Russell-Pineda. Students who drew most of the illustrations and assisted with the typing, proofing and scanning included Daniel Silver, Ferdinanda Hogroian, Daniel Neuland, Nat Schillinger, Amy Spokas, Kevin Kim, Nayibe Neuland, Isabel d'Avila, Cheryl Thibideau and Michelle Butler. During the Spring 1994 semester the draft text came under the critical eye of our graduate seminar students; of particular value were the comments and corrections made by Judi Sullivan, Jeanie Murphy, Char Chrysler, Faith Powers, Rita Cooley, Meg Kiely, Jessica Ramos López, and Amy Sczesny.

I am especially grateful for the cheerful encouragement provided (as in the past) by Helen Hudson of the University Press of America. Evita Canal de Beagle (AKC) and La Perrichole continued to contribute their specialized talents, and María Mactusi helped in the word processing. *Colega, compañera y amiga* Leslie Morginson-Eitzen was, as always, supportive and patient, including the part of the project carried out during our last trip to Antarctica in the 1993-1994 austral summer.

Lección 1: Introducción

Este texto es para estudiantes de castellano en el tercer año universitario. Tiene varios propósitos. Por una parte, es una continuación progresiva del ciclo normal del estudio de la lengua que va del nivel elemental, al intermedio, y después al avanzado (o "conversación y composición"). El texto se creó para seguir al nivel avanzado, y con el objetivo de darle al estudiante la oportunidad de pulir su español antes de entrar en los cursos más especializados y difíciles que tratan la literatura, la civilización y la cultura de América Latina. Por otra parte, el texto es una introducción a la literatura de los países hispanoamericanos y presenta esta literatura a través de autores representativos de los principales movimientos desde los precolombinos hasta el post-modernismo. Finalmente, siempre hemos creído que la literatura y la historia de un pueblo tienen un lazo innegable, y que el estudio de ambos en forma paralela tiene grandes ventajas; de hecho, este texto trata de siempre colocar al autor y su obra en su momento histórico.

La manera correcta de usar este texto es la siguiente:

-Primero, leer el texto en español rápidamente para tener una idea del nivel de dificultad. Si se entiende la mayor parte de la lectura, se deben marcar las palabras o las frases que causan dificultades.

-Se pueden resolver estas dificultades consultando la parte correspondiente del texto en inglés, ya que la organización en columnas opuestas (castellano e inglés) permite encontrar rápidamente la palabra o frase en la otra lengua.

-Si la lectura inicial indica que el texto en español es demasiado difícil para entender el sentido general de la lectura, se debe leer el inglés para obtener este sentido y luego leerlo nuevamente en castellano. Se deben marcar las palabras en castellano que causan dificultades y buscar el vocablo correspondiente en inglés en la otra columna.

Desde luego, todos los comentarios y discusiones en el salón de clase se hacen en el idioma castellano, y en este proceso se enfatiza la necesidad de haber leido el texto en español para tener el vocabulario y las construcciones necesarias. Las pruebas escritas y las composiciones también se hacen exclusivamente en castellano.

El autor de esta antología preparó todas las traducciones (con una o dos excepciones señaladas). Se tuvo que enfrentar al clásico dilema del traductor: el tener que encontrar el equilibrio entre lo bello y lo fiel. En otras palabras, el traductor tiene que decidir si va a inclinarse hacia una traducción más bien literal para enfatizar la equivalencia entre palabras, o, caso contrario, tratar de expresar el contenido con mayor soltura y estilo natural en la segunda lengua. Normalmente el traductor toma el segundo camino, especialmente si se trata de material en que los valores estéticos son importantes (caso de literatura, y especialmente poesía). En este texto el traductor se obligó, *contra natura*, a ser bastante literal, con el propósito de darle al estudiante la mayor ayuda posible al poder ver la equivalencia directa entre palabras y frases en las dos lenguas. El resultado final es una traducción que a veces suena un algo rebuscado y poco natural, especialmente en las traducciones de poesía. Pero esperamos que se nos juzgue por el propósito pedagógico, y no por el resultado estético.

Al escoger los textos para esta antología hemos tratado de seleccionar aquellos que tienen valor histórico además de literario y lingüístico. Otro criterio fue el nivel de dificultad, aunque en algunos casos (literatura de conquista y del período colonial) no había manera de evitar el problema de la dificultad salvo haciendo algunas simplificaciones al texto. Hemos tratado de incluir lecturas que dan la perspectiva de las culturas indígenas americanas, y las primeras lecciones se dedican a este tema. Cronológicamente, las lecturas abarcan más de cinco siglos, desde los fines de la época precolombina hasta comienzos del siglo veinte (la Revolución Mexicana).

Lección 2. La literatura precolombina: los mayas y los incas

Es difícil, pero muy necesario, comenzar nuestro viaje a través de la literatura latinoamericana con la literatura que existía antes de la llegada de los conquistadores españoles y portugueses. Hay tres grandes problemas al tratar de usar esta literatura.

Por una parte las civilizaciones precolombinas no tenían una escritura que se prestaba para la preservación de las obras escritas. Lo que sí tenían era una serie de sistemas de símbolos jeroglíficos o mnemotécnicos que servían para mantener documentación acerca de fechas, hitos importantes, nombres propios, cantidades, e información fundamental relacionada con la medicina, la historia, y la ciencia. Como ejemplos, tenemos los "quipus" incaicos, que eran sistemas de nudos que indicaban, entre otras posibilidades, cantidades de bienes y alimentos que se conservaban en los depósitos de la administración del imperio incaico. Los primeros conquistadores españoles, como por ejemplo Hernán Cortés en México, mencionaban que habían encontrado "libros", pero estos resultaron ser colecciones de dibujos jeroglíficos que registraban fechas y nombres de jefes importantes. Los Mayas habían comenzado a hacer la transición de un sistema jeroglífico a uno de fonemas, pero la transición fue solamente parcial, y hasta la fecha no ha sido posible descifrar muchos de estos símbolos.

El segundo gran problema con el estudio de las literaturas precolombinas es que los españoles, como casi todos los conquistadores a través de los siglos, querían destruir cualquier aspecto de las culturas

Cuadro 2.1: La literatura precolombina
(Lecciones 2 y 3)

Marco histórico-cultural:	Las grandes civilizaciones pre-colombinas
En la literatura:	Tradiciones orales "Libros" mnemotécnicos Transcripciones al español en los Siglos XVI, XVII
Autores	En general anónimos. Mayas: Libros del Popol Vuh Chilam Balam Aztecas: Nezahualcoyotl (1402-1472) Macuilxochitzin (1435?-Fines Siglo XV?) Incas: transcripciones del Inca Garcilaso (1539-1616) en los *Comentarios Reales*
Fechas aproximadas:	Hasta la Conquista (Siglo XVI)
Otros aspectos culturales:	Los grandes monumentos y los trabajos en piedra, plumas, telas, metales preciosos, cerámica. Aztecas: Tenochtitlan Mayas: ciudades abandonadas; las estelas; los frescos de Bonampak Incas: Cuzco, Machu Picchu

descubiertas para poder imponer su propia cultura como instrumento de control. Es así que los primeros sacerdotes católicos y conquistadores que llegaron se emprendieron en quemar muchos de estos "libros" precolombinos, además de los grandes monumentos arquitectónicos, esculturas, joyas y obras de arte con un posible significado religioso o político. Debemos mencionar que algunos historiadores y sacerdotes sí querían preservar ciertos de estos elementos precolombinos por su valor histórico, y en muchos casos estos pocos ejemplares representan casi todo lo que tenemos para estudiar.

Figura 2.1 Perfil maya

Por último, tenemos el problema que la tradición cultural precolombina se transmitía más que nada por la vía oral. Es decir, la historia, los mitos, las hazañas y las leyendas iban acumulándose y pasando de generación en generación por medio de la voz oral. Con la conquista, esta cadena en muchos casos se interrumpió, aunque también tenemos casos en que historiadores y sacerdotes españoles trataron de transcribir estas tradiciones orales para preservarlas.

Los libros sagrados de los Mayas: El Popol Vuh y El Chilam Balam.

Un buen ejemplo de esto es la lectura que sigue, tomado del libro sagrado del pueblo Maya-Quiché, el Popol Vuh. La civilización maya había decaído considerablemente cuando llegaron los primeros europeos, y las grandes ciudades mayas estaban ya abandonadas en las selvas de América Central. Los Quiché eran uno de los principales grupos mayas que mantenían muchos aspectos de su cultura antigua, incluyendo una fuerte tradición oral que preservó gran parte de sus leyendas y religión.

A mediados del Siglo XVI (probablemente alrededor de 1550) un

maya-quiché educado en la lengua castellana, cuyo nombre desconocemos, tomó la pluma y trató de escribir, en lengua quiché pero con letras y ortografía fonética castellana, las historias y leyendas que había escuchado. Esta tradición verbal probablemente arranca de varios cientos de años antes, aunque indudablemente sufrió muchas modificaciones a través de los siglos. Un siglo y medio después (en 1702) un sacerdote español en la ciudad guatemalteca de Chichicastenango descubrió este antiguo manuscrito, y lo mandó traducir al castellano, con el nombre de Popul Vuh ("el libro del pueblo").

El fragmento que sigue nos cuenta la leyenda de la creación del mundo de acuerdo a la tradición maya. Es notable la semejanza con la narración judeo-cristiana que encontramos en el libro de Génesis en la Biblia, y es posible que los sacerdotes españoles que supervisaron su transcripción hayan influido en la versión final. Pero también es notable el papel que desempeña el maíz en el mito maya de la creación. Hasta el día de hoy en la región de la vieja civilización maya el maíz se considera no solamente como alimento esencial, sino también como símbolo de vida, espíritu, y religión.

El Popol Vuh

Era el principio. Todo estaba en calma y en silencio. Nada se movía, todo en suspenso, en una larga e interminable noche.

Sólo estaban rodeados de luz los Progenitores de Tepeu y Gucumatz. En el éxtasis de una gran pasión vino la Mente del Cielo, el Huracán. En este momento sintieron la necesidad de hablar los Progenitores y la primera palabra vino a la vida y con la palabra vino después una extensa deliberación. En la deliberación, bajo la inspiración de Huracán, se alcanzó el acuerdo de crear la vida.

Se creó la tierra de una nube

The Book of Popol Vuh

It was the beginning. All was silent and calm. Nothing moved, all was suspended, in the long and unending night.

The Ancestors Tepeu and Gucumatz were the only beings that were, bathed in light. In the ecstasy of a great passion came the Mind of the Sky, the Hurricane. And then the Ancestors felt the need to talk and thus the first Word was born. With the Word came deliberation and discourse. In this deliberation, under the inspiration of the Hurricane, they reached agreement that life should be created.

They created Earth from a giant

gigante; sobre ella se levantaron las montañas y se crearon los valles; inmediatamente después las florestas y los bosques de pinos y cipreses. Tras ellos fueron esparcidas las aguas y los ríos corrieron entre las verdes colinas. Pero los dioses quisieron ver su obra y para ello alumbraron con el alba al mundo. La diosa madre Gucumatz exclamó llena de regocijo: "¡Qué grande ha sido tu inspiración, O Huracán!"

Pero la tierra seguía en silencio y en quietud. Los creadores dijeron: "Esto no puede ser, hay que romper el silencio". Entonces vinieron los animales, de todas las clases, de todos los colores, de todos los tamaños, salvajes y mansos. Pero el creador les dijo: "Ahora háblennos; no guarden silencio, digan sus nombres. Invóquennos". Pero los animales no pudieron hablar, ni decir sus nombres, ni invocar a sus progenitores. Entonces los creadores dijeron: "Esto no es lo que queremos. Vamos a cambiarlos. Conserven sus vidas, pero serán sacrificados y serán comidos. Esta es nuestra decisión y acepten esta fatalidad por su incompetencia para hablar y para reconocer a sus creadores".

Entonces crearon un nuevo ser. Esta vez usaron barro, y el cuerpo no fue firme; podían hablar pero no comprendían ni se movían,

cloud. And on it they raised mountains and created valleys, and then the woods and the forests of pines and cypresses. Then they scattered the waters, and the rivers ran between the green hills. But the Gods wanted to see their work and so they illuminated it with the first dawn. And then Mother God Gucumatz cried out with joy: "How great has been your inspiration, oh Hurricane!"

But the Earth remained quiet and silent. The Creators said: "This cannot be, we must break the silence." And so came the animals, of all kinds and colors and sizes, wild and tame. And the Creators said to them: "Talk to us. Do not be silent, tell us your names. Invoke us." But the animals could not speak, nor say their names, nor invoke their Creators. And so the Creators said: "This is not what we want. We will change them. They will keep their lives, but they will be sacrificed and will be eaten. This is our decision and they must accept it because they cannot speak and recognize their Creators."

And so they created a new being. This time they used clay, but the bodies were not firm. The beings could speak but they could not understand and they could not

y tenían empañada la vista.

Los dioses se preguntaban, "¿cómo podemos crear esa clase de seres que queremos?" Ellos consultaron con los abuelos de la Aurora, Ixpicané y Ixmucané y éstos contestaron: "tratemos otra vez, nosotros tallaremos su boca y sus ojos de madera". Los nuevos seres fueron creados de madera y fueron capaces de existir, de hablar, de caminar y de multiplicarse, pero no tenían alma ni mente. Ellos no sabían de dónde vinieron, ni por quién habían sido creados, ni eran capaces de recordar. No tenían sangre, ni carne, ni expresión. Su cuerpo estaba seco y su cabeza vacía. Eran autómatas. Los dioses decidieron destruir a los hombres de madera, pero no los destruyeron a todos. Quedaron algunos perdidos en las junglas con figuras humanas sin ser humanos.

Vino la aurora otra vez y el ser que los dioses querían no había

Figura 2.2 Dios maya de la escritura

move, and their sight was clouded.

And so the Gods asked themselves, "how can we create the kind of beings we want?" They consulted with the Ancients of the Dawn, Ixpicané and Izmucané, and these Ancients answered: "Let us try once again, but this time we will carve their mouths and eyes from wood." The new beings were created from wood and they indeed could exist, and talk, and walk, and multiply themselves, but they had no soul and no mind. They did not know where they came from, nor why they were created, and could remember nothing. They had no blood, no flesh, no expression. Their bodies were dry and their heads empty. They were automatons. The Gods decided to destroy the wooden humans, but they did not destroy them all. Some remain lost in the jungles, with human figures, but without humanity.

And so dawn came again and yet the beings that the Gods desired had

sido creado. Entonces Tepeu dijo: "Hagamos aparecer al hombre sobre la faz de la tierra." Era justamente antes que el sol, la luna y las estrellas aparecieran en el cielo. Los Creadores oyeron a Tepeu y decidieron crear al hombre capaz de recordar, comprender, y glorificar a sus progenitores. Esta vez el material escogido fue el maíz por su color y por su flexibilidad. De maíz fue hecha la carne de los primeros cuatro hombres que fueron: Balám-Quitze, Balám-Acab, Mahy-cutah e Iraqui-Balám. Ellos no tuvieron ni madre, ni padre, ni fueron nacidos de mujer. Ellos fueron el milagro de Tepeu. Ellos podían hablar y pensar, y conocieron las cosas que estaban cerca y las que estaban lejos, y sabían recordar y sabían agradecer. Fueron tan inteligentes las respuestas de los cuatro hombres a Tepeu que éste pensó que no había creado simples criaturas, sino dioses. Entonces Tepeu ordenó limitar su poder y para ello sopló niebla en los ojos de los cuatro hombres y por siempre sus ojos quedaron nublados, como un espejo empañado. Desde entonces el hombre es sólo capaz de conocer lo que está cerca de él.

Luego Tepeu quiso que los hombres se multiplicaran y se regocijaran. Mientras dormían, los dioses pusieron al lado de cada

not been created. Then Tepeu said: "We will make humans appear on the face of the earth". This was just before the sun, the moon, and the stars appeared in the skies. The Creators heard Tepeu and they decided to create a human capable of remembering, of understanding, and of glorifying its creators. This time the material they chose was corn, because of its color and its flexibility. From this corn was created the flesh of the first four men who were: Balám-Quitzé, Balám-Acab, Mahy-cutah and Iqui-Balám. They had no mother nor father, nor were they born of woman. They were the miracle of Tepeu. They could speak, and think, and know things that were near and things that were far. They could remember and they could be grateful. So intelligent were the answers the four men gave to Tepeu when he talked with them that Tepeu thought he had created gods and not simple humans. And so Tepeu ordered that their power be limited. To do this he blew fog into the eyes of the four men, and ever since then the eyes of humans have been cloudy like a fogged mirror. From that day on humans can only know that which is close to them.

Later Tepeu wished that humans multiply on the face of the earth and be joyful. As the four men slept, the Gods placed a beautiful woman

uno, una hermosa mujer, cuyos nombres fueron Cahá-Paluna, Chomihá, Tzunuihá, y Caquizahá. De estas cuatro parejas humanas vino la humanidad.

next to each one. The names of the women were Cahá-Paluna, Chomihá, Tzunuihá and Caquizahá. All of humanity is descended from these four couples

Las profecías del libro de Chilam Balam.

En esta colección de tradiciones orales y libros con dibujos de tipo mnemotécnico podemos encontrar muchas fechas de hitos pasados o pronósticos de eventos futuros. Algunos de ellos reflejaban las viejas leyendas de dioses con barbas y tez blanca, como Quetzalcoatl, que regresarían en algún tiempo futuro. He aquí uno de estos pronósticos. Es notable la sofisticación del sistema maya de cronología y calendarios, y la manera en que el pasado, el presente y el futuro se mezclan hasta a veces confundir al lector.

El 11 Ahau Katún
primero que se cuenta,
es el katún inicial.
Ichcaansihó,
Faz del nacimiento del cielo,
fue el asiento del katún
en que llegaron los extranjeros
de barbas rubicundas,
los hijos del sol,
los hombres de color claro.
¡Ay! ¡Entristezcámosnos
porque llegaron!
Del oriente vinieron,
cuando llegaron a esta tierra
los barbudos,
los mensajeros
de la señal de la divinidad,
los extranjeros de la tierra,
los hombres rubicundos...,

The 11 Ahau Katun
the first which was counted,
is the initial katun.
Ichcaansihó,
Visage of the birth of the sky,
was the site of the katun
in which the strangers with blonde
beards arrived,
the sons of the sun,
the men with light skin.
Oh! Let us be sad because
they arrived!
From the east they came,
and when the bearded ones
arrived in this land,
the messengers
of the sign of divinity,
the strangers of the earth,
the blond men...,

Comienzo de la Flor de Mayo.
¡Ay del Itzá, Brujo del agua,

Beginning of the Flower of May,
Oh Itzá, Sorcerer of the water,

que vienen los cobardes blancos
del cielo,
los blancos hijos del cielo!
El palo del blanco bajará,
vendrá del cielo,
por todas partes vendrá,
al amanecer veréis la señal
que le anuncia.

here come the cowardly white men
from the sky,
the white sons of the sky!
The stick of the white man
will come down from the sky,
it will come in all parts,
at dawn you will see the sign
that announces him.

Figura 2.3 Pirámide maya

¡Ay! ¡Entristezcámosnos
porque vinieron,
porque llegaron los grandes
amontonadores de piedras,
los grandes amontonadores
de vigas para construir,
los falsos ibteeles,
"raíces" de la tierra
que estallan fuego al extremo
de sus brazos,
los embozados en sus sábanas,
los de reatas para ahorcar
a los Señores!
Triste estará la palabra
de Hunab Ku,
Unica-deidad, para nosotros,
cuando se extienda por la tierra
la palabra del Dios de los cielos.

Oh! Let us be sad
because they came!
because the great stone
mound-builders arrived,
the great mound-builders of
construction beams,
the false leaders,
"roots" of the earth
who shoot fire from
the ends of their arms,
the ones wrapped in their cloaks,
those with the ropes to hang
our Lords!
Sad will be the word
of Hunab Ku,
Single-deity, for us,
when throughout the land is spread
the word of the God of the skies.

¡Ay! ¡Entristezcámosnos
porque llegaron!
¡Ay del Itzá, Brujo del agua,
vuestros dioses no valdrán ya más!
Este Dios Verdadero
que viene del cielo
sólo de pecado hablará,
sólo de pecado será su enseñanza.

Inhumanos serán sus soldados,
crueles sus mastines bravos.
¿Cuál será el Ah Kin,
Sacerdote del culto solar,
y el Bobat, Profeta,
que entienda lo que ha de ocurrir
a los pueblos de Mayapan,
Estandarte-venado, y Chichén Itzá,
Orillas de los pozos
del brujo del agua?

¡Ay de vosotros,
mis Hermanos Menores,
que en el 7 Ahau Katún
tendréis exceso de dolor
y exceso de miseria,
por el tributo reunido
con violencia,
y antes que nada
entregado con rapidez!
Diferente tributo mañana
y pasado mañana daréis;
esto es lo que viene, hijos míos.
Preparaos a soportar
la carga de la miseria
que viene a vuestros pueblos
porque este katún que se asienta
es katún de miseria,
katún de pleitos con el malo,
pleitos en el 11 Ahau.

Oh! Let us be sad
because they arrived!
Oh Itzá, Sorcerer of the water,
your gods now have no value!
This True God
who comes from the sky
will only speak of sin,
only of sin will his teachings be.

His soldiers will be inhuman,
his fierce mastiffs will be cruel.
What will become of the Al Kin,
Priest of the solar cult,
and of Bobat the Prophet,
who understands what will happen
to the peoples of Mayapan,
Deer-standard, and Chichén Itzá,
The shores of the wells
of the water sorcerer?

Woe be unto you
my Younger Brothers
because in the 7 Ahau Katun
you will have much pain
and much misery,
because of the tribute you must give
with violence,
and above all,
given with speed!
A different tribute tomorrow
and the day after you will give;
this is what is coming, my children.
Prepare yourself to bear
the load of misery
which is coming to your people
because this katun that is coming
is the katun of misery,
katun of struggle with evil,
struggle of the 11 katun.

La leyenda de la creación del mundo según los Incas.

Para hacer un paralelo incaico a las leyendas mayas de la creación del mundo, debemos acudir a la obra de un extraordinario individuo que es símbolo del mestizo, es decir, producto de la unión de la raza indígena y la europea: El Inca Garcilaso de la Vega (1539-1616). Prefirió este nombre (en vez de su nombre de pila: Gómez Suárez de Figueroa) porque simbolizaba su ascendencia de nobleza incaica y española. Su madre era Isabel Suárez Chimpu Occlo, nieta del rey Inca Túpac Yupanki, y su padre el conquistador Sebastián Garcilaso de la Vega, pariente del gran escritor español.

Figura 2.4 El Inca Garcilaso

El Inca Garcilaso nació en la antigua capital de Cuzco en el año 1539, y como nos cuenta en su obra maestra, *Los Comentarios Reales de los Incas*, desde su juventud escuchó por boca de sus parientes incaicos las leyendas de la vieja civilización de los Andes. A pesar de ser hijo natural de un conquistador español que después se casó con una mujer española, El Inca Garcilaso de la Vega fue aceptado por su padre y sus parientes españoles. Es así que a la edad de veinte años se trasladó a España, donde vivió por la mayor parte de su vida, absorbiendo las tendencias culturales del Renacimiento español. Escribió varias obras importantes, además de traducciones, pero lo que más nos interesa es su *Comentarios Reales de los Incas* (publicado en dos partes en 1606 y 1617) por la manera en que trata de preservar la historia de esa parte de su familia y tradición. Se ha criticado la obra como historia por la manera algo idealizada en que presenta a los hechos y los personajes, pero indudablemente es un documento fundamental para entender el proceso de mestizaje cultural con que comienza la época colonial. Su uso de vocablos quechuas es una valiosa fuente lingüística.

*Comentarios Reales de los Incas
por El Inca Garcilaso*

*Royal Commentaries of the Incas
by El Inca Garcilaso*

Despúes de haber dado muchas trazas, y tomado muchos caminos para entrar a dar cuenta del origen y principio de los Incas, reyes naturales que fueron del Perú, me pareció que la mejor traza y el camino más fácil y llano, era contar lo que en mis niñeces oí muchas veces a mi madre y a sus hermanos y tíos, y a otros sus mayores, acerca de este origen y principio; porque todo lo que por otras vías se dice de él, viene a reducirse en lo mismo que nosotros diremos, y será mejor que se sepa por las propias palabras que los Incas lo cuentan, que no por las de otros extraños. Es así que residiendo mi madre en el Cuzco, su patria, venían a visitarla casi cada semana los pocos parientes y parientas que de las crueldades y tiranías de Atahualpa (como en su vida contaremos) escaparon; en las cuales visitas, siempre sus más ordinarias pláticas, eran tratar del origen de sus reyes, de la majestad de ellos, de la grandeza de su imperio, de sus conquistas y hazañas, del gobierno que en paz y en guerra tenían, de las leyes que tan en provecho y en favor de sus vasallos ordenaban. En suma, no dejaban cosa de las prósperas que entre ellos hubiese acaecido que no

After having made many approaches, and taken many paths to enter into an accounting of the origin and beginning of the Incas, who were the natural kings of Peru, it seemed to me that the best, easiest and most direct path, would be to tell what in my childhood I had heard so many times from my mother and her brothers and uncles, and other elders, about this origin and beginning. This is because everything that is said on this subject can be reduced to the same thing that we will say, and it is better that we learn by the very words of the Incas themselves, and not on those of strangers. And so it was that when my mother lived in Cuzco, her home, she would receive visits almost each week from the few relatives who had managed to escape the cruelties and tyrannies of Atahualpa (which we shall tell about in his life story). During these visits to my mother they frequently discussed the origin of their kings, of their majesty, of the greatness of their empire, of their conquests and deeds, of the government which they had in peace and war, of the laws that they ordered for the benefit and favor of their vassals. In sum, they left nothing out among all the things

la trajesen a cuenta.

De las grandezas y prosperidades pasadas venían a las cosas presentes: lloraban sus reyes muertos, enajenado su imperio, y acabada su república, etc. Estas y otras semejantes pláticas tenían los Incas y las princesas en sus visitas, y con la memoria del bien perdido, siempre acababan su conversación en lágrimas y llanto, diciendo: trocósenos el reinar en vasallaje, etc. En estas pláticas yo como m u c h a c h o entraba y salía muchas veces donde ellos estaban, y me holgaba de las oír, como huelgan los tales de oír fábulas.

Pasando pues días, meses y años, siendo ya yo de diez y seis o diez y siete años, acaeció que estando mis parientes un día en esta su conversación hablando de sus reyes y antiguallas, al más anciano de ellos, que era el que daba cuenta de ellas, le dije: Inca, tío, pues no hay escritura entre vosotros, que es la que guarda la memoria de las cosas pasadas, ¿qué noticias tenéis

Figura 2.5 El Inca en su trono

that had occurred to them.

From the greatness and prosperous times in the past they came to things present: they cried over their dead kings, their lost empire and government, etc. The Incas and the princesses talked about these and similar topics in the discussions, and recalling the good that they had lost, always ended their talks with tears and crying, saying: we have given up our kingdom and become vassals. In these talks I, as a boy, would come and go among them many times, and it was pleasing to hear them tell these stories, in the same way that it was pleasing to hear fables.

The days, months and years passed, and I was now sixteen or seventeen years of age, and it happened one day that my relatives were engaged in a conversation regarding their kings and ancient things, and I spoke to the oldest among my relatives, and I said to him: Uncle, Inca, since you have no writing, which is what preserves the memory of things past, what

del origen y principios de nuestros reyes? Porque allá los españoles, y las otras naciones sus comarcanas, como tienen historias divinas y humanas saben por ellas cuándo empezaron a reinar sus reyes y los ajenos, y el trocarse unos imperios en otros, hasta saber cuantos mil años ha que Dios creó el cielo y la tierra; que todo esto y mucho más saben por sus libros. Empero vosotros que carecéis de ellos, ¿qué memorias tenéis de vuestras antiguallas? ¿quién fue el primero de vuestros Incas? ¿cómo se llamó? ¿qué origen tuvo su linaje? ¿de qué manera empezó a reinar? ¿con qué gente y armas conquistó este grande imperio? ¿qué origen tuvieron nuestras hazañas?

El Inca, como que holgándose de haber oído las preguntas, por gusto que recibía de dar cuenta de ellas, se volvió a mí (que ya otras muchas veces lo había oído, mas ninguna con la atención que entonces) y me dijo: sobrino, yo te las diré de muy buena gana, a ti te conviene oírlas y guardarlas en el corazón (es frase de ellos por decir en la memoria). Sabrás que en los siglos antiguos toda esta región de tierra que ves, eran unos grandes montes de breñales, y las gentes en aquellos tiempos vivían como fieras y animales brutos, sin

information do you have of the origin and beginnings of our kings? After all, the Spanish, and other nations which are their neighbors, have stories both divine and human which tell of the beginning of the reigns of their kings and those of others. They also tell when one empire gives way to another, even so far as knowing how many thousands of years it has been since God created heaven and earth. All this and more they know from their books. But since you have no books, what memories do you have of your ancient things? Who was the first of your Incas? What was his name? What was the origin of his lineage? In what manner did his reign begin? With what people and with what arms did he conquer this great empire? What was the origin of our deeds?

The Inca, who was pleased to have heard these questions, because he liked to tell of these things, turned to me (I had heard these things many times, but never had I paid so much attention) and said to me: nephew, I will be very pleased to tell you of these things, and it would be wise for you to hear them and keep them in your heart (this was a phrase they used to mean to memorize). You will learn that in the ancient centuries all this part of the earth which you see, consisted of great forests of brambles and thorns, and that the people in those

religión ni policía, sin pueblo ni casa, sin cultivar ni sembrar la tierra, sin vestir ni cubrir sus carnes, porque no sabían labrar algodón ni lana para hacer de vestir. Vivían de dos en dos, y de tres en tres, como acertaban a juntarse en las cuevas y resquicios de peñas y cavernas de la tierra: comían como bestias yerbas de campo y raíces de árboles, y la fruta inculta que ellos daban de suyo, y carne humana. Cubrían sus carnes con hojas y cortezas de árboles, y pieles de animales; otros andaban en cueros. En suma vivían como venados y salvajinas, aun en las mujeres se habían como los brutos, porque no supieron tenerlas propias y conocidas.

Figura 2.6 Cerámica incaica

Adviértase, porque no enfade el repetir tantas veces estas palabras "Nuestro Padre el Sol", que era lenguaje de los Incas, y manera de veneración y acatamiento decirlas siempre que nombraban al sol, porque se preciaban de descender de él, y al

times lived like beasts and brutal animals, without religion or law, without houses or villages, without sowing or reaping the soil, without clothing to cover their flesh, because they did not know how to grow cotton or wool to make clothing. They lived in groups of two or three, and they came together to gather in the caves or crevasses in the rocks or the caverns of the earth: like the beasts they ate the grass of the fields or the roots of the trees, and whatever fruit they could gather, and even human flesh. They covered their skin with leaves and the bark of trees, and animal skins; others went about naked. In sum, they lived like the deer and wild beasts, and their women were the same way, because they did not know how to take care of them properly.

We should not be annoyed to hear repeated so many times the words "Our Father the Sun", which was Inca language, and their way of showing veneration and respect, because they always named the sun, since they prized their belief that they were descended from the

que no era Inca, no le era lícito tomarlas en la boca, que fuera blasfemia, y lo apedrearan. Dijo el Inca: nuestro padre el sol, viendo los hombres tales, como te he dicho, se apiadó y hubo lástima de ellos, y envió del cielo a la tierra un hijo y una hija de los suyos para que los doctrinasen en el conocimiento de nuestro padre el sol, para que lo adorasen y tuviesen por su dios, y para que les diesen preceptos y leyes en que viviesen como hombres en razón y urbanidad; para que habitasen en casas y pueblos poblados, supiesen labrar las tierras, cultivar las plantas y mieses, criar los ganados y gozar de ellos y de los frutos de la tierra como hombres racionales, y no como bestias.

Con esta orden y mandato puso nuestro padre el sol estos dos hijos en la laguna Titicaca, que está ochenta leguas de aquí, y les dijo que fuesen por do quisiesen, y doquiera que parasen a comer o a dormir, procurasen hincar en el suelo una varilla de oro, de media vara de largo y dos dedos de grueso, que les dio para señal y muestra que donde aquella barra se les hundiese, con un solo golpe que con ella diesen en tierra, allí quería el sol nuestro padre que parasen e hiciesen su asiento y corte.

A lo último les dijo: cuando hayáis reducido esas gentes a nuestro servicio, los mantendréis

sun. And anyone who was not an Inca was not allowed to use these words, for it would be blasphemy, and he would be stoned. And so the Inca said: our father the sun, seeing men live in such a manner which I have just told you about, took pity on them, and sent them from the sky a son and a daughter who would give them principles and laws so that they could live like men in reason and in civilization. He did this also so that they could live in houses and towns, and would know how to plow their fields, cultivate their crops and grains, raise their cattle and enjoy the fruits of the earth and their labor like rational men, and not like beasts.

With this order and mandate our father the sun put these two in Lake Titicaca, which is eighty leagues from here. He told them to go where they wished, and wherever they went to eat and sleep, they should try to thrust into the earth a golden rod, a half a yard long and two fingers thick. Our father the sun wished that his children would make their capital and court in the spot where this golden rod would sink easily into the earth with one blow.

And at the end of his words he said: after you have reduced these people to your service, you will

en razón y justicia, con piedad, clemencia y mansedumbre haciendo en todo oficio de padre piadoso para con sus hijos tiernos y amados, a imitación y semejanza mía, que a todo el mundo hago bien, que les doy mi luz y claridad para que vean y hagan sus haciendas, y las caliento cuando hace frío, y crío sus pastos y sementeras; hago fructificar sus árboles y multiplico sus ganados; lluevo y sereno a sus tiempos, y tengo cuidado de dar una vuelta cada día al mundo por ver las necesidades que en la tierra se ofrecen, para las proveer y socorrer, como sustentador y bienhechor de las gentes; quiero que vosotros imitéis este ejemplo como hijos míos, enviados a la tierra sólo para la doctrina y beneficio de esos hombres, que viven como bestias.

Y desde luego os constituyo y nombro por reyes y señores de todas las gentes que así doctrináredes con vuestras buenas razones, obras y gobierno. Habiendo declarado su voluntad nuestro padre el sol a sus dos hijos, los despidió de sí. Ellos salieron de Titicaca, y caminaron al Septentrión, y por todo el camino, doquiera que paraban, tentaban hincar la barra de oro y nunca se les hundió. Así entraron en una venta o dormitorio pequeño, que está siete o ocho leguas al

keep them in reason and justice, with mercy, clemency and gentleness. In all things you shall act towards them as a kind father toward tender and loving children. In doing this you will be imitating me, since I treat the whole world well, and I give my light and clarity so that they can see and do their things, and I heat them when it is cold, and I make their grass and seeds grow; I give fruit to their trees and I multiply their cattle; I make the rains, and I give peace to their time, and I am careful to go around the world once each day to see what the earth needs, to provide for these needs and to help, as the sustainer and benefactor of all peoples. As my children, I want you to imitate this example of mine, and I am sending you to earth solely for the indoctrination and benefit of these humans, who now live like beasts.

And I therefore name you as kings and lords of all the people who you indoctrinate with your good reason, works, and government. Our father the sun, having expressed his will to his two children, bade them farewell. They left Titicaca, and walked North, and throughout their path, wherever they stopped, they tried to sink the golden rod, but it would not go into the ground. And so they reached a small settlement, which is about seven or eight leagues east of this city, and which is now called

Mediodía de esta ciudad, que hoy llaman Pacarec Tampu, que quiere decir venta, o dormida, que amanece. Púsole este nombre el Inca, porque salió de aquella dormida al tiempo que amanecía. Es uno de los pueblos que este príncipe mandó poblar después, y sus moradores se jactan hoy grandemente del nombre, porque lo impuso nuestro Inca: de allí llegaron él y su mujer, nuestra reina, a este valle del Cuzco, que entonces todo él estaba hecho montaña brava.

    Y ahí, en Cuzco, se hundió la barra de oro.

Pacarec Tampu, which means "inn of the dawn of the one who sleeps". The Inca gave it this name, because he awoke at dawn at that place. This was one of the towns which this prince later ordered to be settled, and its inhabitants are very proud of the name, because it was given to them by our Inca. From there he and his wife, our queen, came to this valley of Cuzco, which until that time was wilderness.

    And there, in Cuzco, the golden rod sank into the ground.

Poesía quechua (el Inca Garcilaso)

Quechua Poetry (El Inca Garcilaso)

Quechua (Inca)	Español
Cumac ñusta	Hermosa doncella
Toralláquim	aquese tu hermano
Puyñuy quita	el tu cantarillo
Paquir cayan	lo está quebrantando
Hina mántara	y de aquesta causa
Cunuñunun	truena y relampaguea,
Illac pántac	y también caen rayos
Camri ñusta	Tú, real doncella
Unuy quita	tus muy lindas aguas
Para munqi	nos darás lloviendo
May ñimpiri	también a las veces
Chichi munqi	granizar nos has
Riti munqui	nevarás asimismo
Pacha rúrac	el Hacedor del mundo
Pachacámac	el Dios que le anima,
Viracocha	el gran Viracocha
Cay hinápac	para este oficio
Churasunqui	acá te colocaron
Camasunqui	y te dieron alma.

Latin	English
Pulchra nimpha	Beautiful nymph
frater tuus	Your brother
Urnam tuam	and your urn
Nunc infrigit	he is breaking,
Cujus ictus	and because of this,
Tonat fulget	thunder, lightning;
Fulminatque	and bolts are hurled.
Sed to Nimpha	You, royal nymph,
Tuam limpham	beautiful waters
Fundens pluis	will give us rain
Interdumque	and sometimes
Grandinem, seu	hailstones as well,
Nivem mittis	and also snow.
Mundi Factor	The World Maker
Pachacamac	the giver of life,
Viracocha	great Viracocha,
Ad hoc munus	for that purpose
Te sufficit	placed you here
Ac praefecit	and gave you soul.

Lección 3. La literatura precolombina: los aztecas

Los Aztecas

La civilización azteca fue una de las más avanzadas encontradas por los conquistadores españoles. Desde su maravillosa ciudad de Tenochtitlan-México (hoy la ciudad de México) los aztecas dominaban a las otras civilizaciones del Valle Central de México, y ejercían su influencia en gran parte de lo que es hoy el país de México.

Como hemos notado, Cortés y sus compañeros observaron que los aztecas poseían "libros" de papel y corteza de árboles, con dibujos y signos jeroglíficos. La gran mayoría de estos libros eran registros de personajes y fechas importantes.

Los aztecas tenían una tradición literaria oral bien desarrollada, especialmente en la poesía y los discursos, muchos de ellos con contenido religioso o filosófico. Entre otros temas debemos notar una preocupación con el significado de la vida, la

Figura 3.1 El águila y la serpiente

muerte, y el valor de la existencia humana, cuyo símbolo era la flor. La leyenda de Quetzalcoatl es otro tema importante, en parte mito, en parte historia religiosa, y en parte pronóstico de que algún día regresaría este hombre-dios, serpiente-ave, con su barba y tez blanca.

En gran parte se han perdido estos vestigios literarios, pero el estudioso mexicano Miguel León-Portilla ha recopilado los que han llegado hasta nuestros días. El mismo estudioso nos ha dado información biográfica sobre una docena de estos poetas, y en esta sección incluimos algunos datos sobre dos de ellos, Nezahualcoyotl y Macuilxochitzin.

Nezahualcoyotl (1402-1472)

Este es el poeta azteca más importante que conocemos de nombre. Nezahualcoyotl pertenecía a una familia de la nobleza de Tetzcoco por el lado de su padre; su madre era miembro de una importante familia azteca en Tenochtitlan. Tetzcoco había formado una alianza política y militar con Tenochtitlan-México, y como resultado de ésto Nezahualcoyotl pudo observar el imperio azteca de por dentro y fuera.

A la edad de dieciséis años, en el año 4-Conejo (1418), su padre fue asesinado y Nezahualcoyotl sufrió una serie de desgracias al ser dominado el pueblo de Tetzcoco por una tribu enemiga. Pero unos años después, en 3-Conejo (1430), gracias a su alianza con los aztecas, Nezahualcoyotl pudo recuperar su trono y comenzar un largo reino de cuarenta años.

Como el rey de Tetzcoco Nezahualcoyotl trató de humanizar algunos excesos en los sacrificios humanos tan favorecidos por los aztecas, e instituir leyes para regular la justicia y la administración de su reino. Al mismo tiempo, su sentido estético se expresó en la poesía y los comentarios filosóficos. Murió en 1472, a los setenta años de vida.

Figura 3.2 Nezahualcoyotl

Canto de la huida
(De Nezahualcoyotl cuando andaba huyendo del señor de Azcapotzalco)

En vano he nacido,	I have been born in vain
en vano he venido a salir	In vain I have come out
de la casa del dios a la tierra	of the house of God down to earth
¡yo soy menesteroso!	I have so many needs!
Ojalá en verdad no hubiera salido,	Truly I wish I had not come out,
que de verdad no hubiera	truly I should not have
venido a la tierra.	come down to earth.
No lo digo, pero...	I do not say it, but...
¿qué es lo que haré?,	what is it that I will do?
¡o príncipes que	Oh princes who have come here!
aquí habéis venido!,	Will I live facing
¿vivo frente al rostro de la gente?	the visage of the people?
¿qué podrá ser?,	What could it be?
¡reflexiona!	Reflect!
¿Habré de erguirme sobre la tierra?	Shall I rise up on the earth?
¿Cuál es mi destino?	What is my destiny?
Yo soy menesteroso,	I have so many needs,
mi corazón padece,	my heart is heavy,
tú eres apenas mi amigo	you are my only friend
en la tierra, aquí.	on earth, here.
¿Cómo hay que vivir	How does one live
al lado de la gente?	beside the people?
¿Obra desconsideradamente,	Does He work rashly
vive, el que sostiene	He who sustains
y eleva a los hombres?	and raises up mankind?
¡Vive en paz,	May you live in peace!
pasa la vida en calma!	May your life pass calmly!
Me he doblegado,	I have submitted,
sólo vivo con la cabeza inclinada	I live alone with my head bowed
al lado de la gente.	next to the people.

Por esto me aflijo,
¡soy desdichado!,
he quedado abandonado
al lado de la gente en la tierra.

¿Cómo lo determina tu corazón,
Dador de la Vida?
¡Salga ya tu disgusto!
Extiende tu compasión,
estoy a tu lado, tú eres dios.
¿Acaso quieres darme la muerte?

¿Es verdad que no alegramos,
que vivimos sobre la tierra?
No es cierto que vivimos
y hemos venido a alegrarnos
en la tierra.
Todos así somos menesterosos.
La amargura predice el destino
aquí, al lado de la gente.

Que no se angustie mi corazón.
No reflexiones ya más.
Verdaderamente apenas
de mí mismo tengo compasión
en la tierra.

Ha venido a crecer la amargura,
junto a ti y a tu lado,
Dador de la Vida.
Solamente yo busco,
recuerdo a nuestros amigos.
¿Acaso vendrán una vez más,
acaso volverán a vivir?
Sólo una vez perecemos,
sólo una vez aquí en la tierra.
¡Que no sufran sus corazones!
junto y al lado del
Dador de la Vida.

This is why I am afflicted,
I am wretched!
I have been abandoned
next to the people on earth.

How does your heart determine it,
Giver of Life?
Let your anger come out!
Extend your compassion,
I am at your side, you are God.
Or do you wish to give me death?

Is it true that we cannot be happy
we who live on earth?
It is not true that we live
and have come to be happy
on earth,
We are thus all needy.
Bitterness predicts destiny
here, next to the people.

May my heart not anguish.
Reflect no more.
Truly I barely
have compassion
here on earth.

Bitterness has come to grow,
next to you and at your side,
Giver of Life.
I only seek,
I remember my friends.
Will they perhaps come again?
Will they perhaps live again?
Alone, we perish once,
alone only once here on earth.
May hearts not suffer!
Next to and beside
the Giver of Life.

¿A dónde iremos? por Nezahualcoyotl

¿A dónde iremos donde la muerte no existe?	Where can we go where death does not exist?
Mas, ¿por esto viviré llorando? Que tu corazón se enderece:	But, for this will I live in tears? May your heart find the straight path:
Aquí nadie vivirá para siempre. Aun los príncipes a morir vinieron, los bultos funerarios se queman.	Here no one lives for ever. Even princes came here to die, the funeral pyres burn.
Que tu corazón se enderece: aquí nadie vivirá para siempre.	May your heart find the straight path: here no one lives for ever.

Con flores escribes

Con flores escribes, Dador de la vida,	With flowers you write, Giver of Life,
con cantos das color, con cantos sombreas a los que han de vivir en la tierra.	with songs you give color, with songs you give shade to those who are to live on earth.
Después destruirás a águilas y tigres,	Then you will destroy eagles and tigers,
sólo en tu libro de pinturas vivimos, aquí sobre la tierra.	only in your book of pictures do we live, here on earth.
Con tinta negra borrarás lo que fue la hermandad, la comunidad, la nobleza.	With black ink you will erase that which was brotherhood, and community, and nobility.
Tú sombreas a los que han de vivir en la tierra.	You give shade to those who are to live on earth.

Macuilxochitzin

Sabemos poco de esta poetisa azteca, que nació en Tenochtitlan probablemente alrededor del año 1435, y murió a fines del Siglo XV. Era princesa, hija del señor azteca Tlacaélel, consejero del los gobernantes mexicas. Entre sus poemas tenemos el que sigue, en que Macuilxochitzin habla de las hazañas militares de su padre en el servicio del señor Axayácatl. El poema termina con el relato de cómo un grupo de mujeres otomíes salva la vida del capitán otomí Tlílatl, quien había herido al rey mexica Axayácatl.

Figura 3.3 Diosa azteca

Canto de Macuilxochitzin

Elevo mis cantos,	I raise my songs,
Yo, Macuilxochitzin,	I, Macuilxochitzin, with them
con ellos alegro al Dador de la vida	I please the Giver of Life.
¡comience la danza!	Let the dance begin!
¿A dónde de algún modo se existe,	Where in some way does one exist
a la casa de El	in His house
se llevan los cantos?	where the songs are carried?
¿O sólo aquí	Or is it only here
están vuestras flores?	where your flowers are?
¡comience la danza!	Let the dance begin!
El matlatzinca	The Matlatzinca
es tu merecimiento de gentes,	is the deserving of your peoples,
señor Itzcóatl:	Lord Itzcóatl:

¡Axayacatzin, tú conquistaste
la ciudad de Tlacotépec!
Allá fueron a hacer giros tus flores,
tus mariposas.
Con esto has causado alegría.
El matlatzinca
está en Toluca, en Tlacotépec.

Lentamente hace ofrenda
de flores y plumas
al Dador de la vida.
Pone los escudos de las águilas
en los brazos de los hombres,
allá donde arde la guerra,
en el interior de la llanura.

Como nuestros cantos,
como nuestras flores,
así, tú, el guerrero
de cabeza rapada,
das alegría al Dador de la vida.

Las flores del águila
quedan en tus manos,
señor Axayácatl.
Con flores divinas,
con flores de guerra
quedas cubierto,
con ellas se embriaga
el que está a nuestro lado.

Sobre nosotros se abren
las flores de guerra,
en Ehcatépec, en México,
con ellas se embriaga
el que está a nuestro lado.

Se han mostrado atrevidos
los príncipes,

Axayacatzin, you conquered
the city of Tlacotépec!
There your flowers went to spin,
and your butterflies.
With this you have caused joy.
The Matlatzinca
is in Toluca, in Tlacotépec.

Slowly the offering is made
of flowers and feathers
to the Giver of Life.
Who puts the shields of the eagles
on the arms of men,
there where war rages,
in the interior of the plain.

Like our songs,
like our flowers,
thus, you, the warrior
with the shaved head
give joy to the Giver of Life.

The flowers of the eagle
remain in your hands,
Lord Axayácatl.
With divine flowers,
with flowers of war
you are covered,
and they intoxicate
he who is at our side.

Over us are spread
the flowers of war,
in Ehcatépec, in Mexico,
and they intoxicate
he who is at our side.

They have shown daring
the princes

los de Acolhuacan,	those of Acolhuacan,
vosotros los Tepanecas.	you the Tepanecas.
Por todas partes Axayácatl	In all parts Axayácatl
hizo conquistas,	has conquered,
en Matlatzinco, en Malinalco,	in Matlatzinco, in Malinalco,
en Ocuillan, en Tequaloya,	in Ocuillan, in Tequaloya,
en Xohcotitlan.	in Xohcotitlan.
Por aquí vino a salir.	Here is where he came out.
Allá Xiquipilco a Axayácatl	There Xiquipilco Axayácatl
lo hirió en la pierna un otomí,	was wounded in the leg by an
su nombre era Tlilatl.	Otimí, whose name was Tlilatl.
Se fue éste a buscar a sus mujeres,	He went to find his women,
les dijo:	and he said to them:
"Preparadle un braguero, una capa,	"Prepare him a loincloth, a cape,
se los daréis, vosotras	and give it to him, you
que sois valientes".	who are brave".
Axayácatl exclamó:	Axayácatl cried out:
"¡Que venga el otomí	"Bring me the Otomí
que me ha herido en la pierna!"	who wounded me in the leg!"
El otomí tuvo miedo,	The Otomí was afraid,
dijo:	and said:
"¡En verdad me matarán!"	"Truly I will be killed!"
Trajo entonces un grueso madero	And he then brought a thick plank
y la piel de un venado,	and the skin of a deer
con esto hizo reverencia	and with this he paid homage
a Axayácatl.	to Axayácatl.
Estaba lleno de miedo el otomí.	The Otomí was full of fear.
Pero entonces sus mujeres	But then his women
por él hicieron súplica a Axayácatl.	on his behalf beseeched Axayácatl.

Poetas aztecas anónimos

Los cien años del pueblo del Sol

Desde donde se posan las águilas,	From where the eagles repose,
desde donde se yerguen los tigres,	from where the tigers rise up,
el Sol es invocado.	the Sun is invoked.

Como un escudo que baja,
así se va poniendo el Sol,
En México está cayendo la noche,
la guerra merodea por todas partes,
¡o Dador de la vida!
se acerca la guerra.

Like a shield that comes down
the sun is setting,
In Mexico nightfall is nigh
and war rages all around.
Oh Giver of Life!
War draws near.

Orgullosa de sí misma
se levanta la ciudad
de México-Tenochtitlan.
Aquí nadie teme
la muerte en la guerra.
Esta es nuestra gloria.
Este es tu mandato.
¡O, Dador de la vida!
Tenedlo presente, o príncipes,
no lo olvidéis.
¿Quién podrá sitiar a Tenochtitlan?
¿Quién podrá conmover
los cimientos del cielo...?
Con nuestras flechas,
con nuestros escudos,
está existiendo la ciudad,
¡México-Tenochtitlan subsiste!

Proud of itself
rises up the city
of Mexico-Tenochtitlan.
Here no one fears
death in combat.
This is our glory.
This is your command.
Oh Giver of Life!
Remember it, oh princes,
do not forget it.
Who can lay siege to Tenochtitlan?
Who can shake
the foundations of heaven...?
With our arrows,
with our shields,
the city is existing,
Mexico-Tenochtitlan endures!

Figura 3.4 Guerrero azteca

Poesía Nahuatl (Azteca) anónima

Las flores fueron nacidas	The flowers were born
en florida primavera	in the lush spring
bajo la lluvia del sol.	under showering rays of the sun.
Ellas son nuestro corazón,	They are our heart,
O Creador,	Oh Creator,
pero ellas llevan	but they carry
el signo de la muerte,	the sign of death,
ellas nacen, ellas florecen	they are born, they flourish
y ellas mueren.	and they die.

¿Acaso llevaremos flores
a nuestra tumba?
Quizás, pero serán provisionales...
No hay duda
que partimos.
Dejaremos las flores,
y las canciones y la tierra
Y nos iremos para siempre.

Shall we take flowers
to our grave?
Perhaps, but they are temporary...
There is no doubt
that we are parting.
We will leave flowers,
songs, and the earth
and we will leave for ever.

Yo grito y me lamento.
Ya no pienso,
que dejaré las flores,
que dejaré el canto y su éxtasis
Quizás como una flor,
yo dejaré mis semillas...
Yo terminaré como termina la flor..
Pasaré por el mundo y seré polvo.
Pasaremos todo el camino,
En vano!

I cry and I lament
I no longer think,
that I will leave the flowers,
that I will leave song and ecstasy.
Perhaps like a flower,
I will leave my seeds...
I will end like the flower ends...
I will wander the world
and I shall be dust.
In vain!

¿Quién dice que vivimos
en la tierra?
Esto es sólo un instante.
Como pierde el oro su brillo
y el quetzal su plumaje,
nosotros estamos aquí
sólo un momento.

Who says that we live
on this earth?
This is just an instant.
Just as gold loses its shine
and the quetzal its plumage,
we are only here
for an instant.

La Leyenda de Quetzalcóatl
Documentada por el sacerdote español Bernardino de Sahagún, 1569 .

Cuando llegó
a las orillas
del mar divino,
tomó sus joyas
y sus trajes
y se vistió con ello.
Y así todo adornado,
explotó en llamas.
Y cuando sus cenizas
se esparcieron,
los pájaros preciosos
vinieron a verle.
Y cuando el fuego
se apagó
levantó su vuelo
el corazón de
Quetzalcóatl.
Ellos le vieron volar
al cielo.
Y quedarse allí,
transformado
en estrella.

When he reached
the shores of
the divine sea,
he took his jewels
and his raiments
he donned them.
And so adorned, he
exploded in flames.
And when his ashes
were scattered,
the precious birds
came to see him.
And when the fire
extinguished itself,
the heart
of Quetzalcóatl
took flight.
They saw it fly to the
heavens.
And stay there,
transformed
into a star.

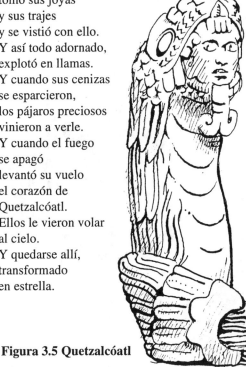

Figura 3.5 Quetzalcóatl

En el cielo vives,
las montañas sostienes,
Anáhuac está en tu mano.
En todas partes, siempre,
eres esperado.
Eres invocado, eres instado.
Tu gloria, tu fama son buscadas.
En el cielo vives:
Anáhuac está en tu mano.

In the heavens you live,
you support the mountains,
Anáhuac is in your hand.
In all places, always,
you are awaited.
You are invoked, beseeched.
Your glory, your fame are sought.
In the heavens you live:
Anáhuac is in your hand.

Figura 3.6 Pájaros aztecas estilizados

Lección 4. La literatura del Encuentro: Colón, Tratado de Tordesillas

El Renacimiento y el Encuentro

El encuentro de la cultura ibérica con la indígena americana (o el descubrimiento de América por Cristóbal Colón) es símbolo del fin de la Edad Media europea y la transición al Renacimiento tanto en el sentido geográfico como en el cultural y literario. Colón (y los otros primeros descubridores) llevaban con ellos muchos elementos de la Edad Media, con su escolasticismo, sus supersticiones, y sus mitos. Pero también representaban el espíritu humanista del Renacimiento, con fe en el valor del hombre y la empresa humana. El renacentista era una combinación de hombre de letras y filosofía y hombre de acción, capaz de las más atrevidas aventuras.

Por esta razón, los diarios de viaje, los relatos, y las otras crónicas

Figura 4.1 Carabela

Cuadro 4.1: La literatura del Encuentro
y la Conquista
(Lecciones 4, 5, 6 y 7)

Marco histórico-cultural:	Fin de la Edad Media Renacimiento; humanismo. Descubrimientoy Conquista Tratado de Tordesillas.
En la literatura:	Los diarios de viaje y las crónicas de la conquista. Inventarios de lo visto y hecho con énfasis en la riqueza (alguna exageración). Influencia del Siglo de Oro español (Siglos XVI, XVII)
Autores:	Cristóbal Colón (1451-1506) Hernán Cortés (1485-1547) Bernal Díaz del Castillo (1495?-1584) Alonso de Ercilla y Zúñiga (1534-1594) El Padre las Casas (1474-1566) Guamán Poma de Ayala (1526?-1614?)
Fechas aproximadas	El Encuentro (1492) hasta fines del Siglo XVI
Otros aspectos culturales:	Arquitectura: iglesias coloniales Mestizaje cultural. Pintura, dibujo: ilustraciones para las crónicas; copias de los cuadros clásicos españoles Exageraciones, fantasías Geografía: la ruta a las Indias. Cartografía: inicialmente sencilla; después iluminada, con algo de fantasía.

eran también una combinación del legado de la Edad Media (supersticiones, fantasías y bestias mágicas) y el pensamiento nuevo, secular y humanístico del Renacimiento. En esta literatura predomina el contenido sobre la forma, el hecho real y la acción verdadera (aunque a veces exagerada) por encima de lo imaginado o copiado de los libros de fantasía medieval.

En general los primeros autores no eran hombres de gran cultura formal, y su estilo y los errores en sus escritos reflejan esta realidad. Eran hombres del pueblo, que escribían en cualquier momento robado del quehacer diario. La reflexión filosófica tenía menos importancia que la necesidad de comunicar a los reyes y el pueblo del Viejo Mundo las maravillas que habían encontrado en el Nuevo Mundo.

Cristóbal Colón (1451-1506): el primer cronista.

Lógicamente, el primer cronista fue el mismo descubridor, Cristóbal Colón (1451-1506). Genovés de nacimiento, se dedicó a la profesión de su padre (tejedor) hasta los veintiún años, cuando comienza su actividad como marinero y navegante en el Mar Mediterráneo y el norte de Europa. Hacia 1485 se trasladó a Lisboa, donde trató de interesar al Rey Juan II en la posibilidad de encontrar una nueva ruta a la India por medio de un viaje hacia el oeste. Los portugueses, que estaban abriendo su propia

Figura 4.2 El Encuentro de dos culturas

Figura 4.3 Primer mapa del Nuevo Mundo por Colón

ruta a la India hacia el este vía Africa, tenían poco interés en las ideas de
Colón. Desilusionado, Colón presentó su propuesta a los Reyes Católicos
de España, y después de la caída de la ciudad de Granada en enero de
1492, la Reina Isabel acordó en apoyar su gran empresa.

Como todos los navegantes importantes de esa época, Colón
confeccionó su diario de viaje, y el lenguaje de Colón mostraba muchos
errores y dificultades en su forma escrita. El original se ha perdido, y el
Padre Bartolomé de las Casas (ver Lección 6), amigo de la familia de
Colón, hizo una de las primeras correcciones y transcripciones del Diario
de Colón. Este Diario es una mezcla de los pormenores de la vida cotidiana
abordo de las naves, y el asombro de este hombre medieval-renacentista
ante lo que había encontrado. Colón buscaba a Catay (China), Cipango
(Japón) y la India, y dio el nombre de "Las Indias" a su primer
descubrimiento, creyendo que había llegado a su destino. Colón también
menciona el nombre propio de una de las tribus de la región: los Caribes,
que tenían fama de devorar a sus enemigos. Por corrupción lingüística,
"Caribes" evolucionó a "caníbales", y también nos dio el nombre del
personaje de "Calibán" empleado por Shakespeare (*The Tempest*) y José
Enrique Rodó (ver Lección 18).

El Diario de Colón refleja la creencia (o por lo menos la esperanza)
de que había llegado a la India, y podemos notar la manera en que enfatiza
las riquezas (en potencia todavía) de lo que estaba encontrando. A finales
de su vida, desilusionado, se dio cuenta que no había llegado a la India,
pero quizás todavía no comprendió la importancia de lo que había hallado.

Diario de Viaje:
La primera descripción europea del Nuevo Mundo por Cristóbal Colón

Viernes 12 de octubre (1492). Yo, porque nos tuviesen mucha amistad - porque conocí que era gente que mejor se libraría y convertiría a nuestra santa fe con amor que por fuerza - , les di a algunos de ellos unos bonetes colorados y unas cuentas de vidrios, que se ponían al pescuezo, y otras cosas muchas de poco valor, con que hubieron mucho placer; y quedaron tanto nuestros que era maravilla.

Los cuales después venían a las barcas de los navíos, adonde nosotros estábamos, nadando, y nos traían papagayos e hilo de algodón en ovillos, y azagayas, y otras cosas muchas, y nos las trocaban por otras cosas que nosotros les dábamos, como cuentecillas de vidrio y cascabeles. En fin, todo lo tomaban, y daban de aquello que tenían, de buena voluntad.

Más me pareció que era gente muy pobre de todo. Ellos andaban desnudos, como su madre los parió, y también las mujeres, aunque no vi más de una, harto moza. Y todos los que yo vi eran mancebos, que ninguno vi que pasase de edad de treinta años, muy bien hechos, de muy hermosos y

Friday, 12th of October (1492). Because they showed us much friendship, and because I knew that they were people who would join us and convert to our Holy Faith better through love than force, I gave them some trinkets and many other things of little value. They took much pleasure from the red sailor's caps I gave them, and from some glass ornaments which they put around their necks. And they were so quickly ours that it was a miracle.

Afterwards they came swimming out to our ships, where we were, and they brought parrots, and cotton thread, and spears, and many other things. They bartered these things for anything we had, such as bits of glass and rattles. In short, they took anything we gave them, and gave us what they had, with much good will.

But it seemed to me that generally they were very poor people. They went around naked as the day their mothers brought them into this world, even the women, although I only saw one (she was beautiful). All the ones I saw were young, and none were older than thirty, very well built,

lindos cuerpos y muy buenas caras; los cabellos, gruesos casi como cerdas de colas de caballos, y cortos; los cabellos traen por encima de las cejas, salvo unos pocos detrás, que traen largos, que jamás cortan. ...

Ellos no traen armas ni las conocen, porque les mostré espadas y las tomaban por el filo, y se cortaban, por ignorancia. No tienen algún hierro. Sus azagayas son unas varas sin hierro, y algunas de ellas tienen al cabo un diente de pez, y otras de otras cosas. Ellos todos a una mano son de buena estatura de grandeza, y buenos gestos, bien hechos. Ellos deben ser buenos servidores y de buen ingenio, que veo que muy presto dicen todo lo que les decía, y creo que ligeramente se harían cristianos. ...

Sábado 13 de octubre. Todos de buena estatura, gente muy hermosa; los cabellos no crespos, salvo correntíos y gruesos, y todos de la frente y cabeza muy ancha, y los ojos muy hermosos y no pequeños, y, ninguno negro, salvo de la color de los canarios. ... Esta isla es bien grande, y muy llana, y de árboles muy verdes, y muchas aguas, y una laguna en medio muy grande, sin ninguna montaña, y toda ella verde que es placer de mirarla; y esta gente, harto mansa.

Domingo 14 de octubre. Vi luego dos o tres [poblaciones] y la

with nice bodies and very good faces. Their hair was thick as a horse's tail, short and hanging over their brows, except for some who had longer hair which they kept pulled back and never cut...

They did not bring weapons and are not familiar with them, because when I showed them swords they took them by the sharp side and cut themselves out of ignorance. They have no iron. Their spears are rods without iron, and some of them have a fish's tooth at the tip, and others have other tips. All of them are of a good height, with good gestures, and well built. They will be good servants and with good skills, since I can tell that they very quickly repeat what is said to them, and I believe that they will become Christians very soon. ...

Saturday, 13 October. They are all of a good height, and very beautiful; their hair is not curly, but rather free and thick, and they all have a broad forehead and head, with beautiful eyes, not small, and none black, but rather the color of canaries. ... The island is rather large, and very flat, with many green trees, and much water, and a large lake in the center, with no mountains, and it is all so green that it is a pleasure to see it; and the people, very gentle.

Sunday, 14 October. I later saw two or three settlements, with

gente, que venían todos a la playa llamándonos y dando gracias a Dios. Los unos nos traían agua; otros, otras cosas de comer; otros, cuando veían que yo no curaba de ir a tierra, se echaban a la mar nadando y venían. Y entendíamos que nos preguntaban si éramos venidos del cielo. Y vino uno viejo en el batel dentro. Y otros, a voces grandes, llamaban a todos, hombres y mujeres: "¡Venid a ver los hombres que vinieron del cielo; traedles de comer y de beber!"

people who all came to the beach calling out to us and giving thanks to God. Some brought us water, and others things to eat; others, when they saw that we did not land, jumped into the sea and swam out to us. And we understood that they were asking us if we came from the sky. And an old man came out in a canoe. And others, in loud voices, called to the rest, men and women: "Come and see the men who comefrom the sky; bring them drink and food."

El Papa y el Tratado de Tordesillas.

Los reinos iberos de Portugal y España habían tenido una difícil historia, y con el Renacimiento estas dos naciones intensificaron sus rivalidades al lanzarse en la búsqueda de una ruta marítima a las Indias. Poco después del regreso de Colón en 1493, el Papa intentó apaciguar las tensiones entre sus súbditos ibéricos por medio de una Bula que proponía la división de los nuevos descubrimientos entre los dos reinos católicos de la península ibérica. Su propuesta se incorporó el año siguiente (1494) en el Tratado de Tordesillas entre España y Portugal. Es interesante notar que el Papa (y el Tratado) mencionan que la Línea debería correr de Polo a Polo (del Artico al Antártico). Varios países latinoamericanos usan esta referencia a la Antártida para justificar sus reclamos o intereses en ese continente congelado.

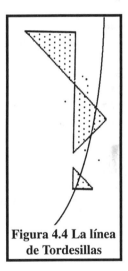

Figura 4.4 La línea de Tordesillas

Tratado de Tordesillas (1494)

Y por eso, que ellos por bien de paz y concordia, y por conservación de la relación y amor, cual dicho señor rey de Portugal tiene con los dichos señores rey y reina de Castilla, y de Aragón, etc., a Sus Altezas place, y los dichos sus procuradores en su nombre, y por virtud de los dichos sus poderes, otorgaron y consintieron lo siguiente.

Que se haga y señale por el dicho mar Océano una Raya, o línea derecha de polo a polo, conviene a saber, del polo ártico al polo antártico, que es de Norte a Sur.

La cual raya o línea se halla de dar, y dé derecha, como dicho es, a trescientas y setenta leguas de las islas del Cabo Verde, hacia la parte del Poniente, por grados o por otra manera como mejor y más presto se pueda dar, de manera que no sean más, y que todo lo que hasta aquí se ha hallado y descubierto, y de aquí adelante se hallare, y descubriere por el dicho señor rey de Portugal, y por sus navíos, así islas como tierra firme, desde la dicha raya, y línea dada en la forma susodicha, yendo por la dicha parte del Levante pertenezca al dicho señor rey de Portugal y a sus sucesores, para siempre jamás.

And because of this, they, in the interest of peace and concord, and to conserve their relation and love, which said lord king of Portugal has with the said lords king and queen of Castille, and Aragon, etc., as Their Highness wish, and their representatives acting in their name, and by virtue of their powers, they have granted and consented to the following.

That there should be drawn and marked in that Ocean a line straight from pole to pole, that is to say, from the arctic pole to the antarctic pole, which is North to South.

Said line shall be drawn, as it has been established, three hundred and seventy leagues from the islands of Cape Verde, towards the setting sun (West), by degrees or whatever manner can best or more quickly be done, and everything that up to this point has been found and discovered, and which shall be discovered from now on, and found by the said king of Portugal, and by his ships, be the discoveries islands or continents, from this line, as established here going from the line to the rising sun (East), shall belong to the said lord king of Portugal and his successors, for ever and always.

Lección 5. Literatura de la Conquista: Cortés, Bernal Díaz del Castillo

La Conquista

Para muchos españoles la conquista del Nuevo Mundo representaba una especie de continuación o nuevo capítulo de la epopeya de la reconquista de España contra los moros. A fin de cuentas, la reconquista terminó con la caída de Granada en enero de ese año fatal de 1492, y el descubrimiento abrió las puertas de la nueva aventura poco tiempo después.

En la primera ola de la conquista la literatura reflejaba lo que vieron y sintieron los hombres que vivieron la conquista, y aquí tenemos los ejemplos de Hernán Cortés y Bernal Díaz del

Figura 5.1 Conquistador

Castillo. También tenemos el testimonio escrito de los pocos que criticaron ciertos abusos en la conquista y los años que siguieron (el padre Bartolomé de las Casas). Cuando estas crónicas llegaron a la corte, generaron otra serie de escritos, más que nada por autores que eran historiadores o clérigos de profesión, y que conocían la conquista de segunda mano. Por esta razón vemos con frecuencia en la obra del Inca Garcilaso o Bernal

Díaz ciertos comentarios acerca de la necesidad de corregir los escritos de otros que no conocían cómo era la conquista en carne propia.

Hernán Cortés (1485-1547)

Este individuo simboliza la primera gran ola de la conquista y su legado literario. Nació en Extremadura, España (1485) de orígenes humildes, pero logró asistir a la Universidad de Salamanca por dos años y recibir cierta educación antes de aburrirse y ser expulsado. Buscando aventuras, vino a Santo Domingo en 1504 y participó con Diego Velásquez en la conquista de Cuba. Por un rato trabajó sus tierras en Cuba, pero nuevamente se aburrió y aprovechó una expedición enviada por Velásquez para iniciar la conquista de México.

Figura 5.2 Cortés

Aunque supuestamente estaba bajo la autoridad de Velásquez como gobernador de Cuba, Cortés trató de establecer una relación directa con la corte en España (y el rey Carlos V) para poder funcionar en forma más independiente. Para lograr esto, escribió una serie de cinco *Cartas de Relación* al rey (1520 a 1526), en que documenta la historia de la conquista de México.

El estilo y lenguaje de Cortés es más culto y prolijo que el de Colón, probablemente por la educación que había tenido en España. Sin embargo, sus cartas también tienen esa característica tan notable entre las primeras crónicas: es obra de hombre de acción que vivió y presenció los eventos que documenta. El fragmento de la carta que sigue lleva fecha de 30 de octubre de 1520, desde Segura de la Frontera, Nueva España (México). En ella Cortés describe el primer encuentro con el emperador azteca Moctezuma.

Carta de relación al Rey Carlos V por Hernán Cortés

...Habiendo pasado este puente, nos salió a recibirnos aquel señor Moctezuma, con hasta doscientos señores, todos descalzos y vestidos de ropa bien

...Having passed this bridge, Lord Moctezuma came out to meet us, with almost two hundred lords, all barefoot and dressed in different livery and manner of clothing, very

rica a su uso, más que la de los otros. Venían en dos procesiones, muy arrimados a las paredes de la calle, que es muy ancha y hermosa y derecha, que de un lado se parece el otro, y tiene dos tercios de legua, y de la una parte y de la otra muy buenas y grandes casas, así de aposentamientos como de templos.

Moctezuma venía por medio de la calle con dos señores, el una a la mano derecha y el otro a la izquierda; de las cuales el uno era aquel señor grande que dije antes que me había salido a hablar, y el otro era el hermano de dicho Moctezuma, señor de aquella ciudad de Iztapalapa, de donde yo aquél día había partido. Todos los tres eran vestidos de una manera, excepto el Moctezuma, que iba calzado, y los otros dos señores descalzados. Cada uno le llevaba de su brazo; y cuando nos juntamos, yo me apeé, y le fui a abrazar solo: aquellos dos señores que con él iban me detuvieron con las manos para que no le tocase; y ellos y él hicieron asimismo ceremonia de besar la tierra. ...

Al tiempo que yo llegué a hablar al dicho Moctezuma, quíteme un collar que llevaba de perlas y diamantes de vidrio, y se lo eché al cuello; y después de haber andado la calle adelante, vino un servidor suyo con dos collares de camarones, envueltos en un paño, que eran hechos de

ornate, more so than the previous. They came in two processions, pressed close to the walls of the street, which is very broad, straight and beautiful on both sides; it is about two thirds of a league long, and on both sides there are very large and grand edifices, both houses as well as temples.

Moctezuma walked down the middle of the street with two lords, one on each side. One of the lords was the tall one who had come out to meet me previously, and the other was Moctezuma's brother, the lord of the city of Iztapalapa, from which I had departed the same day. All three were clothed the same way, except that Moctezuma had footwear and the others were barefoot. The two lords were close to his elbows, and when I came near to them I dismounted from my horse and tried to embrace Moctezuma. But his two companions held me back so I could not touch him, and then the three of them ceremoniously kissed the earth....

When I spoke to Moctezuma I first removed a necklace I was wearing made of pearls and glass diamonds, and placed it around his neck. After a short walk one of his servants came with two necklaces, wrapped in a cloth, made from the shells of red snails which they have

huesos de caracoles colorados, que ellos tienen en mucho; y de cada collar colgaban ocho camarones de oro, de mucha perfección, y de gran tamaño. Cuando se los trajeron, se volvió a mí y me los echó al cuello, y tornó a seguir por la calle en la forma ya dicha, hasta llegar a una muy grande y hermosa casa, que él tenía para nosotros aposentar, bien arreglada.

Allí me tomó por la mano y me llevó a una gran sala, que estaba cerca del patio por donde entramos. Allí me hizo sentar en una silla muy rica que para él lo había mandado hacer, y me dijo que lo esperase allí y él se fue. En un poco rato, ya después que toda la gente de mi compañía estaba sentado, volvió con muchas y diversas joyas de oro y plata, y plumajes, y con hasta cinco o seis mil piezas de ropa de algodón, muy ricas y de diversas maneras tejidas y labradas. Después de me la haber dado, se sentó en otra silla, y empezó a hablar en esta manera:

"Muchos días hace que por nuestras escrituras tenemos de nuestros antepasados noticia que ni yo ni todos los que en esta tierra habitamos somos naturales de ella, sino extranjeros y venidos a ella de partes muy extrañas; y tenemos asimismo que a estas partes trajo nuestra generación un señor, cuyos vasallos todos eran, el cual se volvió a su naturaleza"...

in abundance. From each necklace hung eight golden shrimp, perfectly made, and very large. After he received these necklaces he turned to me and put them around my neck, and continued down the street until we reached a large and beautiful house, well appointed, which he had set aside for us to rest in.

There he took me by the hand and escorted me to a great hall which faced the patio through which we had entered. There he had me sit in a luxurious drawing room and asked me to wait. In a short while, once all of my company was settled, he returned with many and diverse jewels of gold and silver, and feathers, and perhaps five or six thousand pieces of cotton clothing, very luxurious and woven and crafted in many diverse ways. And after he had given me all these things he sat down and began to speak to me in this manner:

"For a long time we have known from the scriptures that our ancestors wrote that neither I nor all the others who live in these lands are native to it, but rather we are foreigners who have come here from very distant parts. We also know that a Lord brought us to these parts, and that all of us were his vassals, and that he then reverted to his original nature"...

Figura 6.5 Moctezuma

"Y siempre hemos creído que los que de él descendieron habían de venir a sojuzgar esta tierra y a nosotros, como a sus vasallos. Según de la parte que tu dices que vienes, que es donde sale el sol, y las cosas que dices de este gran señor o rey que acá te envió, creemos y tenemos por cierto él ser nuestro señor natural; en especial que nos dices que él hace muchos días que tiene noticias de nosotros. Por lo tanto tu sabrás que te obedeceremos y te tendremos por señor en lugar de ese gran señor que dices, y que en ello no habrá falta ni engaño alguno; y bien puedes en toda la tierra, digo que en la que yo en mi señorío poseo, mandar a tu voluntad, porque serás obedecido y hecho, y todo lo que nosotros tenemos es para ti tener y disponer."

"And we have always believed that his descendants would return someday to dominate these lands and also us, as their vassals. According to the things you tell us about your land of origin, which is where the sun rises, and the things you say about this great lord or king who sent you here, we believe and hold to be true the fact that he is our natural lord. Especially since you tell us that he has known about us for some time. For this reason you may be sure that we will obey you and consider you lord in place of the great lord who sent you. In this there will be nothing held back and no trickery. And in any of my lands you may command at your will, because you will be obeyed, and everything we have is yours to dispose of as you wish."

Bernal Díaz del Castillo (1495?-1584)

Soldado raso que acompañó a Cortés en más de cien batallas en la conquista de México, esta figura es a su vez un personaje extraordinario, y representante del soldado común y del pueblo. La única obra que escribió, *La historia verdadera de la conquista de la Nueva España*, no se publicó hasta sesenta años después de su muerte, y no cobró fama

Fig. 5.4 Bernal Díaz del Castillo

hasta mucho después. Bernal Díaz había participado en una expedición a Yucatán en 1518, y dos años después se incorporó a la expedición de Cortés a México y otras partes de la América Central desde 1520 a 1524. Como recompensa, recibió una encomienda en Guatemala, y pasó la mayor parte de su vida después de la conquista de México en Santiago de los Caballeros, Antigua, Guatemala. Ahí, ya viejo, leyó por primera vez un libro sobre la conquista de México escrito por el sacerdote y secretario de Hernán Cortés, Francisco López de Gómara. Gómara nunca había estado en México, ni en ninguna expedición conquistadora, y, lógicamente, presentó a su jefe Cortés en la mejor forma posible. Al leerlo, Bernal Díaz reaccionó con enojo y empezó a escribir su propia versión de la conquista.

Aunque Bernal Díaz no trata de disminuir la gloria y fama de Cortés, es obvio que el personaje principal de su obra es colectivo: el grupo de conquistadores en su conjunto. Es una obra populista, en que exalta el coraje y las hazañas de soldado común, muchas veces figura anónima en la conquista. Frecuentemente trata de corregir la versión de Gómara, mencionándolo de nombre.

En la perspectiva de Bernal Díaz, el indígena es un enemigo, frecuentemente cruel, que debe ser vencido para garantizar el éxito de la empresa española. Sin embargo, también expresa cierta admiración por ellos, especialmente los emperadores Moctezuma y Cuautémoc (el último monarca azteca). Bernal Díaz no acepta las críticas del Padre las Casas acerca de los abusos cometidos por los españoles, aunque en ciertas ocasiones comenta que algunos de sus compañeros cometieron excesos.

El primer fragmento de *La historia verdadera* que leeremos explica y resalta la importancia de doña Marina/Malinche, la mujer indígena que fue amante e intérprete de Cortés. El segundo fragmento describe los hechos de la "noche triste", la derrota española al tratar de retirarse de la ciudad de Tenochtitlan.

Historia verdadera de los sucesos de la conquista de la Nueva España, por Bernal Díaz del Castillo.

Acerca de doña Marina

Antes que más yo meta la mano en lo del gran Moctezuma y su gran Méjico y mejicanos quiero decir lo de doña Marina y como, desde su niñez, fue gran señora de pueblos y vasallos, y es de esta manera:

Su padre y su madre eran señores y caciques de un pueblo que se llama Painala, y tenía otros pueblos sujetos a él, cosa de ocho leguas de la villa de Coatzacoalcos. Murió el padre, quedando doña Marina muy niña, y la madre se casó con otro cacique mancebo y tuvieron un hijo. Según pareció, querían bien al hijo que habían tenido y entre el padre y la madre acordaron de darle al hijo el cargo después de sus días. Para que no hubiese estorbo en ello, dieron de noche la niña a unos indios de Xicalango para que no fuese vista, y echaron fama de que se había muerto. En aquella sazón murió una hija de una india esclava suya y publicaron que era la heredera, de manera que los indios de Xicalango la dieron a los de Tabasco y los de Tabasco a Cortés.

Yo conocí a su madre y a su hermano de madre, e hijo de la vieja, que ya era hombre y mandaba juntamente con la madre a su pueblo, porque el marido

Regarding Doña Marina

Before I get into the matter of the great Moctezuma and his great Mexico and the Mexicans, I want to tell of Doña Marina, and how, from her girlhood, she was a great Lady and leader of the people and vassals, in this manner:

Her father and mother were Lords and chiefs of a town called Painala, and they had other peoples subject to them, about eight leagues from the village of Coatzacoalcos. Her father died when Doña Marina was a little girl, and her mother then married another gentle chief, and they had a son. It seemed that they loved the son very much, and they agreed to give the son their inheritance after their days on earth had passed. In order to avoid any problems with Marina, they gave the girl away one night to some indians from Xicalango with orders to hide her, and they said she had died. At that time the daughter of a slave of theirs died, and they said that it was Marina. And the indians of Xicalango gave her to those of Tabasco and they to Cortés.

I knew her mother and her half-brother, son of the old lady. He was now a man and governed his people jointly with his mother, because the mother's second

postrero de la vieja ya era fallecido. Después de vueltos cristianos la vieja se llamó Marta y el hijo, Lázaro. Esto lo sé muy bien porque, en el año de 1523 después de ganado Méjico y otras provincias y se había alzado Cristóbal de Olid en las Higueras, fue Cortés allá y pasó por Coatzacoalcos. Fuimos con él a aquel viaje toda la mayor parte de los vecinos de aquella villa, como diré en su tiempo y lugar.

Como doña Marina, en todas las guerras de la Nueva España, Tlascala y Méjico, fue tan excelente mujer y buena intérprete, como adelante diré, que la traía siempre Cortés consigo. En aquella sazón y viaje se casó con ella un hidalgo que se llamaba Juan Jaramillo en un pueblo llamado Orizaba delante de varios testigos. Uno de ellos se llamaba Aranda, vecino que fue de Tabasco, y aquél contaba el casamiento, y no como lo dice el cronista, Gómara. Doña Marina tenía mucho ser y mandaba absolutamente entre los indios en toda la Nueva España.

Estando Cortés en la villa de Coatzacoalcos, envió a llamar a todos los caciques de aquella provincia para hacerles un parlamento acerca de la santa doctrina y sobre su buen tratamiento, y entonces vino la madre de doña Marina y su hermano de madre, Lázaro, con

husband had died. After their conversion to Christianity the old woman took the name Mary, and the son Lazarus. I know this very well because in the year 1523, after Mexico and other provinces were conquered, and Cristóbal de Olid had rebelled in las Higueras, Cortés went there and passed through Coatzacoalcos. With us on that trip were most of the inhabitants of that town, as I will relate in the proper time and place.

Inasmuch as Doña Marina, in all the wars of New Spain, Tlascala and Mexico, was such an excellent woman and good interpreter, as I will explain later on, Cortés always took her with him. On that trip and occasion she married a nobleman named Juan Jaramillo in a town called Orizaba in front of various witnesses. One of them was called Aranda, a neighbor of Tabasco, and he told me of the wedding, and it was not the way recorded by the chronicler Gómara. Doña Marina had a lot of presence, and had absolute say among the indians of all of New Spain.

Cortés, while in the town of Coatzacoalcos, ordered that all the chiefs of that province be called to have a parley regarding the holy doctrine and its proper treatment. At that moment Doña Marina's mother and her son Lázaro arrived, with the other chiefs. It had been some days since Marina told me

otros caciques. Días hacía que me había dicho doña Marina que era de aquella provincia y señora de vasallos. Bien lo sabía Cortés, y Aguilar, el intérprete, de manera que cuando vinieron la madre, su hija y el hermano, conocieron claramente que era su hija porque se le parecía mucho. Ellos tuvieron miedo de ella porque creyeron que los enviaba a llamar para matarlos, y lloraban.

that she was from that province, and Lady of the vassals. This was well known to Cortés, and to Aguilar the interpreter, so that when they saw the mother, her daughter, and her brother, they knew right away that she was her mother's daughter. They were afraid of Marina because they thought she had ordered them to come in order to kill them, and they cried.

Figura 5.5 Marina interpretando entre españoles y aztecas

Cuando doña Marina los vio llorar así, los consoló y dijo que no tuviesen miedo, porque cuando la entregaron a los indios de Xicalango, no supieron lo que se hacían, y se lo perdonaba. Les dio muchas joyas de oro y de ropa y

When Doña Marina saw them crying this way, she consoled them saying that they should not be afraid, because when they had given her away as a young girl to the indians of Xicalango, they did not know what they were doing,

les dijo que se volviesen a su pueblo, y que Dios le había hecho a ella mucha merced en quitarla de adorar ídolos ahora, en ser cristiana, y en ser casada con un caballero, pues era su marido Juan Jaramillo. Dijo que, aunque la hiciesen cacica de todas cuantas provincias había en la Nueva España, no lo sería, porque tenía en más estima servir a su marido y a Cortés que cuanto hay en el mundo. Todo esto que digo, se lo oí muy certificadamente, y se lo juro, amén.

Esto me parece a lo que le acaeció a Josef con sus hermanos en Egipto, que vinieron a su poder cuando lo del trigo. Esto es lo que pasó y no como en la relación que dieron a Gómara. También él dice otras cosas que dejo por alto.

Volviendo a nuestra materia, doña Marina sabía la lengua de Guacacualco, que es la propia de Méjico, y sabía la de Tabasco, como Jerónimo de Aguilar sabía la de Yucatán y Tabasco, que es toda una. Se entendían bien y Aguilarz lo declaraba en castellano a Cortés. Fue gran principio para nuestra conquista, y así se nos hacían las cosas, loado sea Dios, muy prósperamente. He querido declarar esto porque, sin doña Marina, no podíamos entender la lengua de Nueva España y Méjico.

and she forgave them. She gave them much gold jewelry and clothing and told them that they should return to their village, and that God had given her much grace because she no longer worshipped idols, and was a Christian, and was married to a gentleman, Juan Jaramillo. She said that even though she might be named chief of all the provinces in New Spain, she would not accept, because she placed greater value in serving her husband and Cortés. All of this which I tell you I heard, and can attest to, and I swear it, amen.

This seems to me similar to what happened to Joseph and his brothers in Egypt, who came to power during that business of the wheat. This is what really happened, and not like Gómora tells it. He also said some other things which I will overlook.

Returning to our subject, Doña Marina knew the language of Guacacualco, which is the tongue of Mexico, and also that of Tabasco, and Jerónimo de Aguilar knew the language of Yucatán and Tabasco, which is the same. They understood each other well, and Aguilar would speak in Castillian to Cortés. It was a great beginning to our conquest, and things went our way, glory be to God. I wanted to say this because without Doña Marina, we would not have been able to understand the tongue of New Spain and Mexico.

La Noche Triste por Bernal Díaz del Castillo

Después de que supimos la decisión que Cortés había hecho de la manera que habíamos de salir e ir aquella noche a los puentes, y como hacía obscuro y hacía niebla y lloviznaba, antes de medianoche se comenzó a traer el puente y caminar el fardaje y los caballos y la yegua y los tlaxcaltecas cargados con el oro. De pronto se puso el puente y pasó Cortés y los demás consigo que traía primero, y muchos de a caballo. Y estando en esto suenan las voces y cornetas y gritos y silbas de los mexicanos, y decían en su lengua a los del Tatuleco: "¡Salid presto con vuestras canoas, que se van los teules, y atajadlos para que quede ninguno a vida!" Y cuando no lo esperaba vimos tantos escuadrones de guerreros sobre nosotros y toda su laguna cuajada de canoas que no nos podíamos valer y muchos de nuestros soldados habían pasado.

Y, estando de esta manera, cargan tanta multitud de mexicanos a quitar el puente y a herir y matar en los nuestros, que no podíamos ayudar a los nuestros. Como la desdicha es mala en tales tiempos, ocurre un mal sobre otro; como llovía, resbalaron dos caballos y caen en el agua. Cuando aquello vimos yo y otros de los de Cortés, nos pusimos en salvo de

After we learned of Cortés' decision regarding how we were to leave that night over the bridges, and since it was dark, foggy and drizzly, just before midnight we began to bring the portable bridge and march with the baggage and the horses and the mare and the Tlaxcaltecas loaded with the gold. We put the bridge in place and Cortés and the rest of his group crossed over first, many of them on horse. Then we heard the voices and the trumpets and the shouts and whistles of the Mexicans, who cried out in their language to those of Tatuleco: "Come out with your canoes because the teules are leaving, and you must grab them so that none will get out alive!" And when we were not expecting it we saw a great number of squadrons of warriors fall on us, and their lake was filled with uncountable canoes, and many of our soldiers had gotten through.

And, at that point, so many Mexicans came to remove our bridge and wound and kill our people, that we could not help them. Since fortune is bad in such times, one bad thing happened after another: because it was raining, the horses slipped and fell into the water. When we and Cortés' group saw this, we tried to regain control of the bridge, but

esa parte del puente, y cargaron tanto guerrero que, por bien que peleábamos, no se pudo aprovechar el puente. De manera que, en aquel paso y abertura del agua, de presto se hinchó de caballos muertos y de indios e indias y cargadores y fardaje y petacas. Temiendo que nos acabasen de matar, tiramos por nuestra calzada adelante y hallamos muchos escuadrones que estaban aguardándonos con lanzas grandes, y nos decían palabras vituperiosas, entre ellas decían: "¡O, diablos, y aún vivos quedáis".

they had so many warriors that we were unable to, despite our great struggle. And as a result, there was a water gap where the bridge was supposed to go, and thus gap was quickly filled with dead horses and indians and their women, and the porters and baggage and trunks. Fearing that they would end up killing us all, we pushed ahead along the causeway and ran into many more squadrons who were waiting for us with long spears, and who cried out to us with insulting words, saying: "Oh, you devils, you are still alive!"

Figura 5.6 La Conquista

A estocadas y cuchilladas que les dábamos pasamos, aunque hirieron allí a seis de los que íbamos. Cortés y los capitanes y soldados que pasaron primero a caballo, por salvarse y llegar a tierra firme y asegurar sus vidas, fueron por la calzada adelante y no la erraron. También salieron en salvo los caballos con el oro y los tlaxcaltecas, y digo que, si aguardáramos, así los de a caballo como los soldados, unos a otros, todos muriésemos y no quedara

Stabbing and thrusting with sword and knife we cut our way through them, although they wounded six of ours. Cortés and his captains and soldiers who had gone first on the causeway on horse, had saved themselves and reached the mainland and made it without losing anyone. They were also able to bring out the horses with the gold and the Tlaxcaltecas, but we, if we waited any longer, would have all been killed, soldiers as well as horses, and none would

ninguno a vida. La causa es ésta: porque yendo por la calzada, ya que arremetíamos a los escuadrones mexicanos, de una parte es agua y de la otra parte azoteas, y la laguna llena de canoas, no podíamos hacer cosa ninguna, pues escopetas y ballestas todas quedaban en el puente y, siendo de noche, ¿qué podíamos hacer sino lo que hacíamos, que era arremeter y dar algunas cuchilladas a los que nos venían a echar mano, y andar y pasar adelante hasta las calzadas? Si fuera de día, muy peor fuera. Y aún los que escapamos fue Nuestro Señor servido de ello. Y para quien no vio aquella noche la multitud de guerreros que sobre nosotros estaban y las canoas que ellos andaban a arrebatar nuestros soldados, es cosa de espanto.

Ya que íbamos por nuestra calzada adelante, llegamos al pueblo de Tacuba, donde ya estaba Cortés con los otros capitanes, Gonzalo de Sandoval y Cristóbal de Olid y otros de a caballo de los que pasaron adelante, y decían a voces: "Señor capitán, aguárdenos, que dicen que vamos huyendo y los dejamos morir en los puentes. Tornémoslos a amparar si algunos han quedado y no salen ni vienen ninguno". La respuesta de Cortés fue que los que habíamos salido era milagro, y luego volvió con los de

have gotten out alive. The reason was this: while we were fighting our way along the causeway we were being attacked by the Mexican squadrons, and on one side we had water and the lake full of canoes, and on the other we had houses. We could do nothing, since our firearms and our crossbows had stayed on the bridge, and it being dark and at night, what could we do except what we tried to do, which was to push forward and stab those who tried to stop us, and push through across the causeway. If it had been daylight, it might have been even worse. And those of us who did escape, did so because Our Lord helped us. And for anyone who did not that night see the multitude of warriors who fell upon us, and the canoes which they used to attack our soldiers, it was frightful.

We who pushed on ahead along the causeway reached the town of Tacuba, where we found Cortés and the other captains, Gonzalo de Sandoval and Cristóbal de Olid and the others on horse who had gone on ahead. They were crying out to Cortés: "Sir captain, listen to us, because they say we are fleeing and we are leaving our friends behind to die on the bridges. Let us go back to protect those who have stayed". Cortés' answer was that it was a miracle that any had gotten out. But he decided later to

a caballo y soldados que no estaban heridos.

No anduvieron mucho trecho porque luego vino Pedro de Alvarado, bien herido, a pie, con una lanza en la mano porque la yegua alazana ya se la habían muerto, y traía consigo cuatro soldados tan heridos como él y ocho tlascaltecas, todos corriendo sangre de muchas heridas. Y entretanto que fue Cortés por la calzada con los demás capitanes y reparamos en los indios de Tacuba, ya habían venido de México muchos escuadrones dando voces a dar mandatos a Tacuba y a otro pueblo que se dice Atzcapozalco, de manera que comenzaron a tirar vara y piedra y flecha y con sus lanzas grandes. Nosotros hacíamos algunas arremetidas en que nos defendíamos y ofendíamos.

go back to the bridges with the horses and the ones who were not wounded.

They had not gone very far when they came upon Pedro de Alvarado, badly wounded, with a spear in his hand and on foot, because his sorrel mare had been killed, and he brought with him four soldiers as badly wounded as he was, and eight Tlastaltecans, all of whom had bleeding wounds. And while Cortés went along the causeway with the other captains and the indians of Tacuba, there arrived from Mexico many squadrons yelling out orders to the Tacubans and to those from Atzcapozalco, and they began to hurl lances and stones and arrows and great spears. We made some charges in which we both defended ourselves and attacked.

Figura 5.6 El encuentro entre Cortés y Moctezuma

Lección 6. Literatura de la consolidación del Imperio: Ercilla, Las Casas

En la segunda ola de la literatura de la conquista tenemos ejemplos de obras literarias forjadas con más cuidado y esmero. Aunque los autores también participaron en la conquista, lo observan con un criterio más maduro y estético.

Alonso de Ercilla y Zúñiga (1534-1594) fué un verdadero hombre renacentista. Perteneció a una familia de la nobleza española, y en el año 1553 acompañó al Príncipe Felipe (después Felipe II) cuando viajó a Londres para conocer su futura esposa, María Tudor. En Londres recibieron noticia de la muerte del conquistador Pedro de Valdivia a manos de los feroces indios araucanos de Chile. Ercilla obtuvo permiso del Príncipe para integrarse a un expedición punitiva, y a la edad de veintiún años llegó a Chile como capitán. Luchó contra los araucanos por dos difíciles años en un combate férreo y cruel. En los pocos momentos de descanso aprovechó su educación y sensibilidad para elaborar versos sobre la lucha que estaba viviendo. El resultado final fue el gran poema épico de la conquista. Fue la primera obra literaria que salió de América con un valor estético indiscutible, y una autenticidad palpable.

El poema realmente no tiene héroe, aunque Ercilla se coloca en muchas de las acciones de combate. En cierto sentido el héroe es el pueblo araucano (y algunos de sus jefes), pues Ercilla empleó el código del caballero renacentista y medieval español que respeta y honra a sus adversarios. Ercilla también critica a los excesos cometidos en la lucha, tanto por los españoles como los araucanos.

La Araucana por Alonso de Ercilla y Zúñiga

No las damas, amor, no gentilezas
de caballeros canto enamorados,
ni las muestras, regalos y ternezas
de amorosos afectos y cuidados;
mas el valor, los hechos, las proezas
de aquellos españoles esforzados,
que a la cerviz de Arauco no domada
pusieron duro yugo por la espada.
Cosas diré también harto notables
de gente que a ningún rey obedecen,
temerarias empresas memorables
que celebrarse con razón merecen,
raras industrias, términos loables
que más los españoles engrandecen
pues no es el vencedor más estimado
de aquello en que el vencido es reputado.
Suplícoos, gran Felipe que mirada
esta labor, de vos sea recibida,
que, de todo favor necesitada,
queda con darse a vos favorecida.
Es relación sin corromper sacada
de la verdad, cortada a su medida,
no despreciéis el don, aunque tan pobre,
para que autoridad mi verso cobre.
Chile, fértil provincia y señalada
en la región antártica famosa.
De remotas naciones respetada
por fuerte, principal y poderosa;
la gente que produce es tan granada.
Tan soberbia, gallarda y belicosa,
que no ha sido por rey jamás regida
ni a extranjero dominio sometida.
Digo que norte sur corre la tierra,
y báñala del oeste la marina,
a la banda del este va una sierra
que el mismo rumbo mil leguas camina;
en medio es donde el punto de la guerra

**Figura 6.1 Sello chileno
que emplea a la poesía
de Ercilla para apoyar
su reclamo antártico**

(Translation in part by Walter Owen)

Sing Muse, but not of Venus and her chuck,
And amorous jousts in dainty lists of love,
Favors and forfeits won in Beauty's siege
By soft assaults of chamber gallantry;
But of the valiant deeds and worthy fame
Of those who far on surge-ensundered shores,
Bent the proud neck of Araucania's race
To Spain's stern yoke, by war's arbitrament.
    Yet not their feats alone inspire my pen
To stamp their glory on the epic page,
But of their foeman too, attend, and hear
Of stubborn tribes no common king obey,
But each its rival chief; of customs strange,
Rare arts and curious crafts; and if I praise
The conquered brave, so shall my words exalt
The worth of those who were their conquerors.
    And thou, great Philip, sov'reign lord of Spain,
To whom these labours of my peaceful hours,
As once the service of my sword, I bring
In humble bearance; grant my subject plea,
And when thine eye my modest page reviews,
Deign to accept. Read here a warrior's tale,
That of all merit bare save simple truth,
Thy favour seeks for all its ornament.
    Chile my scene; a fertile land remote,
Hard by the border of Antarctic seas,
Home of a stiff-necked people, bred to arms,
Renowned in war, by neighbor nations feared;
Whose hot distempered blood alike rebels
At rule domestic and at stranger yoke.
No king among themselves they own, nor e'er
Have bowed the knee to foreign conqueror.
    Due North and South the Chilean coastline runs,
Fronting along the West the Southern Main;
Upon the East a range of cloud-capped peaks
Shuts in the plainlands for a thousand leagues;
Midway between the North and South is where

por uso y ejercicio más se afina.
Venus y Amón, aquí no alcanzan parte,
sólo domina el iracundo Marte.

   Pues en este distrito demarcado,
por donde su grandeza es manifiesta,
está a treinta y seis grados el Estado
que tanta sangre ajena y propia cuesta;
éste es el fiero pueblo no domado
que tuvo a Chile en tal estrecho puesta,
y aquel que por valor y pura guerra
hace en torno temblar toda la tierra.

   Es Arauco, que basta, el cual sujeto
lo más de este gran término tenía
con tanta fama, crédito y concepto,
que del un polo al otro se extendía,
y puso al español en tal aprieto
cual presto se verá en la carta mía;
veinte leguas contienen sus mojones,
poséenla diez y seis fuertes varones.

   Son de gestos robustos, desbarbados,
bien formados los cuerpos y crecidos,
espaldas grandes, pechos levantados,
recios miembros, de nervios bien fornidos
ágiles, desenvueltos, alentados,
animosos, valientes, atrevidos,
duros en el trabajo y sufridores
de fríos mortales, hambres y calores.

**Figura 6.2 Alonso
de Ercilla y Zúñiga**

   No ha habido rey jamás que sujetase
esta soberbia gente libertada,
ni extranjera nación que se jactase
de haber dado en sus términos pisada,
ni comarcana tierra que se osase
mover en contra y levantar espada;
siempre fue exenta, indómita, temida,
de leyes libre y de cerviz erguida.

   El potente rey Inca, y aventajado
en todas las antárticas regiones,
fue un señor en extremo aficionado
a ver y conquistar nuevas naciones,

Our scene of war is set; here that fierce tribe
I speak of dwells; mild Venus here no part
Has in men's lives; but Mars alone is lord.
    Stark-visaged War here all men's days employs
And martial arts are all the cares of state;
In thirty-six degrees it lies; mark well the place
Where this ferocious and unbridled tribe
Spread fear and death, keeping all foes at bay,
And spilling out their own and other's blood;
Battle their sole delight, till far and wide
All Chile trembles at Arauco's name.
    What needs more words? Such was the hardy race
That o'er the greater part of Chilean soil
Held sway, pre-eminent in deeds and fame,
Whose high renown rang to her farthest bounds,
And that, as I shall tell, cost Spain so dear,
And for a season held her arms in check.
Full twenty leagues their boundaries contain,
And sixteen warrior chieftains hold the land.
    Robust and strong, hairless of lip and chin,
Well-grown and tall above the run of men,
Of ample shoulders and capacious breasts,
And brawny limbs thickset with stubborn thews,
Ready and nimble and high-spirited,
Haughty and daring, reckless in assault,
Hardy and tireless, bearing undismayed
Cold, hunger, heat, and all extremities.
    Nor ever has a king by force subdued
This haughty people to his vassalage,
Nor has the foot of an invading foe
Left shameful print upon Arauco's soil,
Nor neighboring tribe so temerarious
To try the battle with their furious hosts.
Untamed and feared by all, they live or die
With haughty neck unbowed to God or man.
    Once in times gone the Inca potentate
Renowned in arms thru all those southern coasts
And eager to subdue new lands and tribes,
Hearing reports of this unconquered race,

y por la gran noticia del Estado
a Chile despachó sus orejones;
mas la parlera fama de esta gente
la sangre les templó y ánimo ardiente.
　　Quién, el húmedo cieno a la cintura
con dos y tres a veces peleaba;
quién por mostrar mayor desenvoltura,
queriéndose mover, mas se atascaba;
quién, probando las fuerzas y ventura,
al vecino enemigo se aferraba,
mordiéndole y cegándole con lodo,
buscando de vencer cualquier modo.

Figura 6.3 Las Casas

El padre Bartolomé de las Casas (1474-1566)

　　Las Casas había venido a Santo Domingo en 1502 como joven en busca de su fortuna en las Indias, cosa que hicieron muchos de su generación en España. Recibió una encomienda en la isla, y fue dueño de unos cien esclavos indígenas, que aparentemente recibieron un tratamiento relativamente bueno. Sin embargo, empezó a desarrollar una conciencia social en cuanto a la esclavitud, y se asoció con un grupo de sacerdotes dominicanos que estaban protestando los abusos de los indígenas por los terratenientes españoles. En 1522 se hizo sacerdote dominicano y lanzó su cruzada vitalicia de denunciar los abusos contra los indios. Regresó a España para debatir el tema con altas autoridades, y eventualmente pudo convencer a la corte de la necesidad de promulgar leyes nuevas para protegerlos. En el año 1547 escribió su obra más poderosa y polémica, *La brevísima relación de la destrucción de las Indias*.

　　Se ha criticado la obra de las Casas porque a veces sufre de un exceso de polémica que lo lleva a la exageración. Sin embargo, cumplió su objetivo de atraer la atención de las autoridades españolas a tal punto que las Casas cabalmente merece su apodo de "el apóstol de los indios". Varios países europeos enemigos de España aprovecharon la obra de las Casas para sus propios fines propagandísticos, usándola para crear la "leyenda negra" que pinta a España como país opresor de los indígenas. Pocos años después de su publicación en España, se tradujo la obra al latín, francés, inglés, alemán y holandés. He aquí el subtítulo que se empleó en la versión inglesa de 1606: "Popery truly Display'd in its

Marshalled an army of his chosen braves,
Then, under his best captains, bade them take
The road to Chile; but Arauco's fame
Cooled their hot blood and turned them back again
    Who, with damp mud to the waist,
With two or three fought;
who to show greater boldness,
trying to move, became more enmired instead;
who, trying his strength and fortune,
to the neighbouring enemy held fast
biting him and blinding him with mud,
seeking to win in any way he could. (jc)

Bloody Colours: Or a Faithful Narrative of the Horrid and Unexampled
Massacres, Butcheries, and all manner of Cruelties, that Hell and Malice
could invent, committed by the Popish Spanish Party on the Inhabitants
of West-India... Composed first in Spanish by Bartholomew de las Casas,
a Bishop there, and an Eye-Witness of most of these Barbarous Cruelties;
afterwards translated by him into Latin, then by other hands into High-
Dutch, Low-Dutch, French, and now Modern English".

A pesar de la manera en que se empleó la obra de las Casas, no hay
duda que permanece como un ejemplo moral en una época en que los
países que acusaban a España de abusos estaban cometiendo sus propios
abusos, pero sin ninguna protesta equivalente al de las Casas. En cierto
sentido, la cruzada que lanzó las Casas hace cuatro siglos sigue teniendo
eco en los movimientos de protesta contra las injusticias sociales que
padece el continente hasta el día de hoy.

La rebelión de Enriquillo por Bartolomé de las Casas

Por este tiempo (fines de 1518) cosas ocurrieron notables en esta isla Española, y una fue que, como los indios de ella se iban acabando y no cesasen por eso de ellos trabajar y angustiar los españoles que los tenían, uno de

During this time (late 1518) notable events occurred on this island of Hispaniola, and one of them was the way in which the indians were dying out, and despite this the Spaniards did not cease to overwork and mistreat them. One

ellos llamado Valenzuela mozo harto liviano que sucedió en la inicua y tiránica posesión de ellos a su padre, tenía un repartimiento cuyo cacique y señor se llamaba Enriquillo.

A Enriquillo los frailes habían enseñado a leer y escribir y en costumbres bien doctrinado, y él de su inclinación no perdía nada, y supo bien hablar nuestra lengua, por lo cual siempre mostró por sus obras haber con los religiosos aprovechado. (...) Este cacique y señor de aquella provincia del Baoruco, salido de la doctrina de los religiosos y hecho hombre, casóse con una señora india, mujer de buen linaje y noble, llamada doña Lucía, como cristianos, a vista de la Santa Madre Iglesia.

Era Enrique alto y gentil hombre de cuerpo bien proporcionado y dispuesto; la cara no tenía ni hermosa ni fea, pero teníala de hombre grave y severo. Servía con sus indios al dicho mancebo Valenzuela como si se lo debiera, como dicen, de fuero, sufriendo su injusta servidumbre y agravios que cada día recibía con paciencia. Entre los pocos y pobres bienes que tenía poseía una yegua; ésta la tomó contra su voluntad el mozo tirano a quien servía; después de esto, no contento con aquél robo y fuerza, procuró de violar el matrimonio del

of the Spaniards was a young man named Valenzuela who unjustly and tiranically possessed an inherited "repartimiento" of indians, whose chief and lord was named Enriquillo.

The friars had taught Enriquillo to read and write, and had given him the Christian doctrine, and he missed nothing, and knew how to speak our tongue very well, and he always showed in his deeds that he had learned much from the priests (...) This chief and lord of that province of Baoruco, having studied the doctrine of the priests and become a man, married an indian lady, a noble woman of good lineage, called Doña Lucía, and they were married as Christians in the sight of the Holy Mother Church.

Enriquillo was a tall and gentle man with a well-proportioned body and disposition; his face was neither beautiful nor ugly, but rather was grave and severe. He served the aforementioned young man Valenzuela with his indians as was required of him, under the law, patiently suffering his unjust servitude and affronts which he received every day. Among the few and pitiful goods which he possessed was a mare, and this mare was taken from him against his will by the tyrannical master he served; and after this, not being content with that armed robbery, he

cacique y forzarle la mujer, y como el cacique lo sintiese, porque se quejó a él mismo diciéndole que por qué le hacía aquel agravio y afrenta, dicen que le dio de palos para que se cumpliese el proverbio: agraviado y aporreado.

Fuese a quejar de sus agravios al teniente de gobernador que en aquella villa residía, llamado Pedro de Vadillo; halló en él el abrigo que siempre hallaron en las justicias de estas Indias y ministros del rey los indios; éste fue que lo amenazó que le haría y acontecería si más venía a él con quejas de Valenzuela, y aun dijeron que lo echó en la cárcel o en el cepo. El triste, no hallando remedio en aquel ministro de justicia, después que le soltaron, acordó de venir a esta ciudad de Santo Domingo a quejarse a la Audiencia de las injurias y denuestos recibidos, con harta pobreza, cansancio y hambre, por no tener dinero ni de qué haberlo.

El Audiencia le dio su carta de favor, pero remitiéndolo al dicho teniente Vadillo sin otro remedio; y éste fue también el consuelo que las Audiencias y aun también el Consejo del rey, que reside en Castilla, daban a los agraviados y míseros: remitirlos, conviene a

tried to violate the chief's matrimony and rape his wife. And when Enriquillo complained to him, asking why he had done this harm and affront, it is said that Valenzuela beat him with a stick in order to make the proverb come true: insulted and beaten.

Enriquillo went to complain of his mistreatment to the governor's lieutenant who lived in that village, by name Pedro de Vadillo. He found in Vadillo that comfort that the indians always found in matters of justice at the hands of the ministers of the king. Vadillo threatened him, warning him what would happen if he returned with any more complaints against Valenzuela: he said that he would throw him in jail or in the stocks. After he was let go with no satisfaction at the hands of this minister of justice, the saddened Enriquillo decided to come to this city of Santo Domingo to complain to the Audiencia of the injuries and insults which he had received. But he was very poor, tired and hungry, and had no money to remedy his situation.

The head of the Audiencia gave Enriquillo his sympathy, but he sent him back to the aforementioned lieutenant Vadillo with no other recourse; and this too was the consolation which the Audiencias and even the king's Counsellor, who resides in Castille,

saber, a los agraviantes y sus propios enemigos.

Tornado a la villa, que estaba a 30 leguas, presentó sus papeles, y la justicia que halló en Vadillo fue, según se dijo, tratándolo de palabra y con amenazas, peor que de primero; pues sabido por su amo Valenzuela, no fueron menores los malos tratamientos y asombramientos: que lo había de azotar y matar y hacer y acontecer, y aun, según yo no dudo, por la costumbre muy envejecida y el menosprecio en que los indios fueron siempre tenidos, señores y súbditos, y la libertad y duro señorío que los españoles sobre ellos tuvieron para los afligir, sin temor de Dios y de la justicia, que le daría de palos o bofetadas antes que darle de cenar, para consuelo y descanso de su camino.

Sufrió las nuevas injurias y baldones el cacique Enriquillo, sufriólas, digo, y disimuló; y habida licencia de su amo, que con más justa razón pudiera ser señor suyo el indio, porque acabado el tiempo que eran ciertos meses del año que se renovaban las cuadrillas para venir a servir, y el cacique era

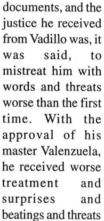

Figura 6.4 Abusos españoles

give to the injured and the miserable: to send them back, one should realize, to the very people they had complained about, back to their own enemies.

Once back at the village, which was 30 leagues away, Enriquillo presented his documents, and the justice he received from Vadillo was, it was said, to mistreat him with words and threats worse than the first time. With the approval of his master Valenzuela, he received worse treatment and surprises and beatings and threats of death and other events, based on the ancient disdain in which the indians were viewed, and the harsh rule which the Spaniards afflicted them with, without any fear of God or justice, so that they would beat them with sticks or blows instead of giving them food as consolation and rest after their voyage.

The chief Enriquillo bore the new injuries and affronts quietly. But then came the period of several months in the year in which the group of indians working for the Spaniards was to be changed, and

el que iba y venía y los traía y el que si faltaba un indio que no viniese, lo había él de llorar y padecer, con cárcel e injurias y aun palos y bofetadas y otras angustias y denuestos vuelto a su tiempo, confiado en su justicia y en su tierra, que era áspera, donde no podían subir caballos, y en sus fuerzas y de sus pocos indios que tenía, determinó de no ir a servir más a su enemigo, ni enviarle indio suyo, y por consiguiente, en su tierra defenderse; y esto llamaron los españoles, y llaman hoy, "alzarse y ser rebelde Enrique, y rebeldes y alzados los indios", que con verdad hablando, no es otra cosa que huir de sus crueles enemigos, que los matan y consumen, como huye la vaca o buey de la carnicería; el cual, como no fuese ni llevase indios para el servicio de Valenzuela en el tiempo establecido, estimando el Valenzuela que por los agravios recibidos estaría enojado y alborotado, y como ellos decían, alzado, fue con once hombres a traerlo por fuerza y sobre ello maltratarlo.

Llegado allá, hallólo a él y a su gente no descuidado, sino con armas, que fueron lanzas, por hierros clavos y huesos de pescados, y arcos y flechas y piedras y lo demás de que pudieron armarse; saliéronle al encuentro, y el cacique Enriquillo delante, y dijo

it was Enriquillo's role to bring the new indians and take the first group back. In this process the chief was the one who would endure insults and beatings and even jail if any indians were missing. And Enriquillo, who by now had little faith in Spanish justice, and more faith in his own land, which was rough, and where horses could not climb, decided to serve his enemy no longer, to send no more indians, and to defend himself in his own territory. And this the Spanish called, and still call to this day, the "uprising and rebellion of Enriquillo and his followers". In truth, it was nothing more than to flee from his cruel enemies, who had killed and consumed them, in the same way that the cow or the ox flees the butcher. And Valenzuela, when he realized that Enriquillo was not going to send him any more indians because of his mistreatment, and that he was angry and upset and, as they would say, had risen up, he went with eleven men to bring him down by force and mistreat him some more.

Once he arrived there he found Enriquillo and his people prepared, with weapons, which were spears, clubs with nails and fish bones, and bows and arrows and stones and anything else they could find as weapons. They came out to meet them, with chief Enriquillo at the

a Valenzuela que se tornase, porque no había de ir con él ni de sus indios nadie, y como el mozo Valenzuela lo tuviese como esclavo y en mayor menosprecio que si fuera estiércol de la plaza, como todos los españoles han tenido siempre y tienen a estas gentes por más que menospreciadas, comenzó a decirle de perro y con todas las injuriosas palabras que se le ofrecieron denostarle, y arremete a él y a los indios que estaban con él los cuales dan en ellos y con tanta prisa, que le mataron uno o dos de sus españoles y descalabraron a todos los más y los otros volvieron las espaldas. No quiso Enrique que los siguiesen, sino que los dejasen ir, y dijo a Valenzuela: "Agradeced, Valenzuela, que no os mato; andad, id y no volváis más acá, guardáos".

Tornóse Valenzuela con los suyos a San Juan de la Maguana, más que de paso, y su soberbia lastimada, puesto que no curada. Suénase luego por toda la isla que Enriquillo es alzado; provéese por el Audiencia que vaya gente a subyugarlo; juntáronse 70 o 80 españoles y vanlo a buscar, los cuales, después de muy cansados y hambrientos de muchos días, halláronlo en cierto monte; salió a ellos, mató ciertos e hirió a otros, y todos desbaratados y humillados acordaron con harta tristeza y

head, and he told Valenzuela to go back, because neither he nor his indians would work for him any more. And Valenzuela, who saw him as a slave, and held him in the usual contempt with which the Spaniards saw the indians, as if they were dung in the plaza, began to call him a dog and many other hurtful words, and then he attacked Enriquillo and the indians who were with him. But the indians defended themselves well and quickly, killing one or two of his Spaniards and wounding all of the others, who turned their backs and ran away. Enriquillo did not want to pursue them, but rather let them go, and said to Valenzuela: "Be grateful, Valenzuela, that I do not kill you. Go, leave this place and never come back. You are warned."

Valenzuela went with his men to San Juan de la Maguana, with his damaged pride, and desire for revenge. And the news ran through the island that Enriquillo was leading an uprising. The Audiencia determined that men had to put the rebellion down; so some 70 or 80 Spaniards went to find him. These, after many days of hunger and exhaustion, found him in a certain hill; he went out to meet them, killed some and wounded others, and they were all routed and humiliated, and agreed with much

afrenta suya de tornarse. Cunde toda la isla la fama y victorias de Enriquillo; húyense muchos indios del servicio y opresión de los españoles y vanse al refugio y bandera de Enriquillo, como a castillo roquero inexpugnable, a salvarse, de la manera que acudieron a David, que andaba huyendo de la tiranía de Saúl, todos los que estaban en angustias y los opresos de deudas y en amargura de sus ánimos, como parece en el primer libro de los Reyes, cap. 22; bien así, por esta semejanza se allegaron a Enriquillo de toda la isla cerca de 300 hombres, sometiéndose a su capitanía, no teniendo él, a lo que sentí yo, ni aun ciento.

Enseñábalos él cómo habían de pelear contra los españoles, si ellos viniesen, para defenderse; nunca permitió que algunos de los que a él se venían saliese a hacer saltos ni matar español alguno, sino solamente pretendió defender a sí y a los suyos de los españoles, que muchas veces vinieron a subyugarlo y ofenderlo. Cuán justa guerra contra los españoles él y ellos tuviesen y se le sometiesen y lo eligiesen por señor y rey los indios, que a él venían y los demás de toda la isla lo pudieran justamente hacer, claro lo muestra la historia de los Macabeos en la Escritura divina y las de España

sadness and affront to retreat. The fame and victories of Enriquillo were soon known all over the island, and many indians fled their forced servitude and the oppression of the Spaniards to join the refuge and flag of Enriquillo. He was like an impregnable rocky castle, and they came to him, anguished, oppressed by debts and bitter in their spirits, as if he were David and they were fleeing from the tyranny of Saul, as it appears in the first book of Kings, Chapter 22. And so, because of this resemblance there came to Enriquillo some 300 men who accepted his leadership, although his own people were, I believe, barely a hundred.

He taught them how they should fight against the Spanish, and how to defend themselves if they should come. And he never allowed them to go out and attack or kill any Spaniard, instead limiting them to defending themselves, and their loved ones, against the Spanish attacks, which many times came to submit him and offend him. This was a just war against the Spanish under his elected leadership; it was like the history of the Maccabeans in the divine Scriptures, or like the Spanish fights which are narrated in the deeds of the prince Don Pelayo, who not only fought a just war of natural defense, but also

que narran los hechos del infante Don Pelayo, que no sólo tuvieron justa guerra de natural defensión, pero pudieron proceder a hacer venganza y castigo de las injurias y daños y muertes y disminución de sus gentes y usurpación de sus tierras recibidas, de la misma manera y con el mismo derecho.

Cuanto a lo que toca al derecho natural y de las gentes (dejado aparte lo que concierne a nuestra santa fe, que es otro título añadido a la defensión natural en los cristianos), tuvieron justo y justísimo título Enrique y los indios pocos que en esta isla habían quedado de las crueles manos y horribles tiranías de los españoles, para los perseguir, destruir y punir y asolar como a capitales enemigos, destruidores de todas sus tan grandes repúblicas, como en esta isla había, lo cual hacían y podían hacer con autoridad de derecho natural y de las gentes, y la guerra propiamente se suele decir no guerra, sino defensión natural.

En muchas veces que se hicieron en la isla armadas para ir contra él que por él fueron desbaratadas, cobraron muchas armas y siempre los indios que se alzaban a él trabajaban de hurtar a sus amos armas todas las que podían; y por dondequiera que andaban fue extraña la vigilancia y diligencia y solicitud que tuvo en

could proceed to wreak vengeance and punishment for the injuries and harm and death and killing of their peoples and theft of their lands, in the same manner and with the same rights.

As far as natural law is concerned (and leaving aside the teachings of our sacred faith, which is another chapter dealing with the right of Christian self-defense), Enriquillo and his few indians on this island had just, very just, cause, because they had fallen into the cruel hands and horrible tyranny of the Spaniards, who pursued, destroyed, punished and laid waste to them as if they were their capital enemies, destroyers of their great republics, such as existed on this island, and what they did under natural law was not called war, but natural self-defense.

On the many occasions on this island in which armed groups rose up, they were able to obtain many weapons, and the indians who rebelled were able to steal weapons from their masters. And all over the island there was an unusual vigilance and diligence and care to protect Enriquillo and all those who were with him, as if all his life

guardarse a sí y a los que con él estaban; como si toda su vida fuera capitán en Italia. Tenía sus guardas y espías en los puertos y lugares por donde sabía que podían los españoles venir a buscarle.

Sabido por los espías y guardas que tenía en el campo que había españoles, tomaba todas las mujeres y niños y viejos y enfermos, si los había, y todos los que no eran para pelear, con 50 hombres de guerra que siempre tenía consigo, y llevábalos 10 o 12 leguas de allí, en lugares que tenía secretos en aquellas sierras, donde había hechas labranzas y tenía de comer, dejando un capitán, sobrino suyo, tamaño como un codo, pero muy esforzado, con toda la gente de guerra para esperar a los españoles; los cuales llegados, peleaban contra ellos los indios como leones; venía luego de refresco Enrique con sus 50 hombres y los lastimaba, hería y mataba, llevando siempre la victoria.

he had been a captain in Italy. He had his guards and spies in the ports and other places where he knew that the Spaniards could come to look for him.

When the spies and guards would tell him that there were Spaniards in the area, he would take all the women and children and the old and sick, if there were any, and everyone who could not fight, along with the 50 warriors he always had with him, and he would take them 10 to 12 leagues away, in secret places he had in the hills, where he had cultivated lands and food. He would leave behind a captain, a nephew of his barely a cubit high, but very strong, with all his warriors to wait for the Spaniards. When they arrived, they would fight against the indians like lions. But then Enriquillo would arrive, fresh, with his 50 men, and he would deal with them as he saw fit, wounding and killing them, and he always won.

Figura 6.5 Sufrimientos de los indígenas

Acaeció una vez desbaratar muchos de ellos y meterse 71 o 72 en unas cuevas de piedra o peñas, escondiéndose de los indios que iban en el alcance, y entendiendo que estaban allí, quieren los indios traer leña para poner fuego y quemarlos. Mandó Enrique: "No quiero que se quemen, sino tomadles las armas y dejadlos; váyanse", y así lo hicieron, donde se proveyó bien de espadas y lanzas y ballestas, puesto que de éstas no sabían usar. De estos 70 españoles se metió fraile uno en el monasterio de Santo Domingo, de la ciudad de Santo Domingo, por voto que había hecho, viéndose en aquella angustia, no creyendo de se escapar, y de él hube lo que de este caso yo aquí escribo.

Extendióse cada día más la fama de las victorias y diligencia, esfuerzo y ardides de guerra de Enrique y de su gente por toda esta isla, porque, como se dijo, vez ninguna vinieron contra él los españoles que no volviesen descalabrados; por manera que toda la isla estaba admirada y turbada, y cuando se hacía armada contra él no todos iban de buena gana, y no fueran, si por el Audiencia con penas no fueran forzados. En esto pasaron trece y catorce años, en lo cual se gastaron de la Caja del rey más de 80 o 100.000 castellanos.

One time it happened that a group of 71 or 72 Spaniards had been routed and they fled to some caves in the mountains in order to hide from the indians. When the indians discovered the Spaniards, they wanted to bring firewood and burn them. Enriquillo ordered: "I do not want them burned. Instead, take their weapons and leave them be. Let them go". And so they did, and they obtained many swords and spears and crossbows, even though they did not know how to use these. Of these 70 Spaniards, one became a friar in the monastery of Santo Domingo, in the city of Santo Domingo, because of a promise he had made when he believed he would not escape, and I learned of all this from him.

Each day the fame of the victories and diligence, effort and stratagems of Enriquillo and his people spread more and more around the island because, it was said, the Spaniards who went out to find Enriquillo always came back routed. And so the entire island admired him, and there was unrest, and when the Spaniards raised a force to hunt him not all went voluntarily, and they would not have gone at all had the Audiencia not forced them to. All of this lasted thirteen to fourteen years, and the Royal treasury spent more than 80 or 100,000 castellanos on it.

Lección 7. La literatura de la Conquista vista por los conquistados

La conquista vista por los conquistados

Como hemos notado anteriormente, los conquistadores ibéricos trataron de eliminar cualquier rasgo cultural precolombino que podría complicar el proceso de imponer una nueva lengua y una nueva cultura como medio de controlar a las civilizaciones vencidas.

Sin embargo, sabemos que las viejas tradiciones orales precolombinas siguieron después de la conquista, y que incorporaron relatos de la conquista vista por testigos indígenas. En algunos casos los españoles preservaron estos relatos, pero en general no se les dio mucha importancia literaria, y fueron suprimidos por ir en contra del proceso de colonización. El mexicano Miguel León-Portilla ha recopilado algunos de estos relatos, cuyos autores en general son anónimos.

La conquista contado por los aztecas

Y todo esto pasó con nosotros.
Nosotros lo vimos,
lo miramos:
con esta lamentosa y triste suerte
nos vimos angustiados.
En los caminos yacen dardos rotos;
los cabellos están esparcidos.

And all this happened with us.
We saw it,
we watched it
and with this mournful and sad fate
we were anguished.
In the roads lie broken spears;
our hair is in disarray.

Destechadas están las casas,	The houses are roofless,
enrojecidos con sangre los muros.	the walls are red with blood.
Gusanos pululan	Worms swarm
por las calles y plazas,	in the streets and plazas
y están las paredes	and the walls
manchadas de sesos.	are spattered with brains.
Rojas están las aguas,	The waters are red,
cual si las hubieran teñido,	as if dyed,
y si las bebíamos,	and if we drink them,
eran agua de salitre.	they are salt brine.
Golpeábamos los muros de adobe	We beat against the adobe walls
en nuestra ansiedad	in our despair
y nos quedaba por herencia	and all that is left of our inheritance
una red de agujeros.	is a net of holes.
En los escudos	Our shields
estuvo nuestro resguardo,	were our defense,
pero los escudos	but shields
no detienen la desolación.	cannot stop desolation.
Hemos comido panes de colorín,	We have eaten bread of flax seed,
hemos masticado grama salitrosa,	we have chewed salty marsh grass,
pedazos de adobe,	and pieces of adobe,
lagartijas, ratones,	lizards, rats,
y tierra hecha polvo	and dirt become dust
y aun los gusanos.	and even worms.
Comimos la carne	We ate the meat
apenas sobre el fuego	when it was barely
estaba puesta.	on the fire.
Cuando estaba cocida la carne,	When it was cooked,
de allá la arrebataban,	they grabbed it out of the
en el fuego mismo la comían.	very coals and ate it.
Se nos puso precio.	A price was put on us.
Precio del joven, del sacerdote,	A price for the young man,
del niño y de la doncella.	the priest, the child, the girl.
Basta:	It was enough:
de un pobre	for the poor man
era el precio sólo	the price was only
dos puñados de maíz,	two handsful of corn
sólo diez tortas de mosco;	or ten cakes of flies;
sólo era nuestro precio	our price was only

veinte tortas de grama salitrosa.	twenty cakes of salty marsh grass.
Oro, jades, mantas ricas,	Gold, jade, rich cloaks,
plumajes de quetzal,	quetzal feathers,
todo eso que es precioso,	all that was precious
en nada fue estimado.	was valued as nothing.

Figura 7.1 Los españoles abusan a los indígenas

Poema escrito en 1523 (?)

El llanto se extiende,	The cry spreads out,
las lágrimas gotean	tears fall
allí en Tlatelolco.	there in Tlatelolco.
Por agua se fueron	By water
ya los mexicanos;	the Mexicans fled;

semejan mujeres;	they are like women;
la huida es general.	the flight is general.
¿Adónde vamos?	Where are we going?
¡O, amigos! Luego, ¿fue verdad?	Oh my friends! Was it true?
Ya abandonaron	They have abandoned
la ciudad de México:	the city of Mexico:
el humo se está levantando;	the smoke rises;
la niebla se está extendiendo...	the fog is spreading...
Llorad, amigos míos,	Cry, my friends,
tened entendido	understand
que con estos hechos	that with these events
hemos perdido la nación mexicana.	we have lost the Mexican nation.

Guamán Poma de Ayala (1526?-1614?)

Una excepción a la anonimia de los autores fue el peruano Guamán Poma de Ayala. Miembro de una familia de la nobleza incaica (los señores de Allanca Huánuco), tenía orgullo en su ascendencia indígena, aunque en sus escritos tuvo mucho cuidado en no ofender a las autoridades españolas. Su nombre, como el del Inca Garcilaso de la Vega, es producto de la transculturación del mestizaje: Guamán significaba "halcón" en la lengua quechua, y "Poma" es una variante de "Puma".

Figura 7.2 La llegada de Francisco Pizarro al Perú

Su obra principal es *El Primer Nueva Crónica y Buen Gobierno*, un extraordinario documento de unas 1180 páginas ilustradas con unos 300 dibujos que representan la fuente visual más rica que tenemos del mundo incaico y del Perú durante y después de la conquista por Pizarro en la década de los 1530 (las figuras en esta lección fueron dibujados por Guamán Poma). El lenguaje de la crónica es de difícil lectura por su mezcla de castellano y quechua, y por la poca educación formal de Guamán Poma. El libro es una especie de enciclopedia del mundo quechua, dándonos la historia de su raza, orígenes, reyes, costumbres, fiestas, religión, y muchas otras cosas. Dedica un trozo importante de la obra a la llegada de los españoles (Guamán Poma tenía unos seis años cuando desembarcó Pizarro en Túmbez en 1532), y a la destrucción del imperio incaico y el derrocamiento de sus últimos reyes incas.

El Primer Nueva Crónica y Buen Gobierno

El capitán general Ruminaui, el embajador de Atahualpa Inca, fue al puerto de Túmbez para encontrarse con don Francisco de Pizarro, el embajador del Emperador. Pizarro y Diego de Almagro tuvieron muchas respuestas y cumplimientos. El embajador del Inca les suplicó a los cristianos que volviesen a sus tierras y les dijo que les daría mucho oro y plata para que volviesen. Y contestaron que querían ver y besar las manos del rey Inca. Después se volverían para contar todo a su rey emperador.

Atahualpa Inca mandó dar indios mitayos a don Francisco Pizarro y a don Diego de Almagro. Les dieron cama, ricos regalos y mujeres a ellos y a todos sus caballos, porque decían que dichos caballos eran personas que comían maíz.

Captain general Ruminaui, ambassador of Atahualpa the Inca, went to the port of Túmbez to meet with don Francisco de Pizarro, the ambassador of the Emperor. Pizarro and Diego de Almagro had many responses and compliments. The Inca's ambassador begged the Christians to return to their lands and he said that he would give them much gold and silver to leave. And they answered that they wished to see and kiss the hands of the Inca king. After that they would go away and tell everything to their king the emperor.

The Inca Atahualpa sent mitayo (forced labor) indians to don Francisco Pizarro. They gave them beds, rich gifts and women. They also gave gifts to all the horses, because they said that these horses were people who ate corn.

Año de mil quinientos y treinta y tres; Papa Clemente VII (de su Pontificado once); Emperador don Carlos Cinco (de su imperio quince) marcha don Francisco Pizarro y don Diego de Almagro a la ciudad de Cajamarca contra Atahualpa Inca con ciento y sesenta soldados contra cien mil indios; Hernando de Soto, Sebastián de Balcázar y Hernando Pizarro con veinte caballeros y Felipe Guancabilca, indio intérprete, que trajo para la conquista. Entraron a Cajamarca y no estaba en la ciudad el dicho Inca Atahualpa; estaba en los baños. Envía Atahualpa a su embajador a la ciudad diciendo que se volviesen los españoles cristianos a su tierra. Don Francisco Pizarro y don Diego de Alamgro responden que no volverían todavía...

Cómo estuvo el dicho Atahualpa Inca en los baños, Hernando Pizarro y Sebastián de Balcázar fueron allí encima de sus caballos muy furiosos y armados y llevaban mucho cascabel y penacho y los dichos caballeros muy bien armados comenzaron a apretar las piernas, y corrieron muy furiosamente en sus caballos. Dicen que aquello espantó al Inca y a los indios que estaban en dichos baños de Cajamarca ya que nunca antes habían visto esto. Toda la gente del Inca quedó espantado,

Year one thousand five hundred and three; Pope Clement VII (eleven years of his Pontificate); Emperor don Carlos V (of his Empire fifteen) don Francisco Pizarro and don Diego de Almagro march to the city of Cajamarca with one hundred and sixty soldiers against Atahualpa the Inca with one hundred thousand indians; Hernando de Soto, Sebastián de Balcázar and Hernando Pizarro with twenty knights and Felipe Guancabilca, indian interpreter, brought for the conquest. They entered Cajamarca and the Inca Atahualpa was not there, he was at the baths. Atahualpa sent his ambassador to the city saying that the Spanish Christians should return to their own lands. Don Francisco Pizarro and don Diego de Almagro responded that they would not return yet...

Since the aforesaid Atahualpa was at the baths, Hernando Pizarro and Sebastián de Balcázar went there on their horses, furious and armed and they carried many bells and plumes and said armed knights pressed their legs and their horses ran furiously. They said that this panicked the Inca and the indians who were at the Cajamarca baths, since they had never before seen this. All the Inca's people were panicked, astonished, and everyone ran away because such huge animals ran toward them, and

asombrado, cada uno se echó a huir porque tan gran animal corría hacia ellos y encima de los animales unos hombres, cosa nunca vista antes.

on top of each animal was a man, something never before seen.

Figura 7.3 Los caballos espantan a los incas

Don Francisco Pizarro y don Diego de Almagro y Fray Vicente de la orden del Señor San Francisco van a la ciudad de Cajamarca. Atahualpa Inca desde los baños se fue a la ciudad y corte de Cajamarca, con sus capitanes y

Don Francisco Pizarro and don Diego de Almagro and Friar Vicente of the San Francisco order went to the city of Cajamarca. Atahualpa the Inca went from the baths to the city and court of Cajamarca, with his captains and

con mucho más gente, cien mil indios, en la plaza pública, en el medio de su trono y asiento.

Y luego comenzó don Francisco Pizarro y don Diego de Almagro a decirle con su intérprete, Felipe, indio Guancabilca. Le dijo que era mensajero y embajador de un gran señor y que fuese su amigo y que sólo a eso venía.

many more, one hundred thousand indians, in the public plaza, in the middle of his throne and empire.

And then Don Francisco Pizarro and don Diego de Almagro began to talk to him, using their interpreter Felipe, the Guancabilca indian. Pizarro said that he was a messenger and ambassador of a great lord, and a friend, and that he had come only for that purpose.

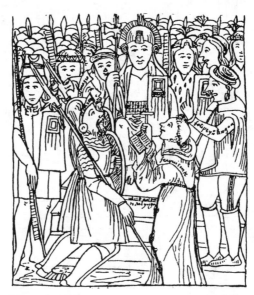

Figura 7.4 Los españoles y el Inca Atahualpa

Respondió muy atentamente el Inca con una majestad y dijo que será la verdad que venían de tan lejos tierra como mensajero, y que creía que su rey era gran señor, pero que el Inca no tenía que hacer

The Inca replied very courteously, and with majesty, saying that it might be true that they came from such a distant land as messengers, and that he believed their king was a great lord, but he

amistad, que también era él gran señor en su reino.

Despúes de esta respuesta, entra con la suya fray Vicente, llevando en la mano derecha una cruz y en la izquierda el breviario. Y le dice al dicho Atahualpa Inca que también es embajador y mensajero de otro señor, muy grande amigo de Dios y que fuese su amigo y que adorase la cruz y creyese el evangelio de Dios y que todo lo demás era cosa de burla.

Responde Atahualpa Inca y dice que no tiene que adorar a nadie sino al sol que nunca muere. Y preguntó el dicho Inca al fray Vicente quién se lo había dicho lo que dijo.

Responde el fray Vicente que le había dicho el evangelio, el libro.

Y dijo Atahualpa: dámelo a mí, el libro, para que me lo diga. Y así se lo tomó en las manos; comenzó a hojear las hojas de dicho libro. Y dice el dicho Inca que no me habla a mí el dicho libro, y echó el dicho libro de las manos.

Con esto fray Vicente dio voces y dijo: "¡Aquí, caballeros, estos indios son contra nuestra fe!" Y don Francisco de Pizarro y don Diego de Almagro dieron voces y dijeron: "¡Salgan, caballeros, contra estos infieles que son contra nuestra cristiandad y contra nuestro emperador y rey, demos en ellos!"

the Inca needed no friendships, that he too was a great lord in his kingdom.

After this reply, Frair Vicente came in with his approach, carrying a cross in his right hand and the Bible in his left. And he said to the Inca Atahualpa that he too was ambassador and messenger from another lord, a great friend of God, and his friend and he should worship the cross and believe in the gospel of God and that anything else was of little importance.

Atahualpa the Inca replied, saying that he had no need to worship anyone except the sun that never dies. And the Inca asked Friar Vicente who had told him what he just said.

Friar Vicente answered that the gospel, the book, had told him so.

And Atahualpa said: give it to me, the book, so that it can speak to me. And he took it in his hands, and began to leaf through the pages of the book. And the Inca said that this book is saying nothing to me, and he threw the book down.

With this Friar Vicente cried out: "Here, men, these indians are against our faith!" And don Francisco Pizarro and don Diego de Almagro cried out, saying: "Come out, men, against these infidels who are against our Christianity and against our emperor and king, let's get them!"

Y así luego comenzaron los caballeros, y dispararon sus arcabuces y ruido de cascabeles y de las armas jamás visto por los indios que llenaron la plaza de Cajamarca. Se derribaron las paredes del cerco de la plaza de Cajamarca.

And thus the warriors began, firing their arquebuses and with a great noise of the bells and the weapons never before seen by the indians who filled the plaza of Cajamarca. The walls of the fence of the plaza of Cajamarca were destroyed.

Y se mataron entre ellos, de apretarse y pisarse y tropezarse por los caballos, murieron mucha gente de indios, que no se pudo contar. De la banda de los españoles murieron cinco personas, porque ningún indio se atrevió a atacarlos, de su espanto y asombro.

And they killed each other, by pushing and stepping and the horses' hooves. Many indians died, so many that they could not be counted. Of the Spaniards only five died, because no indian dared to attack them, so great was their panic and astonishment.

Y así se le prendió don Francisco Pizarro al dicho Atahualpa Inca, de su trono. Le llevó sin herirle, y estaba preso con guarda de españoles, junto del capitán don Francisco Pizarro. Quedó muy triste y desconsolado y desposeído de su majestad, sentado en el suelo quitado su trono y reino.

And thus did don Francisco Pizarro seize said Atahualpa Inca, and take him from his throne. They took him without wounding him, and he was a prisoner under Spanish guard, next to don Francisco Pizarro. The Inca was very sad and inconsolable, seated on the ground with no throne and no kingdom.

Figura 7.5 Atahualpa preso

Figura 7.6 Inca ahorcado

Lección 8. El Barroco: Sor Juana, Balbuena

El Barroco

El Barroco americano se asocia con los siglos coloniales, es decir, el período entre la consolidación de la Conquista (mediados del siglo XVI), y el movimiento neoclásico que se asocia con los comienzos del período de la Independencia (fines del siglo XVIII).

Este movimiento es complejo, y tiene múltiples manifestaciones. Pero quizás la característica dominante sea el lujo de detalles, la extravagancia de las ideas y los objetos entrelazados y contrapuestos. Se dice que el

Figura 8.1 Iglesia colonial

barroco odiaba lo sencillo y la línea recta. Cualquier objeto o idea sencilla y recta tenía, en el barroco, que ser convertida en curva complicada y torcida, con una obsesión por lo complejo y lo excesivamente detallado. En muchos casos esto produjo una literatura (y una arquitectura) admirable y de gran profundidad. Lamentablemente, en otros casos los excesos llevaron el barroco a la artificialidad, a lo afectado, y a lo pedántico.

Cuadro 8.1: El Barroco
(Lecciones 8 y 9)

Marco histórico-cultural:	El Barroco colonial: evolución y exageración del Renacimiento Los tres siglos coloniales entre Conquista (S XVI) e Independencia (S XIX)
En la literatura:	Juego de palabras. Ornamentación artificial. Lujo de detalles. Frases torcidas, retruécanos. Conceptismo, misticismo. Geografía y vegetación exótica: enumeración de tipos, colores.
Autores:	Sor Juana Inés de la Cruz (1648-1695) Bernardo de Balbuena (1562-1627) Juan del Valle Caviedes (1652?-1697?) El precursor de Independencia Túpac Amaru (1742-1781)
Fechas aproximadas	Mediados del Siglo XVI hasta comienzos del Siglo XIX
Otros aspectos culturales:	Arquitectura: las iglesias. Increíble lujo de ornamentación. Columnas torcidas; líneas quebradas. Colores vivos, dinamismo. Plateresco, Churrigueresco, Mudéjar. Algunos elementos indígenas. Escultura y pintura: religiosa; madera policromada.

Quizás la manifestación más típica del barroco era el arte religioso, y en forma especial la arquitectura de las numerosas iglesias que se construyeron en la época colonial. Esta arquitectura empleaba hasta el exceso las columnas torcidas y decoradas, y el oro y joyas; era notable la ausencia de líneas rectas y sencillas.

Políticamente, el efecto de esta manifestación del barroco era enfatizar la riqueza y el poder de la iglesia, y lo complicado que era para el hombre acercarse al dios (para lo cual se necesitaba, lógicamente, los sacerdotes y la jerarquía de la Iglesia Católica). Y ya que el rey, y todas las autoridades subordinadas a él, recibían su poder de dios, el estado estaba estrechamente ligado a la iglesia, y el barroco colonial dejaba bien claro el poder de estas dos instituciones entrelazadas.

Figura 8.2 Poder colonial

En la literatura lo mejor del barroco muestra una gran riqueza de pensamiento, de imágenes, y de juegos de palabras e ideas. Tiene su fase mística, en que el poeta trata de acercarse a su dios personal e íntimo. También tiene su fase mordaz y penetrante que hace críticas sociales amargas y duras. Veremos a continuación ejemplos de estas varias corrientes de este movimiento complicado que es el barroco colonial americano.

Sor Juana Inés de la Cruz

Sor Juana (1648-1695) es la principal escritora de estos siglos, una mujer que sobresalió no solamente por su literatura, sino también por su intelecto y por el ejemplo personal de su vida. Es necesario comprender que el período colonial americano era uno dominado por los varones, en que las mujeres tenían pocas posibilidades fuera del hogar o el convento.

Juana de Asbaje fue hija ilegítima de un capitán español y una criolla mexicana. Como nos cuenta en *Respuesta a Sor Filotea*, siempre tenía un deseo ardiente por el estudio y la vida intelectual, y su inteligencia le trajo una invitación a participar en la corte virreynal de México gracias a

la intervención de los mismos virreyes. Su belleza y su chispa podrían haber sido motivo de numerosas aventuras románticas en la corte, pero parece que Juana tenía más interés en el estudio y

Figura 8.3 Sor Juana Inés de la Cruz

en la literatura. Para obtener la tranquilidad y el espacio psicológico para entregarse a estas actividades, entró a la vida religiosa como Sor Juana Inés de la Cruz.

La parte de su obra literaria que critica a los "hombres necios", y a la sociedad que ponía tantos obstáculos a las mujeres, es notable por los sentimientos feministas que expresa. Su poesía mística (ver, por ejemplo *Primer Sueño*) tiene momentos en que el éxtasis religioso se confunde con una expresión del amor romántico.

Estas características llegaron a tal punto que preocuparon a las altas autoridades eclesiásticas, y el obispo de Puebla (bajo el seudónimo de Sor Filotea) le pidió que se dedicara más a los temas religiosos tradicionales. La respuesta de Sor Juana es una defensa brillante de sus derechos intelectuales y humanos.

Misteriosamente, y todavía joven, Sor Juana abandona sus actividades intelectuales y se dedica a los pobres. Murió de la peste que contrajo en una plaga que azotó a México en 1695. Los retratos de Sor Juana que conocemos son idealizados, ya que ninguno de ellos se pintó hasta por lo menos cien años después de su muerte; sin embargo captan la esencia y el misterio de esta mujer tan única de la América colonial.

Redondilla por Sor Juana Inés de la Cruz

Hombres necios que acusáis	Stupid men, quick to condemn
a la mujer sin razón,	Women wrongly for their flaws
sin ver que sois la ocasión	Never seeing you're the cause
de lo mismo que culpáis:	Of all that you blame in them!
si con ansia sin igual	If you flatter them along,
solicitáis su desdén,	Earn their scorn, their love incite
por qué queréis obren bien	Why expect them to do right
si las incitáis al mal?	When you urge them to do wrong?

Combatís su resistencia	You combat their opposition
y luego, con gravedad,	And gravely, when you're done
decís que fue liviandad	Say the whole thing was in fun
lo que hizo la diligencia.	And you did not seek submission.
Parecer quiere el denuendo	You expect from action shady
de vuestro parecer loco,	That some magic will be done
al niño que pone el coco	to turn courted courtesan
y luego le tiene miedo.	Quickly into virtuous lady.
¿Qué humor es más raro	Can you think of wit more drear
que el que, falto de consejo,	Than for one with lack of brain
él mismo empaña el espejo	To smear a mirror, then complain
y siente que no esté claro?	Since it is not crystal clear?
Con el favor y el desdén	Yet with favor and disdain
tenéis condición igual,	You the same results have had,
quejándoos, si os tratan mal,	Angered if we treat you bad,
burlándoos, si quieren bien.	Mocking if we've loved in vain.
Dan vuestras amantes penas	She who's modest cannot hold
a sus libertades alas,	Man's esteem.
y después de hacerlas malas	We're all thought naughty.
las queréis hallar muy buena.	If we don't accept, we're haughty;
	If we welcome you, we're bold.
¿Cuál mayor culpa ha tenido,	Who has had the greater guilt,
en una pasión errada:	in a wayward passion:
la que cae de rogada,	she who falls when begged,
o el que ruega de caído?	or he who begs for a fall?
¿O cuál es más de culpar,	Or who is more to blame,
aunque cualquiera mal haga:	although anyone can do wrong:
la que peca por la paga,	she who sins for pay,
o el que paga por pecar?	or he who pays for sin?
¿Pues para qué os espantáis	Do not look surprised or rave
de la culpa que tenéis?	When guilt's placed at your gate!

Queredlas cual las hacéis o hacedlas cual las buscáis.	Love the girls your whims create Or create the sort you crave.
Dejad de solicitar, y después, con más razón, acusaréis la afición de la que os fuere a rogar.	Tempt us not to acquiesce, Then with justice can you censure Any girl who dares to venture Near you, seeking your caress.
Bien con muchas armas fundo que lidia vuestra arrogancia, pues en promesa e instancia juntáis diablo, carne y mundo.	Women need be strong, I find, To stay safe and keep unharmed Since arrogant male comes armed With Devil, flesh, world combined.

Respuesta a Sor Filotea por Sor Juana Inés de la Cruz
(Nota: el antologista ha actualizado el castellano en algunas secciones)

...El escribir nunca ha sido dictamen propio, sino fuerza ajena; que les pudiera decir con verdad: *Vos me coegistis.* Lo que sí es verdad que no negaré (lo uno porque es notorio a todos, y lo otro, porque, aunque sea contra mi, me ha hecho Dios la merced de darme grandísimo amor a la verdad) que desde que me rayó la primera luz de la razón, fue tan vehemente y poderosa la inclinación a las letras, que ni ajenas reprehensiones-que he tenido muchas-, ni propias reflejas-que he hecho no pocas-, han bastado a que deje de seguir este natural impulso que Dios puso en mí: Su Majestad sabe por qué y para qué; y sabe que le he pedido que apague la luz de mi entendimiento dejando solo lo que baste para guardar su Ley, pues lo demás sobra, según algunos, en

... Writing has never been for me a matter of my own will, but rather the result of outside forces; I can truly say that: *Vos me coegistis.* What is really true, and I will not deny it (in part because it is obvious, and also because God has been gracious to give me a very great love of truth) is that ever since the first light of reason struck me, I had such a strong and vehement inclination to letters, that not even outside reprimands -of which I have had many- nor my own reflections -and I have made not a few- have been enough to cause me to abandon that natural impulse to write which God has put in me: Your Grace will know why and for what; and will know that I have asked to have the light of my understanding extinguished to the point that all I would have

una mujer; y aun hay quien diga que daña.

Prosiguiendo en la narración de mi inclinación, de que os quiero dar entera noticia, digo que no había cumplido los tres años de mi edad cuando enviando mi madre a una hermana mía, mayor que yo, a que se enseñase a leer en una de las que llaman *Amigas,* me llevó a mí tras ella el cariño y la travesura; y viendo que le daban lección, me encendí yo de manera en el deseo de saber leer, que engañando, a mi parecer, a la maestra, le dije *que mi madre ordenaba me diese lección.* Ella no lo creyó, porque no era creíble; pero, por complacer al pedido, me la dio.

Proseguí yo en ir y ella prosiguió en enseñarme, ya no de burlas, porque la desengañó la experiencia; y supe leer en tan breve tiempo, que ya sabía cuando lo supo mi madre, a quien la maestra lo ocultó por darle el gusto por entero y recibir el galardón por junto; y yo lo callé, creyendo que me azotarían por haberlo hecho sin permiso. Aún vive la que me enseñó (Dios la guarde) y puede testificarlo.

left is what I need to follow His Law, because anything beyond that is, according to some, surplus for a woman; and there even are those who say it is harmful.

Continuing the narration of my inclination, of which I want to give you full information, I should tell you that when I was not yet three years old my mother sent my older sister to learn to read in one of those schools called *Amigas*, and my sister brought me along out of affection and mischief. And seeing her receive a lesson, the burning desire to learn how to read was so kindled in me that I tricked (or so it seemed to me) the teacher, telling her *that my mother ordered that I too be given lessons.* She did not believe me, but to comply with my request, she gave me the lesson.

I continued to go to the teacher, and she continued to teach me, but no longer as a joke. And I learned how to read in such a short time that I had to hide it from my mother. The teacher also hid it from my mother because she wanted to surprise her when I was advanced in my studies and could receive the credit for it, along with me. And I kept my knowledge hidden, believing that they would punish me for it since I had done it without permission. My teacher (God bless her) still lives, and can testify to this.

I remember in those days, wanting snacks in a way that is normal at that age, I abstained from eating cheese because I had heard that it would make an idiot out of you, and my desire to learn was stronger than my desire to eat, even though this is very strong among children.

Acuérdome que en estos tiempos, siendo mi golosina la que es ordinaria en aquella edad, me abstenía de comer queso, porque oí decir que hacía idiotas, y podía conmigo más el deseo de saber que el de comer, siendo éste tan poderoso en los niños.

Teniendo yo después como seis o siete años, y sabiendo ya leer y escribir, con todas las otras habilidades de labores y costura que aprenden las mujeres, oí decir que había Universidad y Escuelas en que se estudiaban las

Later, when I was about six or seven years old, and already knowing how to read and write, and with all the other abilities and skills and sewing which women learn, I heard it said that there was a University and Schools in Mexico in which one could study sciences. And as soon as I heard that I began to

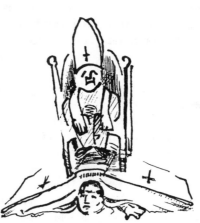

Figura 8.4 Censura colonial

ciencias, en México; y apenas lo oí cuando empecé a molestar a mi madre con instantes e importunos ruegos sobre que, vestido de muchacho, me enviase a México, en casa de unos parientes que tenía, para estudiar y cursar la Universidad; ella no lo quiso hacer, e hizo muy bien, pero yo satisfice el deseo en leer muchos libros varios que tenía mi abuelo, sin que bastasen castigos ni reprensiones

pester my mother with constant and insistent pleas that, by dressing up as a boy, I should be sent to Mexico to live with some relatives we had there, in order to study and take courses at the University. She did not want to do it, and it was a good thing, because I satisfied my desire for learning by reading many and varied books which my grandfather had, despite punishment and reprimands and

a estorbarlo; de manera que cuando vine a México, se admiraban, no tanto del ingenio, cuanto de la memoria y noticias que tenía en edad que parecía que apenas había tenido tiempo para aprender a hablar.

Empecé a aprender latín, en que creo no llegaron a veinte las lecciones que tomé; y era tan intenso mi cuidado, que siendo así que en las mujeres -y más en tan florida juventud- era tan apreciable el adorno natural del cabello, yo me cortaba de él cuatro o seis dedos, midiendo hasta dónde llegaba antes, e imponiéndome ley de que si cuando volviese a crecer hasta allí no sabía tal o tal cosa, que me había propuesto aprender en tanto que crecía me lo había de volver a cortar como castigo de mi estupidez. Sucedía así que él crecía y yo no sabía lo propuesto, porque el pelo crecía aprisa, y yo aprendía despacio, y con efecto lo cortaba como castigo que no me parecía razón que estuviese vestida de cabellos cabeza que estaba tan desnuda de conocimientos, que era más apetecible adorno.

Entréme religiosa, porque aunque conocía que tenía el estado cosas (de las accesorias hablo, no de las formales), muchas repugnantes a mi personalidad, con

obstacles. And so when I finally came to Mexico, many people admired not so much my knowledge and recollection of information as much as the fact that I knew so much at such an age.

I began to study Latin, and I believe I took only about twenty lessons. But I devoted myself so much to my lessons that I made a agreement with myself that I would cut my hair short if I did not learn as much as I should. This was important because it is true that women, and especially those in the flower of their youth, place great emphasis on the natural adornment of their hair, and I would cut off four to six finger's lengths of hair, and made a deal with myself that if by the time it grew back I had not learned as much as I had planned, I would cut it back even further as punishment for being so stupid. And what happened was that my hair grew rapidly, but my learning did not grow as fast, so I kept cutting it back as punishment because it did not seem right to me to have a head that was well dressed with hair and so naked of knowledge, which was a far more important adornment.

I went into the convent even though I knew that convent life had some things (I refer to secondary things and not the basic formal ones) which were very repugnant to my personality. But in all, and

todo, para la total negación que tenía al matrimonio, era lo menos desproporcionado y lo más decente que podía elegir, en materia de la seguridad que deseaba de mi salvación; a cuyo primer respeto (como al fin más importante) cedieron y sujetaron la cerviz todas las impertinencillas de mi carácter, que eran de querer vivir sola; de no querer tener ocupación obligatoria que impedir la libertad de mi estudio, ni rumor de comunidad que impidiese el sosegado silencio de mis libros.

Volví (mal dije, pues nunca cesé): proseguí, digo, a la estudiosa tarea (que para mí era descanso en todos los ratos que sobraban a mi obligación) de leer y más leer, de estudiar y más estudiar, sin más maestro que los mismos libros. Ya se ve cuán duro es estudiar en aquellas letras sin alma, careciendo de la voz viva y explicación del maestro; pues todo este trabajo sufría yo muy gustosa, por amor de las letras. ¡O, si hubiese sido por amor de Dios, que era lo acertado, cuánto hubiera merecido!

considering my total negation of matrimony, it was the most suitable and most decent thing I could chose, in matters of the security that my salvation desired. And so (because it was the most important goal) I surrendered, and gave up all the little impertinences of my nature, among those the desire to live alone, and not to have any occupation which might inhibit my freedom to study, nor any noise which might interrupt the deep silence of my books.

I returned (better said, I never left), and I persisted in my studious tasks (which for me were a rest and break in every moment left after my obligations). I read and read some more, I studied and studied some more, with no teacher other than my books themselves. And I realize how difficult it is to study those soulless letters, lacking the live voice and explanation of the teacher; but in all this work I suffered with pleasure, because of my love for letters. Oh, if it had been for the love of God, which was the sure thing, how much I would have deserved it!

Primer sueño por Sor Juana Inés de la Cruz

Piramidal, funesta, de la tierra
nacida sombra,
      al cielo encaminaba
de vanos obeliscos punta altiva

Pyramidal, mournful, from earth
born as shadow,
      heading to the sky
the high peak of vain obelisk
attempting to reach the stars;

escalar pretendiendo las estrellas;	and their beautiful lights
si bien sus luces bellas	-always exempt,
-exemptas siempre,	always brilliant-
siempre rutilantes-	but the gloomy war
la tenebrosa guerra	with black vapors
que con los negros vapores	threatened
le intimaba	the fearful fugitive shadow
la pavorosa sombra fugitiva	and mocked the distant lights.
burlaban tan distantes.	

Bernardo de Balbuena (1562-1627)

Aunque nació en España, vino al Nuevo Mundo a una temprana edad y se le considera uno de los mejores poetas del barroco colonial americano. Estudió teología, y progresó en la vida religiosa hasta llegar a ser Obispo de Puerto Rico. Durante su carrera, siempre encontró tiempo para escribir extensos y elegantes versos líricos que son excelentes ejemplos de la tendencia barroca de cargar las estrofas con detalles y descripciones llenas de pormenores.

Quizás su mejor obra es *La grandeza mexicana*, en que contesta, en bellos y líricos versos, un pedido que le hizo una monja que le dé una descripción de la ciudad de México. Balbuena aprovecha esta solicitud para entrar en un detallado inventario de lo complicado, lujoso y bello que es la ciudad de México casi cien años después de la llegada de Cortés. Los detalles incluyen la geografía física, el clima, los alrededores, la arquitectura, la vegetación, los diferentes tipos humanos, los animales, y un sinfín de detalles. El poema es altisonante, pero a la vez sencillo; es directo, pero a la vez contiene complicadas metáforas, juegos de palabras, adjetivos majestuosos, y ricos catálogos léxicos.

Figura 8.5 Bernardo de Balbuena

La Grandeza Mexicana por Bernardo de Balbuena

De la famosa México el asiento,
origen y grandeza de edificios,
caballos, calles, trato, cumplimiento,
letras, virtudes, variedad de oficios,

regalos, ocasiones de contento,
primavera inmortal y sus indicios,
gobierno ilustre, religión, estado,
todo en este discurso está cifrado. ...

Mándase que te escriba algún indicio
de que he llegado a esta ciudad famosa,
centro de perfección, del mundo el quicio;

su asiento, su grandeza populosa,
sus cosas raras, su riqueza y trato,
su gente ilustre, su labor pomposa.

Al fin, un perfectísimo retrato
pides de la Grandeza Mexicana,
ahora cueste caro, ahora barato.

Cuidado es grave y carga no liviana
la que impones a fuerzas tan pequeñas,
mas no al deseo de servirte y gana.

Figura 8.6 Tipos coloniales

Y así, en virtud del gusto con que enseñas
el mío a hacer su ley de tu contento,
aquéstas son de México las señas:

Bañada de un templado y fresco viento
donde nadie creyó que hubiese mundo
goza florida y regalado asiento.

Casi debajo el trópico fecundo,
que reparte las flores de Amaltea
y de perlas empreña el mar profundo,

Of the famous Mexico the seat,
origin and grandeur of edifices
horses, streets, treatment, compliment,
letters, virtues, variety of professions.

gifts, occasions of contentment,
immortal spring and its indications,
illustrious government, religion, state,
all in this speech if written. ...

It is ordered that I write you some indication
that I have arrived in this famous city,
center of perfection, hinge of the world;

its seat, its populous greatness,
its rare things, its riches and its treatment,
its illustrious people, its pompous labor.

in all, a most perfect portrait
you ask of Mexican Greatness,
be it expensive, be it modest.

Be aware, it is a grave and heavy task
which you impose on such weak ability
but I desire and wish to serve you.

And so, in response to your pleasure
and mine to comply with your law,
here are of Mexico the signs:

Bathed in a temperate and cool breeze
where no one believed there was a thing
it enjoys its lush and gifted seat.

**Figura 8.7 Tipos
coloniales**

Almost under the fertile tropics,
which bestows the flowers of Amaltea
and impregnates the deep sea with pearls,

dentro en la zona por do el sol pasea,
y el tierno abril envuelto en rosas anda,
sembrando olores hechos de librea;

sobre una delicada costra blanda,
que en dos claras lagunas se sustenta,
cercada de olas por cualquier banda,

labrada en grande proporción y cuenta
de torres, capiteles, ventajantes,
su máquina soberbia se presenta.

Recuas, carros, carretas, carretones,
de plata, oro, riquezas, bastimientos
cargados salen, y entran a montones.

De varia traza y varios movimientos
varias figuras, rostros y semblantes,
de hombres varios, de varios pensamientos;

arrieros, oficiales, contratantes,
gachupines, soldados, mercaderes,
galanes, caballeros, pleitantes;

clérigos, frailes, hombres y mujeres,
de diversa color y profesiones,
de vario estado y varios pareceres;

diferentes en lenguas y naciones,
en propósitos, fines y deseos,
y aun a veces en leyes y opiniones;

y todos por atajos y rodeos
en esta gran ciudad desaparecen,
de gigantes volviéndose pigmeos.

Y así cuanto el ingenio humano fragua,
alcanza el arte, y el deseo practica
en ella y su laguna se desagua
y la vuelve agradable, ilustre y rica.

**Figura 8.8 Arte
colonial**

within the zone where the sun passes,
and the tender April goes, wrapped in roses,
sowing perfumes made of livery;

on a delicate and soft crust,
which lies atop two clear lagoons,
fenced in by waves from all sides,

forged in great proportion and worth
of towers, spires, and vantage-points,
its superb machine is presented.

Draught animals, coaches, carts, wagons,
of gold, silver, riches, provisions
laden go out, and enter in multitudes.

Of various paths and various movements
various figures, faces and visages,
of various men, of various thoughts;

muleteers, officials, contractors,
Spaniards, soldiers, merchants,
Courtiers, gentlemen, litigants;

clergy, friars, men and women,
of various colors and professions,
of various states and various appearances;

**Figura 8.9 Iglesia
colonial**

different in tongues and nations,
in purposes, goals and desires,
and even sometimes in laws and opinions;

and all by short-cuts or roundabouts
in this great city they disappear
from giants they become pigmies.

And so whatever the human genius forges
and art reaches, and desire practices
in it and its lake is poured
and is returned agreeable, illustrious and rich.

**Figura 8.10 Ciudad colonial
(Guamán Poma de Ayala)**

Lección 9. El Barroco: Caviedes, el precursor Túpac Amaru

Juan del Valle y Caviedes

Este autor (1652?-1697?) nos entrega una cara muy diferente del barroco colonial: el aspecto satírico, mordaz, vulgar, popular, picaresco, atrevido, y (según dicen algunos) hasta escatológico y pornográfico. Tiene sus antecedentes en los poetas satíricos latinos y españoles, especialmente Quevedo. Detrás de lo

Figura 9.1 Caviedes

escandaloso de Caviedes está una crítica social y moral ante los abusos, las injusticias, y las hipocresías de su época. Un blanco favorito es el médico, que en el período colonial era a veces un charlatán que causaba sufrimiento innecesario.

Caviedes nació en España, pero vino al Perú aun joven y se radicó en la zona minera andina, donde la vida era difícil y ruda. Disipó su fortuna en el juego y en las mujeres de mala vida. Al enfermarse, acudió a una serie de médicos que lo trataron mal, y esto dio lugar a uno de los temas más mordaces de Caviedes: los daños que causan los doctores. La mejor medicina, según el autor, era la risa.

Pasó luego a Lima, donde su pluma satírica encontró otros blancos, tales como la hipocresía de la aristocracia limeña y la corte virreinal. Además, criticó a los clérigos, los abogados, los sastres, y las mujeres de la calle, con un énfasis en lo grotesco, lo escatológico, lo feo y lo inmoral. Aunque no llamaron tanto la atención, también escribió poesías religiosas y amorosas. Los aspectos escandalosos de su obra hicieron difícil su publicación durante la vida del poeta. Años después de su muerte se recopilaron bajo el título Diente del Parnaso, nombre que capta muy bien los aspectos filosos, satíricos y duros de sus poesías.

Coloquio que tuvo con la muerte un médico estando enfermo de riesgo
(de: Diente del Parnaso) por Juan del Valle y Caviedes

El mundo todo es testigo,
muerte de mi corazón,
que no has tenido razón
de estrellarte así conmigo.
Repara que soy tu amigo
y que de tus tiros tuertos
en mí tienes los aciertos;
excúsame la partida,
que por cada mes de vida
te daré treinta y un muertos.

The whole world is witness
my dear Death,
that you have no reason
to mistreat me this way.
Reflect: I am your friend
and with your one-eyed shots
with me you hit the target;
excuse the comment,
but for every month of my life
I'll give you thirty-one dead.

Muerte, si los labradores
dejan siempre qué sembrar
¿cómo quieres agotar más
la semilla de doctores?
Frutas te damos mayores,
pues, con purgas y con untos,
damos a tu hoz asuntos
para que llenes los trojes,
y por cada doctor coges
diez fanegas de difuntos.

Death, if the farmers
always leave seed for the future
who do you wish to wipe out
the seed of doctors?
We give you major fruits,
because with purges and ointments
we give your scythe business
to keep your stretcher-trolleys full,
and for each doctor you collect
ten bushels of deceased.

No seas desconocida
ni conmigo uses rigores,
pues la muerte sin doctores
no es muerte, que es media vida.

Don't ignore me
nor use your wiles with me,
because Death without doctors
is not death, it's half-life.

Pobre, ociosa y destruida
quedarás en esta suerte,
sin quien tu aljaba concierte,
siendo en tan grande mancilla
una pobre muertecilla,
o muerte de mala muerte.

Muerte sin médico es llano,
que será, por lo que infiero,
mosquete sin mosquetero,
espada o lanza sin mano.
Temor te tendrán en vano,
aunque la muerte sea,
tal que todo cuanto vea,
se lo lleve por delante,
que a nadie mata es constante
si el doctor no la menea.

Muerte injusta, a mí también
me tiras por la tetilla,
mas ya sé no es maravilla
pagar mal el servir bien.
Por Galeno juro, a quien
venero, que si el rigor
no conviertes en amor,
mudándome de repente,
y muero de este accidente,
que no he de ser más doctor.

Mira que en estos afanes,
si así a los médicos tratas,
que han de andar después a gatas
los curas y sacristanes.
Porque soles ni desmanes,
la suegra y suegro peor,
fruta y nieve sin licor,
bala, estocada, ni canto,
no matan al año tanto
como el médico mejor.

Poor, lazy and destroyed
you'll end up that way,
with nothing in your quiver
and it will be your great flaw
to have poor little death,
or a death of bad death.

Death without doctors is uncivil,
it would be like, I infer
a musket without a musketeer,
sword or spear without a hand.
They will fear you in vain,
even though you be Death,
it will be just as they see it,
you'll be pushed aside
because no one is really dead
unless the doctor shakes him first.

Unjust Death, you'll drag
me too by the nipple,
but I know it's no marvel
to poorly pay he who serves well.
I swear by Galenus, whom
I venerate, that if your rigor
is not converted into love,
and changes in a hurry,
and I die in this accident
I will no longer be a doctor.

Watch out that in your eagerness
if you treat doctors this way
you force to go on all fours
the priests and sacristans.
Because sunstroke or excess
or the worst parents-in-law
fruit or snow without liquor,
bullet, stockade or song
kill in one year as many
as the best doctor.

Privilegios del pobre por Juan del Valle y Caviedes

El pobre es tonto, si calla,
y si habla es majadero;
si sabe, es solo hablador,
y si afable, es embustero

Si es cortés, entremetido,
cuando no sufre, soberbia;
cobarde, cuando es humilde,
y loco cuando es resuelto.

Si es valiente, es temerario,
presumido, si discreto;
adulador, si obedece;
y si se excusa grosero.

Si pretende, es atrevido,
si merece, es sin aprecio;
su nobleza es nada vista,
y su gala sin aseo.

Si trabaja, es codicioso,
Y, por el contrario extrema
un perdido, si descansa.
¡Miren que buen privilegio!

The poor man is stupid, if quiet,
and if he speaks he is foolish;
if he knows, he is just a talker,
if affable, he is tricky.

If courteous, he is an intruder,
when he suffers not, he is arrogant;
a coward, when he is humble,
and crazy when he is resolved.

If he is brave, he is rash,
presumptuous, if discrete;
a flatterer, if he obeys;
and if he excuses himself,
    he is gross.

If he is deserving,
he is worthless
his nobility is nothing seen,
and his court dress is shoddy.

If he works, he is greedy,
And, in the contrary extreme
lost, if he rests.
Just look at these great privileges!

Para labrarse fortuna en los palacios, por Juan del Valle y Caviedes

Para hallar en palacio
    estimaciones
se ha de tener un poco
    de embustero,
poco y medio
    de infame lisonjero
y dos pocos cabales de bufones,
tres pocos y un poquito
    de soplones

To find esteem in the palace

you have to be a little bit tricky,

one and a half parts flatterer

and two parts complete buffoon,
three and a bit parts snitch

y cuatros de alcahuete recaudero,
cinco pocos y un mucho
   de parlero,
las obras censurando y las acciones.

Será un amén continuo
   a cuanto hablare
al señor, o al virrey
a quien sirviere;
y cuando más el tal disparate,

aplaudir con más fuerza
   se requiere;
y si con esta ganga continuare,
en palacio tendrá cuanto quisiere.

and four parts procurer
   who collects,
five and a lot parts charlatan,
censuring works and actions.

It will be a continuous amen
   to anyone who speaks
to the lord, the viceroy,
   or whoever you serve;
and even more if the words
   are rubbish,

you will need to applaud
   with greater strength;
and if you go on with this soft job,
in the palace you'll have
   anything you want.

Un precursor de la Independencia: Túpac Amaru

Hacia fines del período colonial tenemos los primeros indicios de rebelión entre dos grupos importantes: por una parte los indígenas y los mestizos que formaban las capas inferiores socio-económicas, y por otra los criollos, que eran los españoles nacidos en América. Las autoridades españolas tenían una preocupación especial ante la posibilidad de una rebelión por parte de la masa de indígenas y mestizos porque representaban la mayoría numérica en la colonia. Como resultado, su reacción ante cualquier brote de rebelión era suprimirlo violentamente con métodos que servirían de ejemplo dramático para todos.

Figura 9.2 Túpac Amaru

La más importante de estas rebeliones indígenas fue la de José Gabriel Condorcanqui (1742-1781), quien tomó el nombre de su antepasado Túpac Amaru, soberano incaico ejecutado por los españoles en 1572.

Túpac Amaru II tenía cierta educación y presencia, y al tomar el nombre de su antepasado recibió el apoyo de muchos indígenas en la región andina que anteriormente había sido el imperio de los Incas. Al mismo tiempo, en sus proclamas supo aprovechar las quejas de los mestizos y los criollos ante los errores de la administración colonial española. Su levantamiento tuvo cierto éxito inicial, cosa que atemorizó a los españoles, especialmente cuando varios funcionarios coloniales fueron ejecutados por los alzados. Pero el éxito de Túpac Amaru fue transitorio, y después de poco tiempo los españoles lograron aplastar su movimiento y ejecutarlo tras un breve juicio en la antigua ciudad incaica de Cuzco, Perú. Con su muerte pasó a ser símbolo de la rebelión de los de abajo, especialmente los indígenas, contra los de arriba, especialmente los descendientes de españoles.

Los dos documentos que siguen captan momentos claves en la rebelión de Túpac Amaru. El primero (noviembre de 1780) es la proclamación en que justifica su rebelión y llama a todos a alzarse. El segundo es la sentencia que se llevó a cabo en Cuzco el día 18 de mayo de 1781, tres décadas antes de los movimientos de independencia.

Bando de Túpac Amaru publicado en Silos

Don José I por la gracia de Dios, Inca, Rey del Perú, Santafé, Quito, Chile, Buenos Aires y Continente de los mares del Sud. Duque de la Superlativa, Señor de los Césares y Amazonas, con dominio en el gran Paitití, comisionado y distribuidor de la piedad divina, por el Erario sin par. Por cuanto es acordado por mi Consejo, en junta prolija, por repetidas ocasiones, ya secretas y ya públicas, que los Reyes de Castilla han tenido usurpado la

Don José I, by the grace of God, Inca, King of Peru, of Santafé, Quito, Chile, Buenos Aires and the Continent of the Southern Oceans, Duke of la Superlativa, Lord of the Caesars and Amazons, with dominion in the great Paitití, commissioner and distributor of divine grace, from the source without peer. Inasmuch as it has been agreed by my Council, in full session, on repeated occasions, some secret and some public, that the Kings of Castille have usurped

corona y los dominios de mis gentes cerca de tres siglos, pensionándome los vasallos con insoportables gabelas y tributos, sisas, lanzas, aduanas, alcabalas, estancos, contratos, diezmos, quintos, virreyes, audiencias, corregidores y demás ministros, todos iguales en la tiranía, vendiendo la justicia en almoneda, con los escribanos de esta fe, a quien más puja y a quien más da, entrando en esto los empleados eclesiásticos y seculares del Reino, quitando vidas a sólo los que no pudieron o no supieron robar, todo digno del mayor reparo.

Por tanto, y por los justos clamores, que con generalidad han llegado al Cielo, en el nombre de Dios Todopoderoso, mando que ninguna de las pensiones se obedezca en cosa alguna, ni a los ministros europeos intrusos, y solo se deberá todo respeto al sacerdocio, pagándole el diezmo y la primicia inmediatamente, como se da a Dios, y el tributo y quintos a su Rey y Señor natural, y esto con la moderación, debida, y para el más pronto remedio y guarda de todo lo susodicho, mando se reitere y publique la jura hecha de mi real corona, en todas las ciudades, villas y lugares de mis dominios, dándonos parte con toda brevedad de los vasallos prontos y fieles, para el premio, e igual de los que se rebelaren, para la pena que les

the crown and the dominions of my peoples for close to three centuries, burdening my vassals with unbearable taxes and tributes, pilferages, customs houses, alcabalas, monopolies, contracts, tithes, royal fifths, viceroys, audiencias, corregidores and other ministers, all equal in their tyranny, selling justice at auction, with the notaries, some more and some less, in such a way that the ecclesiastical and secular agents of the Crown have entered into this, taking the lives of those they could not rob, all worthy of severe punishment.

Because of all this, and because of the just complaints, which have reached the Heavens, in the name of God Almighty, I command that none of these tributes be paid and that the intrusive European ministers not be obeyed. Only the priests shall be given respect, paying them the tithe and other tributes immediately as if they were being given to God. The tributes to the King shall be given to the natural Lord, and this with due moderation. For the prompt remedy and protection of all the aforesaid, I order that the oath to my royal crown be repeated and published in all the cities, towns and places of my dominions, and that we be informed at the earliest of those vassals who are prompt and faithful as well as those who rebel against us, so that they may

compete, remitiédonos la jura hecha.

be rewarded or punished.

Sentencia pronunciada en el Cuzco por el visitador don José Antonio de Areche, contra José Gabriel Túpac Amaru, su mujer, hijos y demás reos.

En la causa criminal que ante mi pende, y se ha seguido de oficio de la Real Justicia contra José Gabriel Túpac Amaru, cacique del pueblo de Tungasuca, en la provincia de Tinta, por el horrendo crimen de rebelión o alzamiento general de los indios, mestizos y otras castas, pensado más ha de cinco años, y ejecutado en casi todos los territorios de este virreinato y el de Buenos Aires, con la idea (de que está convencido) de quererse coronar Señor de ellos, y libertador de las que llamaba miserias de estas clases de habitantes que logró seducir, a la cual dio principio con ahorcar a su corregidor Don Antonio de Arriaga.
...para la pronta tranquilidad de las provincias sublevadas por él, la

In the criminal case which is pending before me, and which has followed the procedures of Royal Justice against José Gabriel Túpac Amaru, cacique of the town of Tungasuca, province of Tinta, for the horrendous crime of rebellion or general uprising among the Indians, mestizos and other castes, for five years now, and carried out in almost all the territories of this viceroyalty and that of Buenos Aires, with the idea (of which he is convinced) that he wishes to be crowned their Lord, and liberator of the so-called misery of those classes of inhabitants which he was able to seduce, and which began with the hanging of his corregidor Don Antonio de Arriaga.
... in order to assure the earliest tranquility of the provinces he

Figura 9.3 Cuzco

noticia de la ejecución de la sentencia y su muerte, evitando con ella las varias ideas que se han extendido entre casi toda la nación de los indios, llenos de supersticiones, que los inclinan a hacer la imposibilidad de que se le imponga pena capital por lo elevado de su carácter, creyéndole del tronco principal de los Incas, como se ha titulado, y por eso dueño absoluto y natural de estos dominios y su vasallaje: poniéndome también a la vista la naturaleza, condición, bajas costumbres y educación de estos mismos indios, y las de las otras castas de la plebe, las cuales han contribuido mucho a la mayor facilidad en la ejecución de las depravadas intenciones del dicho reo José Gabriel Túpac Amaru. ...

Considerando, pues a todo esto, y las libertades, con que convidó este vil insurgente a los indios y demás castas, para que se les uniese, hasta ofrecerá los esclavos de su esclavitud: y reflexionando juntamente el infeliz y miserable estado en que quedan estas provincias que alteró, y con dificultad subsanarán, o se restablecerán en muchos años de los perjuicios causados en ellas por el referido José G. Túpac Amaru, con las detestables máximas esparcidas, y adoptadas en los de su nación y socios, y confederados a tan horrendo fin; y mirando

subverted, the notice of the sentence's execution and his death shall be published in order to avoid the various ideas among almost all the nation of the Indians, full of superstitions, that inclines them to believe that he will not receive capital punishment because of his high nature, believing him to represent the main trunk of the Incas, as he has titled himself, and by this, absolute and natural owner of these dominions and their vassals. I also consider the nature, condition, low customs and poor education of these same Indians, and of the other castes of the people, which have contributed to the ease by which the aforesaid culprit José Gabriel Túpac Amaru has carried out his depraved intentions. ...

Considering, then, all of this, and the ways in which this vile insurgent urged the Indians and other castes to join him, even offering the slaves their freedom, and reflecting also on the unhappy and miserable state of the provinces which he stirred up, and which will require much effort to correct, and that many years will be required to repair the harm done by the aforementioned José G. Túpac Amaru, with the detestable statements that have been made, and adopted by his nation and their partners to their horrible ends; and observing also the remedies which

también a los remedios que exige de pronto la quietud de estos territorios, el castigo de los culpados, la justicia, subordinación a Dios, al Rey y a sus Ministros, ...debo condenar, y condeno a José G. Túpac Amaru, a que sea sacado a la plaza principal y pública de esta ciudad, arrastrado hasta el lugar del suplicio, donde presencie la ejecución de las sentencias que se diesen a su mujer, Micaela Bastidas, a sus dos hijos, Hipólito y Fernando Túpac Amaru, a su tío Francisco Túpac Amaru, y a su cuñado Antonio Bastidas, y algunos de sus principales capitanes y auxiliadores de su inicua y perversa intención o proyecto, los cuales han de morir en el propio día; y concluidas estas sentencias, se le cortará por el verdugo la lengua, ... y después amarrado con sogas a cuatro caballos tirando a cada esquina de la plaza de forma que quede dividido su cuerpo en otras tantas partes.

the tranquility of these territories requires, the punishment of the guilty, justice, subordination to God, the King and his ministers, therefore, ...I must and do condemn José G. Túpac Amaru to be taken out to the principal public plaza of this city, dragged to the site of the execution, where he will witness the execution of the sentences of his wife, Micaela Bastidas, of his two sons, Hipólito and Fernando Túpac Amaru, his uncle Francisco Túpac Amaru, and his brother-in-law Antonio Bastidas, and some of his principal captains and assistants of his unjust and perverse project, who shall die that same day. Once these sentences are concluded, the executioner shall cut out his tongue, ... and then he shall be tied with ropes to four horses. Then the four horses, each pulling towards a different corner of the plaza, shall divide his body into as many parts.

Figura 9.4 Autoridades coloniales

Lección 10. El Neoclasicismo
y la Independencia: Bolívar

El Neoclasicismo

El Siglo XVIII fue uno de grandes cambios e ideas nuevas en Europa y América del Norte, corrientes que llegaron a la América Latina a pesar de los esfuerzos de la corona española para aislar a sus colonias de estas ideas peligrosas.

Figura 10.1 Neoclasicismo

La Revolución Francesa y la Independencia de los Estados Unidos vinieron acompañados con una corriente intelectual: la Ilustración. Como su nombre indica, estas ideas iban lanzando sus rayos de racionalidad, lógica y del valor del ser humano para despejar las tinieblas del viejo colonialismo ibérico simbolizados por el poder político despótico del rey, y el control de los valores intelectuales y culturales mantenido por la iglesia católica y el barroco colonial.

En el campo de las artes y la literatura, estas nuevas corrientes tomaron la forma del movimiento llamado Neoclasicismo. Se enfatizaron las raíces greco-romanas de la civilización europea (arte, arquitectura, literatura, democracia), y de aquí viene la parte "clásica" de su nombre. Pero también era "nuevo" por la contribución que hicieron la Ilustración y las Revoluciones de Francia y los Estados Unidos.

Cuadro 10.1: El Neoclasicismo y la Independencia: Bolívar, Olmedo, Bello (Lecciones 10 y 11)

Marco histórico-cultural:	Necesidad de romper con la influencia española (barroco colonial). Influencias francesas (Ilustración, Revolución).
En la literatura:	El Neoclasicismo: reacción al barroco. Modelos greco-romanos clásicos. Frío, rígido, impersonal, objetivo Poco sentimiento; domina la razón. Tres Unidades: Tiempo, Lugar, Acción.
Autores:	Simón Bolívar (1783-1830) José J. Olmedo (1780-1847) Andrés Bello (1781-1865)
Fechas aproximadas	Mediados del Siglo XVIII hasta mediados del Siglo XIX
Otros aspectos culturales:	Arquitectura: sencillez clásica. Líneas rectas. Frío, rígido. Pintura: temas patrióticos al estilo clásico. Influencias de las academias (especialmente la francesa)

En la literatura, y el arte en general, el Neoclasicismo se caracteriza por una serie de reglas o normas derivadas de los modelos clásicos de Grecia y Roma. Esto resultó en cierta rigidez e impersonalidad objetiva. La mente, y las reglas, dominaron al corazón y los sentimientos espontáneos.

El Neoclasicismo, con su énfasis en lo lógico y racional, también dio gran importancia a las ciencias. En estos años varios genios científicos europeos (entre ellos el Barón Alexander von Humboldt y Charles Darwin) visitaron al Continente Nuevo, dando gran ímpetu al estudio científico del medio ambiente y la naturaleza. Como veremos, esto resultó en uno de los temas prioritarios entre los neoclásicos: la pureza y lo saludable de la naturaleza, el campo, la agricultura y el "noble salvaje" por encima de la corrupción y la degradación de las ciudades.

Simón Bolívar

Aunque, por razones lógicas, la historia honra a Simón Bolívar principalmente como libertador y jefe militar y político, también merece consideración como prosista neoclásico. Su estilo es claro y directo, y sus razonamientos lógicos y basados en observaciones precisas y valederas. Especialmente interesante es su "Carta de Jamaica", con fecha del 6 de setiembre de 1815, momento

Figura 10.2 Simón Bolívar

en que Bolívar estaba exilado en la isla de Jamaica (con protección británica) después de haber sufrido graves derrotas a manos de los españoles. Con la ayuda de la corona inglesa, estaba intentando reorganizar su movimiento de independencia, comprando armas, reclutando tropa y buscando apoyo en todo lugar posible. El período de exilio en Jamaica le dio oportunidad para reflejar sobre el destino político de América, y en esta carta, probablemente dirigida al Gobernador de Jamaica, nos da unos pronósticos extraordinarios. Empleando su cabal conocimiento de la personalidad de cada pueblo americano, y de la

influencia de la geografía sobre la política, pronostica el surgimiento del militarismo argentino, de la inestabilidad peruana, y del éxito probable de la democracia en Chile. Su análisis es una mezcla de esperanza y pesimismo. Tiene fe en la democracia, pero también una preocupación que la fragmentación, el regionalismo y el egoísmo traerán división y despotismos nuevos. La conferencia americana que menciona Bolívar se celebró en Panamá en 1826 (la Conferencia Anfictiónica), y aunque se le considera una de las piedras angulares del movimiento interamericano, la verdad es que el éxito de la Conferencia fue muy limitado, y demostró los peligros de la fragmentación que preocupaban a Bolívar. El Libertador falleció cuatro años después de esta Conferencia, desilusionado y solo, lamentando que "el que sirve la revolución ara el mar".

La Carta de Jamaica por Simón Bolívar

En tanto que nuestros compatriotas no adquieran los talentos y las virtudes políticas que distinguen a nuestros hermanos del Norte, los sistemas enteramente populares, lejos de sernos favorables, temo mucho que vengan a ser nuestra ruina. Desgraciadamente, estas cualidades parecen estar muy distantes de nosotros, en el grado que se requiere; y, por el contrario, estamos dominados de los vicios que se contraen bajo la dirección de una nación como la española, que solo ha sobresalido en fiereza, ambición, venganza y codicia.

Yo deseo, más que otro alguno, ver formar en América la más grande nación del mundo, menos por su extensión y riquezas que por su libertad y gloria. Aunque aspiro a la perfección del gobierno de mi patria, no puedo

I fear that until our compatriots acquire the political talents and virtues which distinguish our brothers to the North, then entirely popular political systems are likely to take us to ruin rather than be favorable to us. Unfortunately, these political qualities appear to be distant from us, at least to the required degree. On the contrary, we are dominated by the vices which one inherits under the direction of a nation such as Spain, which has been outstanding only in its ferocity, ambition, vengeance, and greed.

I wish, more than anything else, to see in America the greatest nation in the world, not so much because of its size and riches as its liberty and glory. Although I hope for the perfection of the government of my nation, I am not

persuadirme que el Nuevo Mundo sea, por el momento, regido por una gran república; como es imposible, no me atrevo a desearlo, y menos deseo una monarquía universal de América, porque este proyecto, sin ser útil, es también imposible. Los abusos que actualmente existen no se reformarían y nuestra regeneración sería infructuosa. Los estados americanos han menester de los cuidados de gobiernos paternales que curen las llagas y las heridas del despotismo y la guerra. La metrópoli, por ejemplo, sería Méjico, que es la única que puede serlo por su poder intrínsico, sin el cual no hay metrópoli. Supongamos que fuese el istmo de Panamá, punto céntrico para todos los extremos de este vasto continente, ¿no continuarían éstos en la languidez y aun en el desorden actual? Para que un solo Gobierno dé vida, anime, ponga en acción todos los resortes de la prosperidad pública, corrija, ilustre y perfeccione al Nuevo Mundo, sería necesario que tuviese las facultades de un Dios, y cuando menos las luces y virtudes de todos los hombres.

El distintivo de las pequeñas repúblicas es la permanencia; el de las grandes es vario, pero siempre se inclina al imperio. Casi todas las primeras han tenido una larga duración; de las segundas solo Roma se mantuvo algunos siglos,

persuaded that the New World should, for the moment, be governed by a great republic. At the same time, I do not wish a universal monarchy for America because that project is not only useless but impossible. The abuses which exist at present will not be corrected and our regeneration would be fruitless. The American states need paternal governments which will heal the wounds and ills of despotism and of war. The capital, for example, might be Mexico, which is the only one which could fulfill this function because of its intrinsic power, without which there is no metropolis. Let us suppose that the capital might be the Isthmus of Panama, which is the central point for the extremes of this continent. But, would they not continue to languish in their present state of decay and disorder? In order for a Government to live, to animate, to put into motion all the levers of prosperity, correct, illuminate and improve the New World, it would be necessary for it to have all the attributes of a God, or at least the brilliance and virtues of all men.

The distinctive features of small republics is permanence; that of large ones is varied, but always tends toward empire. Almost all the small republics have had a long duration; of the latter only Rome was maintained for several

pero fue porque era república la capital y no lo era el resto de sus dominios, que se gobernaban por leyes e instituciones diferentes. Muy contraria es la política de un rey, cuya inclinación constante se dirige al aumento de sus posesiones, riquezas y facultades; con razón, porque su autoridad crece con estas adquisiciones, tanto con respecto a sus vecinos, como a sus propios vasallos, que temen en él un poder tan formidable cuanto es su imperio, que se conserva por medio de la guerra y de las conquistas. Por estas razones pienso que los americanos, ansiosos de paz, ciencias, artes, comercio y agricultura, preferirían las repúblicas a los reinos, y me parece que estos deseos se conforman con las miras de la Europa.

Voy a arriesgar el resultado de mis cavilaciones sobre la suerte futura de la América, no la mejor, sino la que sea más asequible.

Por la naturaleza de las localidades, riquezas, población y carácter de los mejicanos, imagino que intentarán al principio establecer una república representativa, en la cual tenga grandes atribuciones el Poder Ejecutivo, concentrándolo en un individuo, que si desempeña sus funciones con acierto y justicia, casi naturalmente vendrá a conservar una autoridad vitalicia.

centuries, but it was because the capital was governed as a republic while the rest of the dominions were governed by laws and institutions of a different nature. Very different is the policy of a king, whose constant inclination is aimed at increasing his possession, riches and facilities. This is with good reason, because his authority increases with these acquisitions, both with regard to his neighbors, as well as his own vassals, who fear in him such a formidable power which is his empire, if it is preserved by means of war and conquests. For these reasons I think that the Americans, anxious to have peace, science, commerce and agriculture, would prefer republics over kingdoms, and it seems to me that these desires match those one sees in Europe.

I will risk the result of my faultfinding on the future fate of America to express not the ideal, but rather the most feasible.

By the nature of the location, riches, population and character of the Mexicans, I would imagine that they would attempt at first to establish a representative republic, in which the Executive Power will have great attributes. These would be concentrated in one individual, who if capable of carrying out his functions with sureness and justice, would almost naturally come to have a lifetime authority. If his lack

Si su incapacidad o violenta administración excita una conmoción popular que triunfe, este mismo Poder Ejecutivo quizá se difundirá en una asamblea. Si el partido preponderante es militar o aristocrático, exigirá, probablemente, una monarquía que, al principio, será limitada y constitucional, y después,

of skill or violent administration would excite a triumphant popular commotion, that same Executive Power might perhaps diffuse itself in an assembly. If the dominant party is military or aristocratic it will require, probably, a monarchy which at the beginning would be limited and constitutional and later, inevitably, would decline into

Figura 10.3 Divisiones políticas al final de las Guerras de Independencia (1826)

inevitablemente, declinará en absoluta, pues debemos convenir en que nada hay más difícil en el orden político que la conservación de una monarquía mixta, y también es preciso convenir en que solo un pueblo tan patriota como el inglés, es capaz de contener la autoridad de un rey, y de sostener el espíritu de libertad bajo un cetro y una corona.

Los estados del istmo de Panamá, hasta Guatemala, formaran, quizá, una asociación. Esta magnífica posición entre los dos mares, podrá ser, con el tiempo, el emporio del universo; sus canales acortaran las distancias del mundo, estrecharán los lazos comerciales de Europa, América y Asia, traerán a tan feliz región los tributos de las cuatro partes del globo. Acaso sólo allí podrá fijarse algún día la capital de la tierra, como pretendió Constantino que fuese Bizancio la del antiguo hemisferio.

La Nueva Granada se unirá con Venezuela, si llegan a convener en formar una república central, cuya capital sea Maracaibo o una nueva ciudad que con el nombre de Las Casas, en honor de este héroe de la filantropía, se funde entre los confines de ambos países, en el soberbio puerto de Bahíahonda. Esta posición, aunque desconocida, es muy ventajosa por

absolutism. This is because there is nothing more difficult in the political order than to conserve a mixed monarchy, and it is also necessary to recognize that only a people as patriotic as the English is capable of containing the authority of a king, and of sustaining the spirit of liberty under a scepter and a crown.

The states of the Isthmus of Panama, as far as Guatemala, will perhaps form an association. Their splendid position between the two oceans could make them, in time, the emporium of the universe. Their canals would shorten global distances and would strengthen the commercial bonds between Europe, America and Asia, thus bringing to that happy region the tributes of the four corners of the earth. Perhaps there in the Isthmus someday might be established the capital city of the Earth, as Constantine hoped Byzantium would be for the ancient world.

Nueva Granada will join with Venezuela, if they agree on forming a central republic, whose capital might be Maracaibo or a new city with the name of Las Casas, in honor of that hero of philanthropy, which might be founded on the border between the two countries, in the superb port of Bahiahonda. That place, although little known, is very advantageous in all respects. Its

todos respectos. Su acceso es fácil y su situación tan fuerte, que puede hacerse inexpugnable. Posee un clima puro y saludable, un territorio tan propio para la agricultura como para la cría de ganado, y una grande abundancia de maderas de construcción.

Poco sabemos de las opiniones que prevalecen en Buenos Aires, Chile y el Perú. Juzgando por lo que se trasluce y por las apariencias, en Buenos Aires habrá un gobierno central, en que los militares se lleven la primacía, por consecuencia de sus divisiones intestinas y guerras externas. Esta constitución degenerará, necesariamente, en una oligarquía o una monocracia, con más o menos restricciones, y cuya denominación nadie puede adivinar. Sería doloroso que tal cosa sucediese, porque aquellos habitantes son acreedores a la más espléndida gloria.

El reino de Chile está llamado, por la naturaleza de su situación, por las costumbres inocentes y virtuosas de sus moradores, por el ejemplo de sus vecinos, los fieros republicanos del Arauco, a gozar de las bendiciones o que derraman las justas y dulces leyes de una república. Si alguna permanece largo tiempo en América, me inclino a pensar que será la chilena. Jamás se ha extinguido allí el espíritu de libertad; los vicios de

access is easy and its situation so strong, that it could be made impregnable. It has a pure, healthy climate, a land as propitious for agriculture as for the raising of cattle, and a great abundance of wood for construction.

We know little of the opinions which prevail in Buenos Aires, Chile, or Peru. Judging by what filters through, and by appearances, in Buenos Aires there will be a central government, in which the military will have primacy, as a result of their internal divisions and external wars. This constitution will degenerate, necessarily, into an oligarchy or a monarchy, with fewer or greater restrictions, and whose denomination no one can guess. It would be painful if this were to occur, since those inhabitants deserve the most splendid glory.

The land of Chile is called, by the nature of its situation, by the innocent customs and virtues of its residents, by the example of its neighbors, the fierce republicans of Arauco, to enjoy the blessing showered upon it by the just and sweet laws of a republic. If there is any one republic that will remain a long time in America, I am inclined to think that it will be the Chilean. The spirit of liberty has never been extinguished there; the

la Europa y el Asia llegarán tarde o nunca a corromper las costumbres de aquel extremo del universo. Su territorio es limitado; estará siempre fuera del contacto inficionado del resto de los hombres, no alterará sus leyes, usos y prácticas, preservará su uniformidad en opiniones políticas y religiosas. En una palabra, Chile puede ser libre.

El Perú, por el contrario, encierra dos elementos enemigos de todo régimen justo y liberal: oro y esclavos. El primero, lo corrompe todo; el segundo, está corrompido por sí mismo. El alma de un siervo rara vez alcanza a apreciar la sana libertad: se enfurece en los tumultos o se humilla en las cadenas. Aunque estas reglas serían aplicables a toda la América, creo que con más justicia las merece Lima, por los conceptos que he expuesto y por la cooperación que ha prestado a sus señores contra sus propios hermanos, los ilustres hijos de Quito, Chile y Buenos Aires. Es constante que el que aspira a obtener la libertad, a lo menos lo

Figura 10.4 Independencia

vices of Europe and Asia will arrive late or never to corrupt the customs of that extreme of the universe. Its territory is limited; it will be always out of unfortunate contact with the rest of humanity, and it will not alter its laws, uses and practices, but rather will preserve its uniformity of political and religious opinions. In a word, Chile can be free.

Peru, in contrast, encloses two elements which are the enemy of any just and liberal regime: gold and slaves. The first corrupts all; the second is corrupt in and of itself. The soul of a serf rarely reaches an appreciation of healthy liberty: either it becomes furious in the tumult or it is humiliated in its chains. Although these rules would be applicable to all America, I believe that with greater justice they are deserved by Lima, because of the ideas I have expressed and because of the cooperation that it has offered to its lords against its own brothers, the illustrious sons of Quito, Chile and Buenos Aires. It is a constant that he who aspires to obtain liberty, should at least attempt it. I

intenta. Supongo que en Lima no tolerarán los ricos la democracia, ni los esclavos y pardos libertos la aristocracia; los primeros preferirán la tiranía de uno solo, por no padecer las persecuciones tumultuarias y por establecer un orden siquiera pacífico. Mucho hará si consigue recobrar su independencia.

De todo lo expuesto, podemos deducir estas consecuencias: las provincias americanas se hallan lidiando por emanciparse, al fin obtendrán el suceso; algunas se constituirán de un modo regular en repúblicas federales y centrales; se fundarán monarquías casi inevitablemente en las grandes secciones, y algunas serán tan infelices que devorarán sus elementos, ya en la actual, ya en las futuras revoluciones. Una gran monarquía, no será fácil consolidar; una gran república, imposible.

Es una idea grandiosa pretender formar de todo el Mundo Nuevo una sola nación con un solo vínculo que ligue sus partes entre sí y con el todo. Ya que tiene un origen, una lengua, unas costumbres y una religión, debería, por consiguiente, tener un solo gobierno que confederase los diferentes estados que hayan de formarse; mas no es posible, porque climas remotos, situaciones

suppose that in Lima the rich will not tolerate democracy, nor will the slaves and mestizos tolerate the aristocracy. The former will prefer the tyranny of a single person in order to avoid the tumultuous persecutions and to establish a tranquil order. Much will be achieved if it could recover its independence.

From everything we have said, we can deduce these consequences: the American provinces find themselves struggling for their emancipation, and will eventually obtain it. Some will become federal and centralized republics in a regular fashion. Monarchies will almost inevitably be established in some of the larger areas, and some of these will be so unfortunate and unhappy that they will devour their elements in revolutions, be they the present or future ones. A great monarchy will not be easy to consolidate, and a great republic impossible.

It is a grandiose idea to attempt to formin all the New World a single nation with a single bond which will tie together all its parts. It would seem that their common origin, their language, customs and religion would lead to a single government which would confederate the various states that might make it up. But this is not possible because of the remote climates, diverse situations,

diversas, intereses opuestos, caracteres desemejantes dividen a la América. ¡Qué bello sería que el istmo de Panamá, fuese para nosotros lo que el de Corinto para los griegos! ¡Ojalá que algún día tengamos la fortuna de instalar allí un augusto Congreso de los representantes de las repúblicas, reinos e imperios, a tratar y discutir sobre los altos intereses de la paz y de la guerra, con las naciones de las otras tres partes del mundo! Esta especie de corporación podrá tener lugar en alguna época dichosa de nuestra regeneración.

interests and natures which divide America. How beautiful it would be if the Isthmus of Panama would be for us what Corinth was for the Greeks! Would that someday we could have the good fortune of installing there an august Congress of the representatives of the republics, kingdoms and empires, to deal with and discuss the high issues of peace and war, with the nations of the other three parts of the world! This kind of corporation could take place in some happy period of our regeneration.

Figura 10.5 Lucha por la Independencia

Lección 11. Neoclasicismo: Olmedo, Bello

José Joaquín de Olmedo

Debido a la coincidencia del movimiento neoclásico con el período de la Independencia, no nos debería sorprender que uno de los temas favoritos de los poetas neoclásicos es el de los gloriosos triunfos militares de los patriotas. Debido a su trayectoria histórica y su personalidad carismática, Bolívar fue el foco de gran parte de esta poesía. Uno de los mejores ejemplos del género es este poema, *La victoria de Junín: Himno a Bolívar* por el ecuatoriano José Joaquín de Olmedo (1780-1847).

Figura 11.1 Olmedo

Olmedo tuvo la oportunidad de conocer al Libertador, quien le pidió que escribiera un poema heroico después de la importante batalla de Junín. Bolívar no solicitó un tratamiento heroico personal, pero era bastante obvio que estaría presente en el poema en la misma forma que estuvo presente en la batalla. Efectivamente, el poema es un tributo grandilocuente al Libertador.

El estilo de Olmedo demuestra muchas de las características del Neoclasicismo: unidad estructural, referencias clásicas, y oratoria

altisonante. Antes de terminar el poema ocurrió la batalla de Ayacucho, en que Bolívar no estaba presente. Olmedo decidió incluir a la segunda batalla. Para unir las dos partes del poema, y no violar el principio neoclásico de la unidad, empleó la técnica de introducir a una figura externa: el último Inca, Huayna Capac, quien también glorifica a Bolívar, ataca a los españoles por las crueldades de la conquista, y anuncia la segunda parte del poema, que enfoca la batalla de Ayacucho. Aparentemente a Bolívar no le gustó el resultado final, y escribió una carta a Olmedo expresando su desagrado.

Debemos notar que el poema aparece en un momento (1825) en que se estaba debatiendo el sistema de gobierno que deberían adoptar las nuevas naciones americanas, y uno de los elementos del debate era si convenía más una república presidencial o una monarquía constitucional. El uso de la figura del último Inca se interpretó en algunos sectores como un respaldo a la monarquía. Se sabía que Bolívar estaba considerando un sistema semejante al inglés (monarca limitado por una legislatura), o quizá una presidencia vitalicia, evitando de este modo algunas de las tendencias centrífugas que había pronosticado el Libertador en la *Carta de Jamaica.*

Las primeras líneas de este poema son un excelente ejemplo de onomatopeia en que el uso de la letra "r" nos hace pensar que estamos escuchando los cañones de la batalla. Por el uso de la "r" castellana, es también prueba difícil para el angloparlante que tiene problemas con la pronunciación de la lengua de Cervantes.

La Victoria de Junín: Canto a Bolívar por José Joaquín de Olmedo

El trueno horrendo	The horrendous thunder
que en fragor revienta	throbs and rumbles
y sordo retumbando se dilata	and rolls in swelling waves
por la inflamada esfera,	across the globe in flames,
al Dios anuncia	announcing to God that
que en el cielo impera.	He rules in Heaven.
Y el rayo que en Junín	The bolt that at Junín
rompe y ahuyenta	crashes and scatters
la hispana muchedumbre	the Spanish multitude
que más feroz	who fiercer than ever
que nunca amenazaba	was threatening

a sangre y fuego
eterna servidumbre:
y el canto de victoria
que en ecos mil
discurre ensordeciendo
el hondo valle
y enriscada cumbre,
proclaman a Bolívar en la tierra
árbitro de la paz y de la guerra.

eternal slavery
through blood and fire.
And the hymn of victory
which with a thousand
deafening echoes reverberated
through deep valleys
and to the craggy peaks
proclaims that Bolívar is on earth
the final judge in peace and war.

Las soberbias pirámides
que al cielo
el arte humano
osado levantaba
para hablar
a los siglos y naciones;
templos, do
esclavas manos
deificaban en pompa
a sus tiranos,
ludibrio son del tiempo,
que con su ala
débil las toca,
y las derriba al suelo,
después que en fácil
juego el fugaz viento
borró sus
mentirosas inscripciones;
y bajo los escombros confundido
entre la sombra del eterno olvido,
¡o de ambición y
de miseria ejemplo!
El sacerdote yace,
el Dios y el templo;

The arrogant pyramids
which skyward
human art had
dared to raise
to speak to centuries
and nations;
temples, where hands
of slaves
deified in pomp
their tyrants,
are mocked by time,
with weak wings
touches them,
and brings them down,
after which
the fleeting wind
erases their lying inscriptions;
and below the confused ashes
between the shadows
of eternal oblivion,
oh what an example of
ambition and misery!
lies the priest, the god,
and the temple;

Figura 11.2 Bolívar

mas los sublimes montes,
cuya frente
a la región etérea se levanta,
que ven las tempestades

But the sublime mountains,
whose face
to the ethereal region is raised,
who see the storms

a su planta
brillar, rugir, romperse, disiparse;
los Andes, las enormes, estupendas
moles sentadas sobre bases de oro,
la tierra con su peso equilibrando,
jamás se moverán. Ellos burlando
de ajena envidia
y del protervo tiempo
la furia y el poder, serán eternos
de Libertad y de Victoria heraldos,
que con eco profundo
a la postrema edad dirán del mundo:
"Nosotros vimos de Junín el campo;
vimos que al desplegarse
del Perú y de Colombia
las banderas
se turban las legiones altaneras,
huye el fiero español despavorido,
o pide paz rendido.
Venció Bolívar: el Perú fue libre;
y en triunfal pompa
Libertad sagrada
en el templo del Sol fue colocada"

¿Quién es aquel que
    el paso lento mueve
sobre el collado que
    a Junín domina?
¿que el campo desde
    allí mide, y el sitio
del combatir y del vencer designa?
¿que la hueste contraria observa,
    cuenta,
y en su mente la rompe y desordena,
y a los más bravos a morir condena,
cual águila caudal que se complace
del alto cielo en divisar su presa
que entre el rebaño mal segura pace?
¿Quién el que ya desciende

at their feet,
flash, growl, break, dissipate;
the Andes, enormous, stupendous
mounds seated on bases of gold,
the earth with its weight balancing,
shall never be moved. They mock
alien envy and stubborn time
fury and power,
they shall be eternal
heralds of Liberty and Victory,
who with deep echo
shall say to later ages:
"We saw the field at Junín;
we saw that with the deployment
of Peruvian and Colombian flags
the arrogant legions grew restless,
and the fierce Spanish
panicked and fled,
or surrendering, sued for peace.
Bolívar triumphed; Peru was free;
and in triumphal pomp
sacred Liberty was
placed in the Temple of the Sun"

Who is that who
    with slow pace moves
over the mount
    that dominates Junin?
Who from there measures
    the field, the site
of combat and victory designated?
Who the enemy host observes,
    counts
and in his mind breaks and routs,
and the bravest condemns to death,
like an eagle who commands
the high skies to sight its prey
who in the flock uneasily grazes?
Who is it who now descends

pronto y apercibido a la pelea?
Preñada en tempestades le rodea
nube tremenda;
   el brillo de su espada
es el vivo reflejo de la gloria;
su voz un trueno; su mirada un rayo.
¿Quién, aquel que
   al trabarse la batalla,
ufano como nuncio de victoria,
un corcel impetuoso fatigando
discurre sin cesar por toda parte ... ?
¡Quién, sino el hijo
   de Colombia y Marte!

prepared and ready for the fight?
Storm-pregnant clouds
surround him;
   the flash of his sword
is a living reflection of glory;
his voice thunder;
   his look a lightning bolt.
Who, when the battle is joined
proud as a messenger of victory
caries his impetuous load tirelessly
running to and fro here and there..?
Who, but the son
   of Colombia and Mars!

Sonó su voz: "Peruanos,
mirad allí los duros opresores
de vuestra patria.
   Bravos colombianos,
en cien crudas batallas vencedores,
mirad allí los enemigos fieros
que buscando venís desde Orinoco:
suya es la fuerza,
   y el valor es vuestro:
vuestra sera la gloria;
pues lidiar con valor y por la patria
es el mejor presagio de victoria.
Acometed: que siempre
de quien se atreve más
   el triunfo ha sido:
quien no espera vencer,
   ya está vencido."

His voice rang out: "Peruvians.
behold there the harsh oppressors
of your homeland.
   Brave Colombians,
victors in a hundred cruel battles,
behold there your fierce enemies
whom you sought since Orinoco:
theirs is the power,
   the courage is yours:
yours shall be the glory;
because to fight for the homeland
is the best presage of victory.
Attack: because always
he who dares
   most is victorious:
and he who does not expect to win
   has already lost."

Andrés Bello

   Este escritor, educador, jurista, traductor y filósofo es considerado el primer humanista de la América Latina independiente. Bello (1781-1865) se formó intelectualmente con una sólida base en los clásicos greco-latinos que estudió en el convento al lado de su hogar en Caracas. Aunque le llevaba solamente dos años a Bolívar, fue su maestro, y el Libertador

muchas veces dijo que el elemento más
importante en su educación fue Bello.
Debido a su capacidad lingüística, en
1810 acompañó a Bolívar en una
misión diplomática a Londres como
traductor y asesor. Supuestamente iba
a ser una estadía breve, pero Bello se
quedó casi veinte años. Se casó con una
dama inglesa, y al enviudar se casó con
otra inglesa. Pasó muchas horas en el
"British Museum" mejorando sus
conocimientos del mundo clásico y
dialogando con liberales españoles que
estaban exilados en Inglaterra.

Figura 11.3 Bello

Sus conocimientos enciclopédicos se encuentran reflejados en sus
escritos, especialmente en el último período de su vida que pasó en Chile.
Escribió una importante gramática de la lengua castellana (la más
fundamental desde la de Antonio de Nebrija en 1492), confeccionó el
código civil jurídico de Chile, preparó documentos básicos de derecho
internacional, fue el primer rector de la Universidad de Chile y dirigió
varios periódicos importantes. Hacia fines de su vida participó en fuertes
debates intelectuales con una serie de autores románticos argentinos que
estaban exilados en Chile durante la dictadura de Rosas (entre ellos
Sarmiento). En estos debates se creó la impresión que Bello era un
tradicionalista aferrado a las reglas rígidas del Neoclasicismo, pero sus
escritos demuestran que tenía bastante flexibilidad intelectual, y que
estaba abierto a la consideración de estilos y vocablos nuevos (podemos
ver algunos de sus comentarios en el ensayo *El castellano en América*,
que sigue).

Uno de sus mejores poemas es la oda neoclásica a la agricultura
americana, que veremos a continuación. Tenía un interés en la ciencia y
la agronomía (había colaborado con Humboldt en su viaje a Venezuela),
y el poema es un valioso inventario biológico además de ser una obra
refinada y estética. Aparece también la preferencia neoclásica por el
campo y la aldea, y Bello condena los excesos de la ciudad corrompida.
El poema incluye una invitación al militar de la independencia que deje
sus armas y costumbres castrenses para participar en la vida política
como civil.

El Castellano en América por Andrés Bello

No tengo la pretensión de escribir para los castellanos. Mis lecciones se dirigen a mis hermanos los habitantes de Hispanoamérica. Juzgo importante la conservación de la lengua de nuestros padres en su posible pureza, como un medio providencial de comunicación y un vínculo de fraternidad entre las varias naciones de origen español derramadas sobre los dos continentes.

Pero no es un purismo supersticioso lo que me atreve a recomendarles. El adelantamiento prodigioso de todas las ciencias y las artes, la difusión de la cultura intelectual, y las revoluciones políticas, piden cada día nuevos signos para expresar ideas nuevas; y la introducción de vocablos flamantes, tomados de las lenguas antiguas y extranjeras, ha dejado ya de ofendernos, cuando no es manifiestamente innecesaria, o cuando no descubre la afectación y mal gusto de los que piensan engalanar así lo que escriben.

Hay otro vicio peor, que es el prestar acepciones nuevas a las palabras y frases conocidas, multiplicando las anfibologías de que, por la variedad de significados de cada palabra, adolecen más o menos las lenguas todas, y acaso en mayor proporción las que más

I do not claim to write for the Castilians. My lessons are directed to my brothers the inhabitants of Spanish America. I judge it important to conserve the language of our fathers as pure as possible, as a providential means of communication and a fraternal link between the various nations of Spanish origins scattered over two continents.

But it is not a superstitious purism which I dare to recommend to you. The prodigious advances in all the arts and sciences, the spreading of intellectual culture, and the political revolutions, cry out each day for new words to express new ideas. And the introduction of brand new words, taken from ancient and foreign languages, has ceased to offend us, so long as it is not manifestly unnecessary, or as long as it does not reveal the affectation and poor taste of those who think they are adorning the language by writing this way.

There is a worse vice, which is to borrow new meanings for familiar words and phrases, multiplying in this way the number of words with several meanings which to a greater or lesser degree afflict all languages today (and

se cultivan, por el casi infinito número de ideas a que es preciso acomodar un número necesariamente limitado de signos.

Pero el mayor mal de todos, y el que si no se ataja va a privarnos de las inapreciables ventajas de un lenguaje común, es la avenida de neologismos de construcción, que inunda y enturbia mucha parte de lo que se escriba en América, y

especially those languages which are most in use), because of the almost infinite number of ideas one must use with a necessarily limited number of words.

But the worst evil of all, and the one which if not stopped will deprive us of the great advantages of a common language, is the road of constructed neologisms, which floods and muddies a great part of

Figura 11.4 La literatura y la evolución de las lenguas

alterando la estructura del idioma, tiende a convertirlo en una multitud de dialectos irregulares, licenciosos, bárbaros, embriones de idiomas futuros, que durante una larga elaboración reproducirían en América lo que fue la Europa en el tenebroso período de la corrupción del latín. Chile, el Perú, Buenos Aires, México, hablarían cada uno su lengua, o por mejor decir, varias lenguas, como sucede en España, Italia y Francia, donde dominan ciertos idiomas provinciales, pero viven a su lado otros varios, oponiendo estorbos a la difusión de

what is written in America, and, by altering the structure of the language, tends to convert it into a multitude of irregular dialects, which are unfettered and barbarous embryonic stages of future languages. These, in a lengthy elaboration would reproduce in America what was the dark period in Europe while Latin was being corrupted. Chile, Peru, Buenos Aires, Mexico, would each speak their own language, or better said, various languages, as happens in Spain, Italy and France, where certain provincial languages dominate, but next to them are

las luces, a la ejecución de las leyes, a la administración del Estado, a la unidad nacional. Una lengua es como un cuerpo viviente: su vitalidad no consiste en la constante identidad de elementos, sino en la regular uniformidad de las funciones que éstos ejercen, y de que proceden la forma y la índole que distinguen al todo....

No se crea que, recomendando la conservación del castellano, sea mi ánimo tachar de vicioso y espurio todo lo que es peculiar de los americanos. Hay locuciones castizas que en la Península pasan hoy por anticuadas, y que subsisten tradicionalmente aquí en Hispanoamérica: ¿por qué proscribirlas? Si según la práctica general de los americanos es más analógica la conjugación de algún verbo, ¿por qué razón hemos de preferir la que caprichosamente haya prevalecido en Castilla?

Si de raíces castellanas hemos formado vocablos nuevos según los procederes ordinarios de derivación que el castellano reconoce, y de que se ha servido y se sirve continuamente para aumentar su caudal, ¿qué motivos hay para que nos avergonzemos de usarlos? Chile y Venezuela tienen tanto derecho como Aragón y Andalucía para que se toleren sus accidentales divergencias, cuando las patrocina la costumbre

other languages, and this places obstacles to the spread of ideas, to the execution of laws, to State administration, and to unity. A language is like a living body: its vitality does not consist of the constant identity of elements, but in the regular uniformity of the functions they carry out, and whose features distinguish it...

Do not feel that it is my wish, when I recommend the conservation of Castilian, that I am criticizing as false and vice-ridden all that is peculiar to the Americans. There are authentically pure words that in the Peninsula are now considered antiquated, but which traditionally continue to be used in America: why proscribe them? If according to the general practice of Americans a verb conjugation is more suitable, why should we prefer capriciously the usage that prevails in Castille?

If from Castilian roots we have formed new words using the normal procedures for word derivation which Castilian recognizes, and which it has continuously relied on (and continues to) to increase its stock of words, why should we be ashamed of using such words? Chile and Venezuela have as much right as Aragon and Andalucia to tolerate their accidental divergences, when they are provided by the uniform and

uniforme y auténtica de la gente educada. En ellas se peca mucho menos contra la pureza y corrección del lenguaje, que en las locuciones afrancesadas, de que no dejan de estar salpicadas hoy día aun las obras más estimadas de los escritores peninsulares.	authentic customs of educated people. In this procedure we sin much less against the purity and correctness of the language, than in using frenchified words, which one can see spattered across even the most esteemed works of Peninsular writers.

La agricultura de la zona tórrida por Andrés Bello (fragmento)

¡Salve, fecunda zona,
que al sol enamorado
   circunscribes
el vago curso,
y cuanto ser se anima
en cada vario clima,
acariciada de su luz, concibes!
	Hail, fertile region
	where the beloved sun
	   in his daily rounds
	envelops you as
	you conceive every living thing
	that stirs in every kind of climate
	caressed by its life-giving light!

Tú tejes al verano su guirnalda de granadas espigas; tú la uva das a la hirviente cuba; no de purpúrea fruta, roja o gualda, a tus florestas bellas falta matiz alguno; y bebe en ellas aromas mil el viento; y greyes van sin cuento paciendo tu verdura, desde el llano que tiene por lindero el horizonte, hasta el erguido monte, de inaccesible nieve siempre cano.	You weave the summer's garland from heavy-leaden heads of grain. You give grape to bubbling cask. No shade is missing in your fruit or in your gorgeous forests: neither purple, nor red, or yellow. And the wind drinks your flowers a thousand varied scents. Flocks without number graze thy green majesty, from the never-ending plain to the surging uplifted mountains with their ever snowcapped peaks.

Tú das la caña hermosa
do la miel se acendra,
por quien desdeña
   el mundo los panales;
tú en urnas de coral
cuajas la almendra
	You give the beautiful cane
	from where honey is refined,
	which the world prefers to
	   honeycombs;
	you in coral urns
	thicken the almond

que en la espumante jícara rebosa;   that runs over the foaming jug;
bulle carmín viviente en tus nopales, in pricklypear boils living carmine
que afrenta fuera al múrice de Tiro,   that would rival Tyre's purple
y de tu añil la tinta generosa   and the generous ink of your indigo
émula es de la lumbre del zafiro.   copies the sapphire's light.

Figura 11.5 La agricultura en la zona tórrida

El vino es tuyo, que la herida agave   Yours is the wine, which the
para los hijos vierte   wounded maguey pours for the
del Anáhuac, feliz;   sons of happy Anáhuac,
y la hoja es tuya,   and the leaf is yours
que, cuando de suave   which, when from gentle
humo en espiras vagarosas huya,   smoke in errant spires it flees,
solazará el fastidio   the fastidious
    al ocio inerte.   will solace inert idleness.
Tú vistes de jazmines   You dress in jasmine
el arbusto sabeo   the coffee plant,
y el perfume le das   and give it the perfume
que en los festines   that in feasts
la fiebre insana   will temper the
    templará a Lieo.   insane fever of Lieo.
Para tus hijos la procera palma   For your sons the high palm
su vario feudo cría,   its varied feudal growth,
y el ananás sazon   and the pineapple
    a su ambrosía;   seasons its ambrosia;
su blanco pan la yuca,   the yucca its white bread,

sus rubias pomas la patata educa,	the potato educates its blond fruit;
y el algodón despliega al aura leve	and cotton opens up to faint dawn
las rosas de oro y el vellón de nieve.	golden roses and snowy fleece.
Mas, ¡o, si cual no cede	But if, just as your soil
el tuyo, fértil zona, a suelo alguno,	surrenders, fertile zone, to no other,
y como de natura esmero ha sido,	and been special work of nature,
de tu indolente	I wish it were also true of your
habitador lo fuera!	indolent inhabitant!
¡O, si al falaz ruido	Oh, if to the treacherous sound
la dicha al fin supiese verdadera	that calls him from his home
anteponer, que del umbral le llama	the simple laborer
del labrador sencillo,	far from being stupid and vain
lejos del necio y vano	is the pomp and false glitter
fausto, el mentido brillo,	of the pestilent
el ocio pestilente ciudadano!	laziness of the city!
¿Por qué ilusión funesta	By what dark illusion
aquellos que fortuna hizo señores	do those whom fortune made lords
de tan dichosa tierra	of such lucky, varied
y pingüe y varia,	and abundant earth
al cuidado abandonan	which the citizen abandons
y a la fe mercenaria	and to the mercenary faith
las patrias heredades,	the inherited motherlands
y en el ciego tumulto se aprisionan	and in blind tumult are imprisoned
de míseras ciudades,	in miserable cities
do la ambición proterva	where obstinate ambition
sopla la llama de civiles bandos. ...	fans the flame of civil bands. ...
El corazón lozano	The luxuriant heart
que una feliz oscuridad desdeña,	which scorns a happy darkness
que en el azar sangriento	which in the bloody
del combate	luck of combat
alborozado late,	beats with happiness,
y codicioso de poder o fama,	and covets power or glory,
nobles peligros ama;	and loves noble dangers;
baldón estime solo y vituperio	let it esteem insult and affront
el prez que de la Patria	the honor that the motherland
no reciba,	does not receive
la libertad más dulce que el imperio	the liberty sweeter than an empire,

y más hermosa que el laurel la oliva.	more beautiful than olive's laurel.
Ciudadano el soldado,	Citizen soldier
deponga de la guerra la librea:	put aside your livery of war:
el ramo de victoria	the branch of victory should be
colgado al ara de la Patria sea,	hung from the motherland's altar
y sola adorne al mérito la gloria.	and alone adorn the merit of glory.
De su triunfo entonces, Patria mía,	Of its triumph the, my motherland,
verá la Paz el suspirado día;	shall see Peace the longed-for day
la Paz, a cuya vista el mundo llena	Peace, whose sight the world fills
alma serenidad y regocijo:	its soul with serenity and joy:
vuelve alentado el hombre a la faena,	man returns inspired to his tasks,
alza el ancla la nave, a las amigas	ship hauls anchor,and to friends
auras encomendándose animosa,	commends soft breezes,
enjámbrase el taller, hierve el cortijo	workshops hum,countryside boils,
y no basta la hoz a las espigas.	and sickle cannot cut all the grain.

¡O jóvenes Naciones,	O young nations,
que ceñida	who lift your brows
alzáis sobre el atónito occidente	girded with early laurels
de tempranos laureles la cabeza!	over themarveling Western gaze
Honrad el campo,	Honor the fields
honrad la simple vida	and the simple life
del labrador,	of the farmer
y su frugal llaneza.	and his frugal openness.

Así tendrán en vos perpetuamente	In this way liberty will
la libertad morada,	forever live in you,
y freno la ambición,	ambition will be restrained,
y la ley templo.	and the law will have a temple.
Las gentes a la senda	The people will not stray
de la inmortalidad,	from the path to immortality,
ardua y fragosa,	arduous and hard;
se animarán, citando	they will take heart
vuestro ejemplo.	from your example.
Lo emulará celosa	Your posterity
vuestra posteridad;	and your new names
y nuevos nombres	adding to your
añadiendo la fama	fame and glory
a los que ahora aclama,	as the cry rings out:

"Hijos son éstos, hijos
-pregonará a los hombres-
de los que vencedores superaron
de los Andes la cima:
de los que en Boyacá,
los que en la arena
de Maipo, y en Junín
y en la campaña
gloriosa de Apurima,
postrar supieron
al león de España."

"These are sons, sons,
the voice will preach to mankind,
of those who as
victors overpowered
the highest peaks of the Andes;
sons of those who in Boyacá
and in the arena of Maipú, Junín
and in the glorious
campaign of Apurima,
knew how to humble
the Spanish lion".

Figurre 11.6 La agricultura de la zona tórrida

Lección 12. Romanticismo: Heredia, Isaacs

El Romanticismo

Este importante movimiento literario y cultural surge en la América Latina a principios del Siglo XIX como reacción ante la rigidez y la frialdad del Neoclasicismo. Es también una especie de emancipación del orden excesivo impuesto por las reglas del Neoclasicismo. Sin embargo, no estaba en contra de la Ilustración (base fundamental del Neoclasicismo) porque el liberalismo político (parte de la Ilustración) fue elemento muy importante del Romanticismo.

Figura 12.1 Romanticismo

En la literatura (y en menor grado la pintura) lo que importa son las emociones del "yo", del individuo. Los héroes románticos son individuos excéntricos, a veces incapaces de funcionar efectivamente dentro de la reglas de la sociedad normal. Aquí surge entonces otra característica del héroe romántico: es una figura trágica, muchas veces exilado, o que ha sufrido un amor desastroso. La muerte del amante, especialmente a una edad joven, o el suicidio, son temas frecuentes en la literatura romántica.

Hay cierta idealización del paisaje, como también de algunos tipos (el bandido, el pirata, el salvaje, el indio, el gaucho). En Europa los

Cuadro 12.1: El Romanticismo
(Lecciones 12, 13, 14)

Marco histórico-cultural:	Consolidación de Independencia Establecimiento de la nuevas identidades nacionales Luchas:Liberales-Conservadores, Federales-Centralistas
En la literatura:	Reacción al neo-clasicismo. Sentimentalismo, libertad. Subjetivismo, individualismo. Lo exótico. Imaginación. Idealización: indígena, paisaje. Ideas políticas liberales.
Autores:	José María Heredia Jorge Isaacs Esteban Echeverría Gertrudis Gómez de Avellaneda Domingo F. Sarmiento José Martí Manuel Gutierrez Nájera
Fechas aproximadas	Approximadamente 1830 hasta fines del Siglo XIX.
Otros aspectos culturales:	Pintura: emociones, subjetivismo. Idealización del indígena y del paisaje. Temas exóticos, imaginativos, emocionantes.

románticos idealizaron su Edad Media, como por ejemplo Sir Walter Scott en sus novelas históricas. Sin Edad Media, los románticos latinoamericanos idealizaban lo exótico que tenían a mano: el paisaje, la selva, la naturaleza en sus aspectos más exagerados y dramáticos (tormentas, cataratas, montañas).

La cara política del Romanticismo se expresa con el liberalismo que lucha contra los dictadores, contra la tiranía, la oscurantez religiosa y, en general los conservadores. Esta fase es especialmente notorio en la Argentina (Echeverría, Sarmiento), y también en Cuba (Heredia, Martí), donde los españoles mantuvieron su colonia hasta la Guerra con los Estados Unidos en 1898.

José María de Heredia

Como muchos románticos, José María de Heredia (1803-1839) tuvo una formación neoclásica que abandonó cuando todavía era joven para abrazar el Romanticismo. Tiene muchas de las características del héroe romántico: la lucha política contra los españoles en su patria Cuba, el exilio, los amores trágicos (su amante se casa con otro), y el asombro ante el poder de la naturaleza salvaje. Es miembro de una logia secreta Masónica, y por sus actividades anti-españolas es exilado a la edad de

Figura 12.2 Heredia

diecinueve. En su exilio vivió en los Estados Unidos, ganándose la vida como profesor de castellano en una academia neoyorquina. Viajó al Canadá vía Búfalo, y ahí (en 1824, a la edad de veinte años) presenció las famosas cataratas que fueron el motivo de uno de sus mejores poemas. Al observar las cataratas de Niágara, Heredia es el perfecto héroe romántico: exilado, sufre el dolor de la patria perdida, y encuentra en la violencia de la naturaleza la violencia de sus profundas emociones y su dolor. Expresa emociones semejantes al ver una tormenta tropical. Es también capaz de escribir expresivas poesías de amor, y de protestas contra los abusos de los españoles en su patria querida, Cuba.

Eventualmente Heredia pasa a México, donde recibe varios cargos diplomáticos. Pudo regresar por unos meses a Cuba, pero siente desilusión

ante la aparente incapacidad de sus compatriotas de liberarse del yugo español, y se exila nuevamente. Muere joven y amargado.

Niágara por José María Heredia

Templad mi lira, dádmela,
　　que siento
en mi alma estremecida y agitada
arder la inspiración.
　　¡O! ¡cuánto tiempo
en tinieblas pasó, sin que mi frente
brillase con su luz!...
　　Niágara undoso,
tu sublime terror solo podría
tornarme el don divino,
　　que enseñada
me robó del dolor la mano impía.

Tune my lyre, let me have it,
　　for I feel
my soul shaken and agitated
and burning with inspiration.
　　Oh! How much time
it spent in shadow without my face
glowing in its light!
　　Sinewy Niagara,
only your sublime terror could
bring back the divine gift that
the sorrow of an impious hand
　　took away.

Torrente prodigioso, calma, calla
tu trueno aterrador; disipa un tanto
las tinieblas que en
　　torno te circundan;
déjame contemplar tu faz serena,
y de entusiasmo ardiente
　　mi alma llena.
Yo digno soy de
　　contemplarte; siempre
lo común y mezquino desdeñando,
ansié por lo terrífico
　　y sublime.
Al despeñarse
　　el huracán furioso,
al retumbar sobre mi frente el rayo,
palpitando gocé. Vi al Océano,
azotado por austro proceloso,
combatir mi bajel,
　　y ante mis plantas
vórtice hirviente abrir,
　　y amé el peligro.

Prodigious torrent, be calm, still
your terrifying roar; draw back
the shadows that wrap around you;
　　let me contemplate
　　your serene visage,
and fill my soul
　　with burning enthusiasm.
I am worthy enough
　　to see you; I have always
scorned the common and the poor,
I wished for the terrific
　　and sublime.
When the furious
　　hurricane poured forth,
lightning crashed in front of me,
I enjoyed, trembling. I saw Ocean
whipped up by the southern storm,
and beat against my craft,
　　and 'neath my feet
the boiling vortex opened,
　　and I loved the danger.

Mas del mar la fiereza
en mi alma no produjo
la profunda impresión
    que tu grandeza.
¡Niágara poderoso!
¡Adiós! ¡Adiós! Dentro
    de pocos años
ya devorado habrá la tumba fría
a tu débil cantor.
¡Duren mis versos
cual tu gloria inmortal!
    ¡Pueda piadoso,
viéndote algún viajero,
dar un suspiro a la memoria mía!
y al abismarse Febo en occidente,
feliz yo vuele do el Señor me llama,
y al escuchar los ecos de mi fama,
alce en las nubes la radiosa frente.

But the fierceness of the sea
in my soul did not produce
the deep impression
    of your grandeur.
Powerful Niagara!
Farewell! Farewell!
    In a few years
the cold grave will have devoured
your weak bard.
May my verses last
as long as your immortal glory!
    May piously
seeing you some traveler,
give a sigh in my memory!
and when Febus drops in the west
happy I fly to where the Lord calls
and listen to echoes of my fame,
rise in clouds of your radiant face.

A mi esposa por José María Heredia

  Cuando en mis venas
    férvidas ardía
la fiera juventud, en mis canciones
el tormentoso afán de mis pasiones
con dolorosas lágrimas vertía.

  Hoy a ti las dedico, esposa mía,
cuando el amor,
    más libre de ilusiones,
inflama nuestros puros corazones,
y sereno y de paz me luce el día.

  Así perdido en turbulentos mares
mísero navegante
    al cielo implora,
cuando le aqueja la tormenta grave;
y del naufragio libre, en los altares

  When in my fervid veins
    there burned
fiery youth, in my song
and stormy wishes of my passions
poured out with painful tears.

Today I dedicate them to you, wife,
when love,
    now freer of illusions,
inflames our pure hearts,
and the day seems serene
    and peaceful to me.

  And so lost in turbulent seas
the miserable navigator implores
    to heaven,
when the furious storm afflicts him;
and free of shipwreck, on the altars

consagra fiel a la deidad	consecrated faithful to
que adora	the adored deity
las húmedas reliquias de su nave.	the damp relics of his ship.

Figura 12.3 Tormenta romántica

En una tempestad

Huracán, huracán, venir te siento,	Hurricane, hurricane,
Y en su soplo abrasado	I feel you coming,
Respiro entusiasmado	And with your burning breath
Del señor de los aires el aliento.	I enthusiastically inhale
	The breath of the lord of the skies
En las alas del viento suspendido	Suspended on the wings of wind
Vedle rodar por el espacio inmenso,	I see it roll through immense space,
Silencioso, tremendo, irresistible,	Silent, tremendous, irresistible,
En su curso veloz. La tierra en calma	In rapid course. The earth in calm
Siniestra, misteriosa,	Sinister, mysterious,
Contempla con pavor	Contemplates with fear
su faz terrible.	its terrible face.
¿Al toro no miráis?	Do you not look upon the bull?
El suelo escarban	Pawing the ground
Do insoportable ardor	With the unbearable ardor
sus pies heridos:	its wounded feet:
La frente poderosa levantando,	The powerful face lifted up,

Y en la hinchada
   nariz fuego aspirando
Llama la tempestad
   con sus bramidos.

¡Qué nubes! ¡qué furor!
   El sol temblando
Vela en triste pavor su faz gloriosa,
Y su disco nublado sólo vierte
Luz fúnebre y sombría,
Que no es noche ni día ...
¡Pavoroso color, velo de muerte!
Los pajarillos tiemblan
   y se esconden
Al acercarse el huracán bramando,
Y en los lejanos montes retumbando
Le oyen los bosques,
   y a su voz responden.

Llega ya ... ¿No le veis?
   ¡Cuál desenvuelve
Su manto aterrador y majestuoso!
¡Gigante de los aires te saludo ...
En fiera confusión el viento agita
Las orlas de su parda vestidura
¡ Ved ...! ¡en el horizonte
Los brazos rapidísimos enarca,
Y con ellos abarca
Cuanto alcanzo a mirar
   de monte a monte!

¿Qué rumor?
   ¿Es la lluvia ... ? Desatada
Cae a torrentes, oscurece al mundo,
Y todo es confusión,
   horror profundo.
Cielo, nubes, colinas, caro bosque,
¿Dó estáis? Os busco en vano:
Desaparecisteis ....

And fire breathing
   through the swollen nostrils
Calls out the storm
   with its roars.

What clouds! What fury!
   The sun trembles, watching
with sad fear its glorious face,
And its clouded disk pours out
A shadowy and funereal light,
That is neither night nor day...
Fearful color, veil of death!
The little birds tremble and hide
When the roaring hurricane
   approaches,
And the distant mountains resonate
And the woods hear,
   and they too respond.

It comes now... Don't you see it?
   Look how
its fearful, majestic cloak unfolds!
Giant of the air I salute you...
In fierce confusion, wind agitates
The ornaments of dark vestments
Look...! On the horizon
The arms rapidly unfold into arcs
And with them embrace
Everything I can see
   from hill to hill!

What is that rumor?
   Is it rain...? Unleashed
Falls in torrents, darkens the world,
And all is confusion,
   profound horror.
Sky, clouds, hills, dear woods,
Where are you? I seek you in vain:
You have disappeared...

La tormenta umbría	The dark storm
En los aires revuelve un océano	In the sky scrambles an ocean
Que todo lo sepulta...	That buries everything...
Al fin, mundo fatal, nos separamos:	In the end, fatal world, we separate:
El huracán y yo solos estamos.	The hurricane and I are alone.

¡Sublime tempestad!	Sublime tempest!
¡Cómo en tu seno,	As in your bosom,
De tu solemne inspiración henchido,	From solemn inspiration swollen,
Al mundo vil y miserable olvido	To vile world, miserable oblivion
Y alzo la frente de delicia lleno!	And I raise my face full of pleasure!
¿Dó está el alma cobarde	Where is the cowardly soul
Que teme tu rugir, ... ?	who fears your roar...?
Yo en ti me elevo	I rise up in you
Al trono del Señor:	To the Lord's throne:
oigo en las nubes	I hear in the clouds
El eco de su voz;	The echo of his voice;
siento a la tierra	I feel the earth
Escucharle y temblar.	Listen to him and tremble.
Ferviente lloro	Feverish tears
Desciende por mis pálidas mejillas,	Descend my pale cheeks,
Y su alta majestad	And your high majesty
trémulo adoro.	I, trembling, adore.

A la estrella de Cuba

¡Libertad! ya jamás sobre Cuba	Liberty! Now never over Cuba
Lucirán tus fulgores divinos.	Will your divine lights shine.
Ni aun siquiera	We even lack,
nos queda ¡mezquinos!	miserable ones!
De la empresa sublime el honor.	The honor of the sublime enterprise.
¡O piedad insensata y funesta!	Oh dark and senseless pity!
¡Ay de aquél que es humano	Woe to he who is human
y conspira!	and conspires!
Largo fruto de sangre y de ira	Long fruit of blood and ire
Cogerá de su mísero error.	He reaps from his miserable error.

Al sonar nuestra voz elocuente	When our eloquent voice sounded
Todo el pueblo en furor se abrasaba,	All the people in fury embraced,

Y la estrella de Cuba se alzaba	And Cuba's star rose up
Más ardiente y serena que el sol.	More fiery and serene than the sun.
De traidores y viles tiranos	The lives of traitors, vile tyrants
Respetamos clementes la vida,	We respect with clemency
Cuando un poco de sangre vertida	When with a little blood shed
Libertad nos brindaba con honor.	Liberty toasted us with honor.
Hoy el pueblo	Today the people,
de vértigo herido	wounded with vertigo
Nos entrega al tirano insolente	Give us the insolent tyrant
Y cobarde y estólidamente	And with cowardice and stupidity
No ha querido la espada sacar.	Has not wanted to draw the sword.
¡Todo yace disuelto, perdido!	Everything lies dissolved, lost!
Pues de Cuba y de mí	Because I despair for Cuba
desespero,	and myself,
Contra el hado terrible, severo,	Against the terrible, severe destiny
Noble tumba mi asilo será	My asylum shall be a noble tomb.

Figura 12.4 La estrella de Cuba

Los cobardes ocultan su frente,	The cowards hide their faces,
La vil plebe al tirano se inclina,	The vile masses bow to the tyrant
Y el soberbio amenaza,	And he arrogantly threatens,
fulmina,	fulminates,
Y se goza en victoria fatal.	And enjoys his fatal victory.
¡Libertad! A tus hijos tu aliento	Liberty! To your children breath
En injusta prisión más inspira;	In unjust prison inspires more;
Colgaré de sus rejas mi lira,	I will hang my lyre on the bars,
Y la gloria templarla sabrá.	And glory will know to tune it.
Si el cadalso me aguarda,	If the gallows awaits me,
en su altura	in its heights
Mostrará mi sangrienta cabeza	I will show my bloodied head

Monumento de hispana fiereza,
Al secarse a los rayos del sol.
El suplicio al patriota
    no infama;
Y desde él mi postrero gemido
Lanzará del tirano al oído
Fiero voto de eterno rencor.

Monument to Spanish ferocity,
Drying in the rays of the sun.
Execution does not defame
    the patriot
And from it my last cry
Will hurl against the tyrant's ear
A fierce wish of eternal hatred.

Jorge Isaacs

Jorge Isaacs (1832-1894) fue el autor de María, la novela romántica más leída del siglo XIX en América Latina, y ejemplo clásico de su género. Fue hijo de un judío inglés que prosperó con sus propiedades en el Valle del Cauca, Colombia. En la finca "El Paraíso", cerca de Cali (todavía existe) se crió Jorge Isaacs, en un ambiente bucólico. La novela es autobiográfica y sencilla: el joven Efraín se enamora de su prima María al regresar a su finca cerca de Cali después de años de estudio en Bogotá. Pasan unos breves meses en casto delirio de primer amor, pero María padece de una enfermedad fatal, los padres se oponen a la relación, y Efraín se traslada a Europa para estudiar medicina. Cuando regresa, María ya ha fallecido.

Figura 12.5 Isaacs

La popularidad de María radica en su sencillez, sus profundos sentimientos, los breves momentos de júbilo, y después el desenlace trágico e inevitable. Los augurios, los símbolos y los presagios no dejan ninguna duda acerca de la muerta prematura de María. El paisaje es un protagonista en la novela, y es una mezcla de realismo e idealización. Otro aspecto interesante es el elemento costumbrista cuando Isaacs describe la gente, las actividades, y los pormenores de la manera de ser del pueblo del Valle de Cauca y Cali. En esto Isaacs es un precursor del costumbrismo de mediados y fines del siglo XIX.

María por Jorge Isaacs

(Fragmentos de los Capítulos LXIV y LXV, que son los últimos de la novela: María ya ha muerto. Efraín regresa de Europa a la casa de sus padres y Emma, la prima de María, le cuenta las últimas horas de la vida de María. Efraín se retira a su cuarto, aplastado por la tragedia).

... Teniendo entre mis manos las trenzas de María y recostado en el sofá en que Emma le había oído sus postreras confidencias, dio las dos el reloj: él había medido también las horas de aquella noche angustiosa, víspera de mi viaje; él debía medir las de la última que pasé en la morada de mis mayores.

Soñé que María era ya mi esposa: ese castísimo delirio había sido y debía continuar siendo el único deleite de mi alma: vestía un traje blanco vaporoso y llevaba un delantal azul, azul como si hubiese sido formado de un jirón de cielo: era aquel delantal que tantas veces le ayudé a llenar de flores, y que ella sabía atar tan linda y descuidadamente a su cintura inquieta, aquí en que había yo encontrado envueltos sus cabellos: entreabrió cuidadosamente la puerta de mi cuarto, y procurando no hacer ni el más leve ruido con sus ropajes, se arrodilló sobre la alfombra al pie del sofá: después de mirarme medio sonreída, cual si temiera que mi sueño fuese fingido, tocó mi frente con sus labios suaves como el terciopelo de los lirios del Paéz. Menos temerosa

...Holding in my hands Maria's braided hair, and lying on the sofa on which Emma had heard Maria's last words, I heard the clock strike two: the same clock had measured the hours of that anguished night before my trip, and it was now to measure the last hours that I would spend in the home of my elders.

I dreamt that Maria was now my wife: this most chaste delirium had been and would continue to be the only pleasure left in my life. She was wearing a vaporous white dress and a blue apron, blue as if it had been formed by a splinter from the sky. It was the same apron which so many times I had helped her fill with flowers, and which she knew how to tie so prettily and casually around her restless waist. I had found her braids wrapped in this apron. She opened the door to my room carefully, being sure not to make the slightest sound with her clothes, and then she kneeled on the rug at the foot of the sofa. After looking at me with a little half smile, as if she was afraid that I was only pretending to sleep, she touched my forehead with her lips as soft as the velvet of Paez. Less

ya de mi engaño, me dejó aspirar un momento su aliento tibio y fragante; pero entonces esperé inútilmente que oprimiera mis labios con los suyos: se sentó en la alfombra, y mientras leía algunas de las páginas dispersas en ella, tenía sobre la mejilla una de mis manos que pendía sobre los almohadones; sintiendo ella animada esa mano, volvió hacia mí su mirada llena de amor, sonriendo como ella sola podía sonreír: atraje sobre mi pecho su cabeza, y reclinada así, buscaba mis ojos mientras le orlaba yo la frente con sus trenzas sedosas o aspiraba con deleite su perfume de albahaca.

Un grito, grito mío, interrumpió aquel sueño: la realidad lo turbaba celosa como si

fearful now of my little deceit, she let me feel for a moment her warm and fragrant breath. But I waited in vain for her to press her lips against mine. She sat on the rug, and as she read some of the pages spread out on the floor, she rested her cheek on one of my hands which was resting on the cushions. Feeling that hand move, she turned towards me and gazed with a look full of love, smiling as only she could smile. I drew her head against my chest, and reclining thus she searched for my eyes as I adorned her forehead with her silken braids or breathed her basil perfume with pleasure.

A cry, my own cry, interrupted this dream. Jealous reality disturbed my dream as if that

Figura 12.6 Efraín y María

aquel instante hubiese sido un siglo de dicha. La lámpara se había consumido; por la ventana penetraba el viento frío de la madrugada; mis manos estaban yertas y oprimían aquellas trenzas, único despojo de su belleza, única verdad de mi sueño.

En la tarde de ese día, durante el cual había visitado yo todos los sitios que me eran queridos, y que no debía volver a ver, me preparaba para emprender viaje a la ciudad, pasando por el cementerio de la Parroquia donde estaba la tumba de María. Juan Angel y Braulio se habían adelantado a esperarme en él, y José, su mujer y sus hijas me rodeaban ya para recibir mi despedida. Invitados por mí me siguieron al oratorio, y todos de rodillas, todos llorando, oramos por el alma de aquélla a quien tanto habíamos amado. José interrumpió el silencio que siguió a esa oración solemne para recitar una súplica a la protectora de los peregrinos y navegantes.

Ya en el corredor, Tránsito y Lucía, después de recibir mi adiós, sollozaban cubierto el rostro y sentados en el pavimento: José, volviendo a un lado la faz para ocultarme sus lágrimas, me esperaba teniendo el caballo del cabestro al pie de la gradería: Mayo, meneando la cola y tendido en el gramal, espiaba todos mis movimientos como cuando en sus

instant had been a century of pleasure. The lamp had burned out; through the window I felt the cold wind of dawn. My hands were stiff and pressed those braids, the only thing I had left of her beauty, and the only reality of my dream.

During the afternoon of that day, during which I visited all the sites which were dear to me, and which I would never see again, I prepared to begin my trip to the city, passing through the Parish cemetery where Maria's tomb was located. Juan Angel and Braulio had gone on ahead to wait for me, and José, his wife and daughters now surrounded me to receive my farewell. At my invitation, they followed me into the chapel, and all kneeling, all crying, we prayed for the soul of she who we had loved so much. José interrupted the silence which followed that solemn prayer with a plea to the protector of pilgrims and travelers.

Now in the corridor, Transito and Lucia, after receiving my good-bye, sat on the pavement and sobbed, covering their faces. José, turning his face away to hide his tears from me, was waiting for me, holding my horse by the halter at the foot of the steps. Mayo, the old family dog, wagged his tail and lay in the grass, watching all my movements as he did in his days

días de vigor salíamos a caza de perdices.

Me faltó la voz para decir una postrera palabra cariñosa a José y a sus hijas; ellos tampoco la habrían tenido para responderme.

A pocas cuadras de la casa me detuve antes de emprender la bajada a ver una vez más aquella mansión querida y sus contornos. De las horas de felicidad que en ella había pasado, sólo llevaba conmigo el recuerdo; de María, los dones que me había dejado al borde de su tumba.

Llegó Mayo entonces, y fatigado se detuvo a la orilla del torrente que nos separaba: dos veces intentó vadearlo y en ambas hubo de retroceder: se sentó sobre el césped y aulló tan lastimosamente como si sus alaridos tuviesen algo de humano, como si con ellos quisiera recordarme cuánto me había amado, y reconvenirme porque lo abandonaba en su vejez.

A la hora y media me desmontaba a la portada de una especie de huerto, aislado en la llanura y cercado de palenque; era el cementerio de la aldea. Braulio, recibiendo el caballo y participando de la emoción que descubría en mi rostro, empujó una hoja de la puerta y no dio un paso más. Atravesé por en medio de las malezas y de las cruces de leño y de guadua que se levantaban sobre

of vigor when we hunted partridges.

I could not find my voice to speak a final kind word to José and his daughters; nor could they have found words to respond.

A few blocks from the house I paused before descending into the draw and looked one more time at that beloved mansion and its surroundings. From the hours of happiness I had spent in the house I only carried with me memories; of Maria, and the gifts she had left me at the edge of her grave.

Mayo arrived then, and fatigued, he paused at the edge of the torrent which separated us: twice he tried to ford the stream and both times he had to retreat. He then sat on the grass and howled so painfully that it almost seemed as if his cries were human, as if he was trying to tell me how much he had loved me, and to reproach me for abandoning him in his old age.

An hour and a half later I dismounted at the gate to a sort of orchard, isolated on the plain, and fenced in with boards: it was the local cemetery. Braulio, receiving my horse and sharing the emotion which he saw in my face, pushed open the gate and stopped. I passed through amidst the brush and the crosses of wood and bamboo that were raised up above the growth. The setting sun pushed through the

ellas. El sol al ponerse cruzaba el ramaje enmarañado de la selva vecina con algunos rayos, que amarilleaban sobre los zarzales y en los follajes de los árboles que sombreaban las tumbas. Al dar la vuelta a un grupo de corpulentos tamarindos quedé enfrente de un pedestal blanco y manchado por las lluvias, sobre el cual se elevaba una cruz de hierro: me acerqué. En una plancha negra que las adormideras medio ocultaban ya, empecé a leer: "María..."

En aquel monólogo terrible del alma ante la muerte, del alma que la interroga, que la maldice... que le ruega, que la llama... demasiado elocuente respuesta dio esa tumba fría y sorda, que mis brazos oprimían y mis lágrimas bañaban.

El ruido de unos pasos sobre la hojarasca me hizo levantar la frente del pedestal: Braulio se acercó a mí y entregándome una corona de rosas y azucenas, obsequio de las hijas de José, permaneció en el mismo sitio como para indicarme que era hora de partir. Me puse en pie para colgarla de la cruz, y volví a abrazarme a los pies de ella para darle a María y a su sepulcro un último adiós...

Había ya montado, y Braulio estrechaba en sus manos una de las mías, cuando el revuelo de un ave que al pasar sobre nuestras cabezas dio un graznido siniestro y

intertwined branches and the overgrowth with a few rays, which threw their yellow light on the brambles and the foliage of the trees that shaded the graves. Coming around the edge of a group of thick tamarinds I stood in front of a white and rain-stained pedestal, on which there was raised a cross of iron; I drew near. On the black plate which the poppies were already half-covering, I began to read: "Maria..."

In that terrible monologue between the soul and death, of the soul that asks, that curses ... that begs... that calls out for her ... and the answer from the cold and deaf tomb was all too eloquent, as I embraced it and washed it with my tears.

The sound of steps on the dry leaves made me raise up my face from the pedestal: Braulio came closer and handed me a wreath of roses and lilies, a gift from Jose's daughters. He stayed there as if to tell me that it was time to leave. I stood up to place the wreath on the cross, and I embraced the tombstone again to give Maria and her sepulchre one final good-bye...

I mounted my horse, and while I shook hands with Braulio a bird flew over us, beating its wings and giving out a sinister caw well known to me. The bird

conocido para mí, interrumpió nuestra despedida: la vi volar hacia la cruz de hierro, y posada ya en uno de sus brazos, aleteó repitiendo su espantoso canto.

Estremecido partí a galope por en medio de la pampa solitaria, cuyo vasto horizonte ennegrecía la noche.

interrupted our farewell: I saw it fly to the cross of iron, and resting on one of its arms, beat its wings again and repeated its frightful song.

Shaking, I fled at a gallop in the middle of the solitary plain, whose vast horizon was blackened by the falling of night.

Figura 12.7 El Valle del Cauca, Colombia

Lección 13. Romanticismo:
Echeverría, Gómez de Avellaneda

Estéban Echeverría

Estéban Echeverría (1805-1851) es (quizás acompañado por Sarmiento) el mejor ejemplo de la fase política del romanticismo. Echeverría vivió una juventud escandalosa, pero después de la muerte de sus padres empezó a tomar la vida en serio. Viajó a Europa donde se empapó con los escritos de los románticos franceses e ingleses, y se le arraigó una férrea determinación de luchar contra el despotismo en su patria. Aunque escribió poesías y ensayos, se le recuerda más que

Figura 13.1 Echeverría

nada por un cuento, *El Matadero*, que es un fuerte ataque al dictador Juan Manuel Rosas, llamado "el Restaurador" por sus seguidores.

Para entender el significado de la obra y del autor, tenemos que saber algo de la historia política de la Argentina después de su independencia (1810-1816). Lograda la separación de España, Argentina fue el escenario de una dura lucha entre la ciudad-puerto de Buenos Aires, y los caudillos del interior. Buenos Aires representaba el aspecto cosmopolita y refinado del país, con una orientación hacia Europa (principalmente Francia e Inglaterra). Haciendo un fuerte contraste, las pampas del interior representaban el aspecto duro y a veces cruel de la

vida del resto del país. La tendencia política denominada "Unitaria" abogaba por un gobierno centralizado e unificado bajo el poder de Buenos Aires. Sus enemigos políticos eran los Federales, que querían un sistema descentralizado, con autonomía de los centros provinciales (de ahí su nombre). Entre los años 1830 y 1850 el poder estaba en manos de los Federales, y uno de estos, el caudillo de la provincia (no la ciudad) de Buenos Aires, Juan Manuel Rosas, tomó la ciudad y ejerció una férrea dictadura, persiguiendo a los Unitarios sin piedad.

Echeverría y muchos intelectuales de la ciudad de Buenos Aires fueron objeto de una opresión especial por parte de Rosas y sus seguidores, los más brutales de los cuales formaron una especie de policía secreta llamada "la mazorca". (Juego de palabras: "mazorca de maíz", y "más horca"). Echeverría escribió una serie de ensayos protestando los excesos de Rosas, y tuvo que esconderse en una estancia y después escaparse a Montevideo. En este período de exilio escribe su poderosa crítica de la época Rosista, *El Matadero*. Es un cuento relativamente breve, pero su importancia es la metáfora explícita en que la dictadura rosista se asemeja a un matadero brutal y salvaje.

Uno se podría preguntar ¿qué tiene que ver esto con el romanticismo? En parte es la lucha política del liberalismo contra el despotismo, pero también el hecho que el evento central del cuento es la captura, el tormento, y la muerte de un joven unitario, que es, en su esencia, un héroe romántico trágico que muere con dignidad combatiendo un destino abrumador. Algunos críticos han visto en *El Matadero* algunos indicios de dos corrientes literarias posteriores: el costumbrismo por la atención a la manera de ser de la gente de campo, y el naturalismo por el uso del detalle realista terrible y hasta obsceno para provocar el cambio sociopolítico.

El Matadero

El Matadero de la Convalecencia o del Alto, sito en las quintas al sud de la ciudad, es una gran playa en forma rectangular, colocada al extremo de dos calles, una de las cuales allí termina y la otra se prolonga hasta el este. Esta playa, con declive al sud, está cortada por un zanjón

The slaughterhouse of the Convalecencia, or of El Alto, located among the farms to the south of the city, is a great open area in the form of a rectangle, located at the far end of two streets, one of which ends there; the other continues to the east. This open area, with a slope to the south, is

labrado por la corriente de las aguas pluviales, en cuyos bordes laterales se muestran innumerables cuevas de ratones y cuyo cauce recoge en tiempo de lluvia toda la sangraza seca o reciente del Matadero. En la junción del ángulo recto, hacia el oeste, está lo que llaman la casilla, edificio bajo, de tres piezas de media agua con corredor al frente que da a la calle y palenque para atar caballos, a cuya espalda se notan varios corrales de palo a pique de ñandubay con sus fornidas puertas para encerrar el ganado. ...

Mas, de repente, la ronca voz de un carnicero gritó:

-¡Allí viene un unitario! -y al oír tan significativa palabra toda aquella chusma se detuvo como herida de una impresión subitánea.

-¿No le ven la patilla en forma de U? No trae divisa en el fraque ni luto en el sombrero.

-Perro unitario.

-Es un cajetilla.

-Monta en silla como los gringos.

-La Mazorca con él.

-¡La tijera!

-Es preciso sobarlo.

-Trae pistoleras por pintar.

-Todos estos cajetillas unitarios son pintores como el diablo.

-¿A que no te animas, Matasiete?

-¿A que no?

-A que sí.

intersected by a ditch cut by the flow of rainwater. On the edges of the ditch are innumerable rat holes; and the ditch carries in time of rain all the dry or recent gore from the Slaughterhouse. In one corner, to the east, is found what they call the "casilla" or little house, a low building, with three rooms and a flat roof and a porch which faces the street, and a hitching post for tying up horses. Behind the casilla are several corrals made of ñandubay wood, with strong gates to lock up the cattle. ...

Suddenly, the hoarse shout of a butcher cried out:

"Here comes a Unitarian". And upon hearing such a memorable word, that whole mob stood still as if struck by lightning.

"Don't you see his U-shaped sideburns? And he is not wearing the insignia on his coat, or the sign of mourning on his hat"

"Unitarian dog"

"That little dandy"

"He rides a gringo saddle"

"Give him the mazorca"

"The shears!"

"Let's beat him up"

'He even has holsters to show off"

"All those Unitarian dandies are show-offs"

"We dare you to, Matasiete"

"You dare me?"

"Yeah"

Matasiete era un hombre de pocas palabras y de mucha acción. Tratándose de violencia, de agilidad, de destreza en el hacha, el cuchillo o el caballo, no hablaba y obraba. Lo habían picado: prendió la espuela a su caballo y se lanzó a brida suelta al encuentro del unitario.

Figura 13.2 Matasiete

Matasiete was a man of few words and a lot of action. When the matter at hand had to do with violence, with agility, with skill with the axe, the knife or the horse, he used actions and not words. They had challenged him: he spurred his horse and gallope, loose-reined to meet the Unitarian.

Era éste un joven como de veinticinco años, de gallarda y bien apuesta persona, que mientras salían en borbotones de aquellas desaforadas bocas las anteriores exclamaciones, trotaba hacia Barracas, muy ajeno de temer peligro alguno. Notando, empero, las significativas miradas de aquel grupo de dogos de matadero, echa maquinalmente la diestra sobre las pistoleras de su silla inglesa, cuando una pechada al sesgo del caballo de Matasiete lo arroja de los lomos del suyo tendiéndolo a la distancia boca arriba y sin movimiento alguno.

The Unitarian was a young man of about twenty-five years, of elegant and debonair bearing, who, as he trotted towards Barracas was unaware of any danger as those violent exclamations poured forth from those impudent mouths. When he noted the meaningful looks of that group of slaughterhouse curs, he automatically moved his right hand to the holster on his English saddle. But before he could draw, Matasiete's horse crashed into his and threw him into the air, and he landed some distance away from his horse, face up, stunned.

-¡Viva Matasiete! - exclamó toda aquella chusma, cayendo en tropel sobre la víctima como los caranchos rapaces sobre la osamenta de un buey devorado por el tigre. ...

"Viva Matasiete!", exclaimed the slaughterhouse gang, running toward the victim like scavenger birds falling on the bones of an ox devoured by the tiger. ...

-Deguéllalo, Matasiete; quiso sacar las pistolas. Deguéllalo como al toro.

"Cut his throat, Matasiete; he wanted to draw his pistols. Cut his throat like you did the bull's."

-Pícaro unitario.
     Es preciso tusarlo.
-Tiene buen pescuezo para el violín.
-Tócale el violín.
-Mejor es la resbalosa.
-Probaremos- dijo Matasiete, y empezó sonriendo a pasar el filo de su daga por la garganta del caído, mientras con la rodilla izquierda le comprimía el pecho y con la siniestra mano le sujetaba por los cabellos.
-No, no lo deguellen- exclamó de lejos la voz imponente del juez del Matadero que se acercaba a caballo.
-A la casilla con él, a la casilla. Preparen la mazorca y las tijeras. ¡Mueran los salvajes unitarios! ¡viva el Restaurador de las leyes!

-¡Viva Matasiete!
-¡Mueran! ¡vivan! -repitieron en coro los espectadores, y atándolo codo con codo, entre moquetes y tirones, entre vociferaciones e injurias, arrastraron al infeliz Joven al banco del tormento, como los sayones al Cristo.
     El joven, en efecto, estaba fuera de si de cólera. Todo su cuerpo parecía estar en convulsión. Su pálido y amoratado rostro, su voz, su labio trémulo, mostraban el movimiento convulsivo de su corazón, la agitación de los nervios. Sus ojos de fuego parecían salirse de las órbitas, su negro y

"Unitarian scoundrel.
     Let's shave him"
"He has a good throat for the violin"
"Let's play the violin on him. Better yet, give the Slippery-one"
"Let's try it", said Matasiete, and with a smile he ran the edge of his knife over the victim's neck, while he pressed his chest with his knee and held him by the hair with his left hand.
"No, don't cut his throat" came from afar the imposing voice of the Slaughterhouse judge who drew near on horse.
"Take him to the casilla. Yes, the casilla. Prepare the noose and the shears. Death to the savage Unitarians! Long live the Restorer of the laws!"
"Long live Matasiete"
"Death!" "Long live!" the spectators cried out in chorus, and tying the unfortunate young man's elbows together, rained blows and shoves on him, dragging him to the torture table, like the executioners of Christ.
     The young man, in effect, was beside himself with fury. His whole body seemed to be convulsed. His pale and mottled face, his voice, his trembling lip, all showed the convulsive beating of his heart and the agitation of his nerves. His fiery eyes seemed to bulge out of their sockets, and his long black hair

lacio cabello se levantaba erizado. Su cuello desnudo y la pechera de su camisa dejaban entrever el latido violento de sus arterias y, la respiración anhelante de sus pulmones.

-¿Tiemblas?- le dijo el juez.
-De rabia, porque no puedo sofocarte entre mis brazos.
-¿Tendrías fuerza y valor para eso?
-Tengo de sobra voluntad y coraje para ti, infame.
-A ver las tijeras de tusar mi caballo: túsenlo a la federala. ...

Un negro petiso púsole al punto delante, con un vaso de agua en la mano. Dióle el joven un puntapié en el brazo y el vaso fue a estrellarse en el techo, salpicando el asombrado rostro de los espectadores.
-Este es incorregible.
-Ya lo domaremos.
-Silencio- dijo el juez -ya estas afeitado a la federala, solo te falta el bigote. Cuidado con olvidarlo. Ahora vamos a cuentas.

-¡Por qué no traes divisa?
-Porque no quiero.
-¿No sabes que lo manda el Restaurador?
-La librea es para vosotros, esclavos, no para los hombres libres.
-A los libres se les hace llevar a la fuerza.

bristled. His bare neck and open shirt front showed the violent beating of his arteries and his anxious breathing.

"Are you trembling?" asked the Judge.
"Out of rage, because I can't choke you."
"Would you have the strength and courage to do that?"
"I have more than enough will and courage to do that, you bastard."
"Get my horse shears and shave him Federal-style." ...

A short black man stood in front of him with a glass of water in his hand. The young Unitarian kicked his arm and the glass flew up and hit the ceiling, spattering its contents on the astonished faces of the spectators.
"This fellow is incorrigible!"
"We'll calm him down."
"Silence" said the Judge. "Now you are shaved Federal-style, and all you need is the moustache. Don't forget it. Let's get down to business. Why aren't you wearing the insignia?"
"Because I don't want to."
"Don't you know that the Restorer has ordered it?"
"That insignia becomes you, slaves, but it is not for free men."

"Then we'll force free men to wear it."

-Sí, la fuerza y la violencia bestial. Esas son vuestras armas, infames. El lobo, el tigre, la pantera, también son fuertes como vosotros. Deberás andar como ellos, en cuatro patas.

-¡No temes que el tigre te despedace?

-Lo prefiero a que, maniatado, me arranquen, como el cuervo, una a una las entrañas.

-¿Por qué no llevas luto en el sombrero por la heroína?

-Porque lo llevo en el corazón por la Patria, por la Patria que vosotros habéis asesinado, infames.

¿No sabes que así lo dispuso el Restaurador?

-Lo dispusisteis vosotros, esclavos, para lisonjear el orgullo de vuestro señor y tributarle vasallaje infame.

-¡Insolente!, te has embravecido mucho. Te haré cortar la lengua si chistas. -Abajo los calzones a ese mentecato cajetilla y a nalga pelada denle verga, bien atado a la mesa.

Apenas articuló esto el juez, cuatro sayones salpicados de sangre suspendieron al joven y lo tendieron largo a largo sobre la mesa comprimiéndole todos sus miembros.

-Primero degollarme que desnudarme, infame canalla.

Atáronle un pañuelo a la boca y empezaron a tironear sus vestidos. Encogíase el joven,

"Yes, force and bestial violence. Those are your weapons, you bastards. The wolf, the tiger, the panther, also are strong like you. You should walk like them, on all fours."

"Aren't you afraid the tiger will chew you up?"

"I'd rather have that happen, than be tied up and have you tear out my guts, little by little."

"Why aren't you wearing the sign of mourning for the Heroine?"

"Because I carry the sign of mourning in my heart for the Motherland, the Motherland that you have destroyed, you bastards."

"Don't you know the Restorer has ordered it?"

"You decided that, you slaves, to flatter the pride of your lord and give him your bastard vassal tribute."

"Insolent! You are getting very brave. I'll have your tongue cut out if you say another word. Pull this wise guy's pants down, tie him to the table, and beat his bare ass."

No sooner had the Judge ordered this, when four blood-spattered executioners grabbed the young man and laid him out on the table, holding down his limbs.

"Rather cut my throat than strip me, you bastards."

They muzzled him with a handkerchief and started to strip off his clothes. The young man

pateaba, hacía rechinar los dientes. Tomaban ora sus miembros la flexibilidad del junco, ora la dureza del fierro y su espina dorsal era el eje de un movimiento parecido al de la serpiente. Gotas de sudor fluían por su rostro, grandes como perlas; echaban fuego sus pupilas, su boca espuma, y las venas de su cuello y frente negreaban en relieve sobre su blanco cutis como si estuvieran repletos de sangre.

-Atenlo primer- exclamó el juez.

-Está rugiendo de rabia- articuló un sayón.

En un momento liaron sus piernas en ángulo a los cuatro pies de la mesa, volcando su cuerpo boca abajo. Era preciso hacer igual operación con las manos, para lo cual soltaron las ataduras que la comprimían en la espalda. Sintiéndolas libres el joven, por un movimiento brusco en el cual pareció agotarse toda su fuerza y vitalidad, se incorporó primero sobre sus brazos, después sobre sus rodillas y se desplomó al momento murmurando:

-Primero degollarme que desnudarme, infame canalla.

Sus fuerzas se habían agotado. Inmediatamente quedó atado en cruz y empezaron la obra de desnudarlo. Entonces un torrente de sangre brotó borbolloneando de la boca y las narices del joven, y extendiéndose empezó a caer a chorros por entrambos lados de la

struggled, kicked, ground his teeth. His limbs for an instant were as flexible as reeds, then as stiff as iron, and his spinal column was the axis of movement that seemed like a snake's. Beads of sweat beaded his face, as large as pearls; his eyes burned, his mouth foamed, and the veins in his neck and chest were dark in contrast with his pale skin as if they were bursting with blood.

"Tie him first" exclaimed the Judge.

"He's roaring with rage" said one of the executioners.

In an instant they had his legs tied at an angle to the four feet of the table, and his body turned face down. It was necessary to do the same thing with his hands, and for this they loosened the bonds that held his arms together and compressed his shoulders. Feeling his arms free, for a short instant in which he seemed to spend all his energy and vitality, the young man jerked upright, leaning first on his arms, and then up on his knees. But then he collapsed, murmuring:

"Rather cut my throat than strip me,you bastards."

His strength had been drained. Immediately they tied him to the table as if on a cross and began the task of stripping him. Then a torrent of blood bubbled out of the young man's mouth and nose, and streamed out, spreading over both sides of the table. The executioners

mesa. Los sayones quedaron inmóviles y los espectadores estupefactos.

-Reventó de rabia el salvaje unitario- dijo uno.

-Tenía un río de sangre en las venas- articuló otro.

-Pobre diablo: queríamos únicamente divertirnos con él y tomó la cosa demasiado a lo serio- exclamó el juez frunciendo el ceño de tigre-. Es preciso dar parte; desátenlo y vamos.

Verificaron la orden: echaron llave a la puerta y en un momento se escurrió la chusma en pos del caballo del juez cabizbajo y taciturno.

Los federales habían dado fin a una de sus innumerables proezas.

En aquel tiempo los carniceros degolladores del Matadero eran los apóstoles que propagaban a verga y puñal la federación rosina, y no es difícil imaginarse qué federación saldría de sus cabezas y cuchillas- Llamaban ellos salvaje unitario, conforme a la jerga inventada por el Restaurador, patrón de la cofradía, a todo el que no era degollador, carnicero, ni salvaje, ni ladrón; a todo hombre decente y de corazón bien puesto, a todo patriota ilustrado amigo de las luces y de la libertad; y por el suceso anterior puede verse a las claras que el foco de la federación estaba en el Matadero.

stood still, and the spectators were stunned.

"The savage Unitarian burst from rage" said one.

"He had a river of blood in his veins" said another.

"Poor devil. We only wanted to have a little fun with him and he took it too seriously" exclaimed the Judge, scowling his tiger's brows. "We have to file a report. Untie him and let's go."

They carried out his order: then they locked the door and in a moment the gang scurried behind the horse bearing the Judge, downcast and taciturn.

The Federals had finished one more of their innumerable deeds.

In those days the cut-throat executioners of the Slaughterhouse were apostles of Rosas Federation, who propagated the word with club and knife. It is not hard to imagine what kind of a federation would emerge. They would call a "savage Unitarian" (according to the jargon ordered by the Restorer, patron of the gang) anyone who was not a cut-throat, butcher, savage, or thief; any decent man with a good heart, any patriot, enlightened friend of knowledge and of freedom. And from the events described we can clearly see that the roots of the Federation were in the Slaughterhouse.

Gertrudis Gómez de Avellaneda

La escritora cubana Gertrudis Gómez de Avellaneda (1814-1873) fue la más prolífica y lírica de su época, y hace un fuerte contraste con Echeverría, aunque el amor por la patria es un elemento importante que tienen en común.

La Avellaneda (como la llamaban) tuvo grandes altibajos en su vida. Se entregaba a los amores con una pasión desencadena, pero la mayoría de sus encuentros románticos tuvieron una desenlace trágico, y que muchas veces escandalizó a sus contemporáneos.

Figura 13.3 La Avellaneda

A los veintidós años se ve obligada a acompañar a sus padres a España, y expresa su tristeza al abandonar su patria con gran elocuencia y lirismo en el poema "Al partir". Tuvo gran éxito literario en España, pero su vida apasionada le obstaculizó la aceptación entre la alta sociedad española, y no logró entrar a la Real Academia. En Espãna se enamoró de un tal Ignacio de Cepeda, pero parece que éste, por miedo o envidia de su capacidad intelectual y artística, no correspondió el amor y se casó con otra mujer, evento que provocó el poema triste y amargo, "A él".

Además de sus poemas, Gertrudis Gómez de Avellaneda se destaca por una novela anti-esclavista, y por sus ensayos feministas. Tarde en su vida pudo regresar por unos breves años a Cuba, donde fue proclamada la poetisa nacional del país.

Al partir

¡Perla del mar!	Pearl of the sea!
¡Estrella de Occidente!	Star of the West!
¡Hermosa Cuba! Tu brillante cielo	Beautiful Cuba. Your brilliant sky
la noche cubre con su opaco velo,	covers the night with opaque veil
como cubre el dolor mi triste frente.	just as pain covers my sad face.
¡Voy a partir!	I am leaving.
La chusma diligente,	The diligent crew

para arrancarme del nativo suelo,
las velas iza, y pronta
   a su desvelo
la brisa acude de
   tu zona ardiente.
¡Adiós, patria feliz,
   edén querido!
¡Doquier que el hado en
   su furor me impela,
tu dulce nombre halagará mi oído!
	to rip me from my native soil,
	raises the sails,
	   and soon they will fill
	with breezes from
	   your ardent zone.
	Farewell, happy motherland,
	   beloved Eden!
	Wherever fate in its fury
	   impels me,
	your sweet name pleases my ear!

¡Adiós!...¡Ya cruje
   la turgente vela.
en ancla se alza ...
   el buque, estremecido,
las olas corta y silencioso vuela!
	Farewell!... The sail is groaning
	the anchor is raised...
	   the boat, shuddering,
	cuts through waves, silently flies!

Romance (Contestando a otro de una señorita)

No soy maga ni sirena, ni querub ni pitonisa, como en tus versos galanos me llamas hoy, bella niña.	I am neither magician nor siren, nor cherub nor enchantress, as in your gallant verses you called me today, beautiful girl.
Gertrudis tengo por nombre, cual recibida en la pila; me dice Tula mi madre, y mis amigos la imitan.	Gertrudis is my name, given to me at the baptismal font; my mother calls me Tula, and my friends imitate her.
Prescinde, pues, te lo ruego, de las Safos y Corinas, y simplemente me nombra Gertrudis, Tula o amiga.	Leave aside then, I beg you, all the Safos and Corinas, and simply call me Gertrudis, Tula or friend.
No, no aliento ambición noble, como engañada imaginas, de que en páginas de gloria mi humilde nombre se escriba.	No, I have no noble ambition, as you mistakenly imagine, that in the pages of glory my humble name might be written.

Canto como canta el ave,	I sing as the bird sings,
como las ramas se agitan,	as the branches are moved,
como las fuentes murmuran,	as the fountains murmur,
como las auras suspiran.	as the golden skies sigh.
Canto porque al cielo plugo	I sing because heaven pleased
darme el estro que me anima;	to give me the inspiration;
como dio brillo a los astros,	as it gave brilliance to the stars,
como dio al orbe armonías.	as it gave harmony to the world.
Canto porque hay en mi pecho	I sing because in my breast
secretas cuerdas que vibran	there are secret chords that vibrate
a cada afecto del alma,	to each affection of the soul,
a cada azar de la vida.	to each chance of life.
Canto porque hay luz y sombras,	I sing because of light, shadows,
porque hay pesar y alegría,	because there is sadness and joy,
porque hay temor y esperanza,	because there is fear and hope,
porque hay amor y hay perfidia.	because there is love and treachery.
Canto porque existo y siento,	I sing because I exist and feel,
porque lo grande me admira,	because I admire greatness,
porque lo bello me encanta,	because beauty enchants me,
porque lo malo me irrita.	because the bad irritates me.
Canto porque ve mi mente	I sing because my mind sees
concordancias infinitas,	infinite concordances,
y placeres misteriosos,	and mysterious pleasures,
y verdades escondidas.	and hidden truths.
Canto porque hay en los seres	I sing because every being
sus condiciones precisas:	has its precise conditions:
corre el agua, vuela el ave,	the water flows, the bird flies,
silba el viento, y el sol brilla.	the wind whistles, and the sun shines.
Canto sin saber yo propia	I sing without knowing myself
lo que el canto significa,	what the song means,
y si al mundo, que lo escucha,	and whether for the listening world,
asombro o lástima inspira.	it inspires astonishment or pity.

El ruiseñor no ambiciona
que lo aplaudan cuando trina...
Latidos son de su seno
sus nocturnas melodías.

Modera pues, tu alabanza,
y de mi frente retira
la inmarchitable corona
que tu amor me pronostica.

Premiados nobles esfuerzos,
sienes más heroicas ciña;
que yo al cantar sólo cumplo
la condición de mi vida.

The nightingale has no ambition
to be applauded when it trills...
Its nocturnal melodies
are heartbeats from its bosom.

Moderate, therefore, your praise,
and from my forehead withdraw
the imperishable crown
which your love places there.

The prize is for noble efforts
of more heroic temples
because when I sing I only fulfill
the condition of my life.

Figura 13.4 Tula

A él

No existe lazo ya:
    todo está roto.
Plúgole al cielo así:
    ¡Bendito sea!
Amargo cáliz con placer agoto;
Mi alma reposa al fin,
    nada desea.

Te amé, no te amo ya:
    piénsalo al menos.
¡Nunca, si fuere error,

The link no longer exists:
    all is broken.
Heaven wanted it that way:
    Blessed be it!
Bitter chalice exhausted pleasure;
My soul is finally at rest,
    it desires nothing.

I loved you, I love you no more:
    think about it at least.
Never, if it were error,

la verdad mire!
Que tantos años
   de amarguras llenos
Trague el olvido;
   el corazón respire.

Lo has destrozado sin piedad:
   Mi orgullo,
Una vez y otra vez,
   pisaste insano...
Mas nunca el labio
   exhalará un murmullo
Para acusar tu proceder tirano.

Cayó tu cetro,
   se embotó tu espada...
Mas, ¡ay!,
   ¡Cuán triste libertad respiro!
Hice un mundo de ti,
   que hoy se anonada,
Y en honda y vasta soledad
   me miro.

¡Vive dichoso tú! Si en algún día
Ves este adiós
   que te dirijo eterno,
Sabe que aún tienes
   en el alma mía
Generoso perdón,
   cariño tierno.

did I look at truth!
Let the many years
   full of bitterness
Be swallowed up by oblivion;
   the heart breathes.

You have destroyed without pity:
   my pride,
Time and time again,
   you stepped on it insanely...
But never did the lips
   exhale a murmur
To accuse your tyranny.

Your scepter fell,
   your sword was blunted...
But, oh!
   What a sad liberty I breathe!
I made a world of you,
   today it is annihilated,
And in a deep and vast solitude
   I look at myself.

May you live happily! If someday
You see this goodbye
   which I eternally send you
You will know that you
   still have in my soul
Generous forgiveness,
   tender affection.

Figura 13.5 El

Lección 14. Romanticismo:
Sarmiento, Martí, Gutiérrez Nájera

Domingo Faustino Sarmiento

Domingo Faustino Sarmiento (1811-1888)
fue educador, ensayista, embajador ante los
Estados Unidos, y finalmente presidente de su
país (1868-1874). Nació en la provincia andina
de San Juan, y por un período se asoció con la
tendencia Federal en los conflictos internos
argentinos. Pero debido a la brutalidad y el anti-
intelectualismo de los Federales (y
especialmente los caudillos Facundo Quiroga y
Rosas), Sarmiento se convirtió en enemigo de los Federales y favoreció
el predominio de la tendencia europeizante que se asoció con la ciudad
de Buenos Aires y los Unitarios.

Fig. 14.1 Sarmiento

Sarmiento fue el portavoz de esta corriente en el debate político-
cultural fundamental de mediados del siglo XIX: el tema de la lucha
entre la "civilización" de la ciudad con su orientación hacia Europa, y la
"barbarie" del campo y sus figuras típicas, tales como los gauchos.

Las ideas de Sarmiento, como las de Echeverría, lo colocaron en un
enfrentamiento directo con el dictador Rosas. Tras un arresto y maltrato,
Sarmiento tuvo que exilarse en Chile. En el país vecino participó en el
debate con Andrés Bello y otras figuras acerca de las tensiones entre el
Neoclasicismo y el Romanticismo. También se dedicó al periodismo y a

escribir un análisis socio-político de su país, *Facundo, o civilización y barbarie*. Sarmiento empleó la figura de Facundo como un símbolo de todos los males que salían del campo y peligraban la civilización de Buenos Aires. La obra es también un ataque contra el dictador Rosas.

El aspecto romántico de la obra es, como en los escritos de Echeverría, en parte político: la lucha del liberalismo contra el despotismo representado por Facundo y Rosas. Pero Sarmiento también incluye figures típicas de la Pampa argentina que son románticas (y hasta llegan a ser costumbristas): el gaucho malo, el rastreador, el payador. Presenta la figura de Facundo con un realismo brutal, pero también reconoce que es producto de su ambiente, y que reacciona como animal porque el determinismo de su ambiente no le permite otra salida.

Sarmiento admiró mucho a los Estados Unidos. Desde joven uno de su héroes fue Benjamín Franklin, y cuando vivió en los Estados Unidos como embajador (1865-1868) se interesó mucho en la vida política y la educación en los Estados Unidos. Conoció al gran educador Horace Mann, cuya mujer, Mary Mann, tradujo *Facundo* al inglés. Ya presidente, Sarmiento invitó a varias maestras estadounidenses a visitar a la Argentina para ayudarle en su proyecto de reformar el sistema de educación pública en su país.

Para Sarmiento, la solución de los males que azotaban a la Argentina (es decir, la barbarie y el desierto) era una mayor inmigración europea, y la imitación de ciertos modelos sociales y políticos de los Estados Unidos y Europa. Se le ha criticado a Sarmiento por tener una exagerada admiración de lo extranjero, y también por su desdén hacia el gaucho, el indio y el negro en su patria.

Facundo: Civilización y Barbarie por Domingo F. Sarmiento
Capítulo I: Aspecto Físico de la República Argentina, y Caracteres, Hábitos e Ideas que Engendra.

La inmensa extensión de país que está en sus extremos es enteramente despoblada, y ríos navegables posee que no ha surcado aún el frágil barquichuelo. El mal que aqueja a la República Argentina es la extensión; el desierto la rodea por todas partes, se le insinúa en las entrañas; la

The immense spaces of the far reaches of the nation are totally unpopulated, and the country's navigable rivers have not yet been penetrated by even small craft. Argentina's basic problem is size and empty space. The emptiness surrounds us and permeates our innermost self. The unquestioned

soledad, el despoblado sin una habitación humana, son, por lo general, los límites incuestionables entre unas y otras provincias. Allí, la inmensidad por todas partes; inmensa la llanura, inmensos los bosques, inmensos los ríos, el horizonte siempre incierto, siempre confundiéndose con la tierra entre celajes y vapores tenues, que no dejan en la lejana perspectiva señalar el punto en que el mundo acaba y principia el cielo. Al sur y al norte acéchanla los salvajes, que aguardan las noches de luna para caer, cual enjambre de hienas, sobre los ganados que pacen en los campos y en las indefensas poblaciones. En la solitaria caravana de carretas que atraviesa pesadamente las pampas, y que se detiene a reposar por momentos, la tripulación reunida en torno del escaso fuego, vuelve maquinalmente la vista hacia el sur al más ligero susurro del viento que agita las hierbas secas, para hundir sus miradas en las tinieblas profundas de la noche en busca de los bultos siniestros de la horda salvaje que puede sorprenderla desapercibida.

Si el oído no escucha rumor alguno, si la vista no alcanza a calar el vuelo oscuro que cubre la callada soledad, vuelve sus miradas, para tranquilizarse del todo, a las orejas de algún caballo que está inmediato al fogón, para observar si están inmóviles y negligentemente

border between one province and another tends to be the empty space between them, unpopulated, without any human habitation. There we have immensity: immense plains, immense forests, immense rivers, with an always uncertain horizon obscured by fog and distance so that from a far perspective it is not possible to tell the point at which the earth ends and the sky begins. To the South and North we are threatened by savages, who wait for moonlit nights in order to fall, like a pack of hyenas, on the cattle that graze near the undefended hamlets. When the teamsters of the solitary caravans of wagons that slowly traverse the pampas must stop to rest and build their small fires they are always alert to danger. The slightest whisper of wind in the dry grass turns their gaze south, where their scanning tries to penetrate the dark shadows of the night to seek the sinister shapes of the savage horde which could surprise and assault them from one moment to the next.

If they hear nothing, if their gaze cannot penetrate the dark veil that covers the quiet solitude, then the men seek reassurance by observing the ears of one of the horses near the fire to see if they are relaxed and casually tilted to the rear. Only then do they

inclinadas hacia atrás. Entonces continúa la conversación interrumpida, o lleva a la boca el tasajo de carne medio sollamado de que se alimenta.

continue their interrupted conversation, or tear off chunks from the slab of half-raw beef which is their food.

Figura 14.2 Gaucho

Si no es la proximidad del salvaje lo que inquieta al hombre del campo, es el temor de un tigre que lo acecha, de una víbora que puede pisar. Esta inseguridad de la vida, que es habitual y permanente en las campañas, imprime, a mi parecer, en el carácter argentino cierta resignación estoica para la muerte violenta, que hace de ella uno de los percances inseparables de la vida, una manera de morir como cualquiera otra; y puede quizá explicar en parte la indiferencia con que dan y reciben la muerte, sin dejar en los que sobreviven impresiones profundas y duraderas. ...

If it is not the closeness of the savage which disturbs the men of the pampas, it is the fear of the stalking mountain lion, or of the snake that might be stepped on. The insecurity of life, which is habitual and permanent in the countryside, imprints, in my view, a certain stoic resignation in the Argentine character towards violent death. Death is but one of the inevitable turns of fate and life; one form of death is like any other, and this may perhaps explain the certain indifference with which they receive or cause death, even though there are profound and long-lasting impressions left among those who survive. ...

V: *Vida de Facundo Quiroga.*

También a él le llamaron Tigre de los Llanos, y no le sentaba mal esta denominación, a fe. La frenología o la anatomía comparadas han demostrado, en efecto, las relaciones que existen entre las formas exteriores y las disposiciones morales, entre la fisonomía del hombre y de algunos animales a quienes se asemejan su carácter.

Sus ojos negros, llenos de fuego y sombreados por pobladas cejas, causaban una sensación involuntaria de terror en quienes alguna vez llegaban a fijarse, porque Facundo no miraba nunca de frente, y por hábito, por arte, por deseo de hacerse siempre temible, tenía de ordinario la cabeza siempre inclinada, y miraba por entre las cejas, como el Alí Bajá de Montvoisin. El Caín que representa la famosa compañía de Ravel, me despierta la imagen de Quiroga, quitando las posiciones artísticas de la estatuaria, que no le convienen. Por lo demás, su fisonomía era regular, y el pálido moreno de su tez sentaba bien a las sombras espesas en que quedaba encerrada. ...

Dominado por la cólera, mataba a patadas, estrellándole los sesos a N. por una disputa de juego; arrancaba ambas orejas a su querida, porque le pedía una vez

Facundo was also called "The Tiger of the Plains", and indeed this name suited him well. Phrenology, or comparative anatomy, has well demonstrated the relationship between external appearances and moral tendencies, between the physiognomy of mankind and of certain animals which might resemble their character.

Quiroga's black eyes, full of fire and shaded by heavy brows, caused an involuntary feeling of terror among those who might receive his glare, because Facundo never looked directly at anyone. Because of his habit, his skill, or his desire to always seem fearsome, he usually inclined his head forwards and peered out through his eyebrows, like Montvoisin's Ali Baba. Cain, as represented by Ravel's famous company, arouses in me the image of Quiroga, leaving aside any artistic merit, which does not seem appropriate. The rest of his physiognomy was normal, and the pale darkness of his skin well matched the thick shadows which framed him. ...

When driven by rage, he could kick a man to death, or smash someone's brains over a gambling dispute; he once pulled both ears off his lover because she asked him

treinta pesos para celebrar un matrimonio consentido por él; abría a su hijo Juan la cabeza de un hachazo porque no había forma de hacerle callar; daba de bofetadas en Tucumán a una linda señorita, a quien ni seducir ni forzar podía. En todos sus actos mostrábase el hombre bestia aún, sin ser por eso estúpido, y sin carecer de elevación de miras. Incapaz de hacerse admirar o estimar, gustaba de ser temido; pero este gusto era exclusivo, dominante, hasta el punto de arreglar todas las acciones de su vida a producir el terror en torno suyo, sobre los pueblos como sobre los soldados, sobre la víctima que iba a ser ejecutada, como sobre su mujer y sus hijos. En la incapacidad de manejar los resortes del gobierno civil, ponía el terror como expediente para suplir el patriotismo y la abnegación; ignorante, rodeándose de misterios y haciéndose impenetrable, valiéndose de una sagacidad natural, una capacidad de observación no común y de la credulidad del vulgo, fingía una presencia de los acontecimientos, que le daba prestigio y reputación entre las gentes vulgares.

Es inagotable el repertorio de anécdotas de que está llena la memoria de los pueblos con respecto a Quiroga; sus dichos, sus expedientes, tienen un sello de originalidad que le daban ciertos

for thirty pesos to celebrate a wedding he had agreed to; he opened his son Juan's head with a hatchet because there was no other way to make him shut up; he beat a beautiful young woman in Tucumán because he could neither seduce or force her. In all these acts he showed himself to be a man-beast, although not stupid, and not without some purpose. Since he was incapable of being admired or esteemed, he relished being feared, and this relish was exclusive, dominant, to the point where he arranged all the actions of his life so as to produce terror around him, both the people and his soldiers, among the victims about to be executed as much as among his wife and children. In his inability to manage the levers of civil government, he used terror as the expedient to replace patriotism and sacrifice. Ignorant, surrounded by mysteries and impenetrable, making use of a native cunning, an uncommon observation capacity and an appreciation for credulity of the masses, he pretended great accomplishments, which gave him prestige and reputation among the vulgar people.

The repertoire of popular anecdotes about him is unending. His sayings, his orders, have the stamp of originality that is common to certain Oriental viziers, with a certain air of Solomonic

visos orientales, cierta tintura de sabiduría salmónica en el concepto de la plebe. ¿Qué diferencia hay, en efecto, entre aquel famoso expediente de mandar partir en dos el niño disputado, a fin de descubrir la verdadera madre, y esto otro para encontrar un ladrón? Entre los individuos que formaban una compañía habíase robado un objeto, y todas las diligencias practicadas para descubrir al ladrón habían sido infructuosas. Quiroga forma la tropa, hace cortar tantas varitas de igual tamaño cuantos soldados había; hace enseguida que se distribuyan a cada uno, y luego, con voz segura, dice: "Aquél cuya varita amanezca mañana más grande de las demás, ése es el ladrón." Al día siguiente fórmase de nuevo la tropa, y Quiroga procede a la verificación y comparación de las varitas. Un soldado hay, empero, cuya vara aparece más corta que las otras. "¡Miserable!- le grita Facundo voz aterrante,- tú eres!..." Y, en efecto, él era; su turbación lo dejaba conocer demasiado. El expediente es sencillo: el crédulo gaucho, creyendo que efectivamente creciese su varita, le había cortado un pedazo. Pero se necesita cierta superioridad y cierto conocimiento de la naturaleza humana para valerse de estos medios.

wisdom, in the mind of the people. What difference, in effect, is there between the famous device of Solomon to divide the disputed child in half in order to discover the true mother, and the trick that Facundo used to discover a thief among his men? This is what happened: an object had been robbed in one of his companies of soldiers, and all the attempts to find the thief were fruitless. Quiroga then assembled the troops, and had one short reed cut for each soldier. These he distributed to each soldier, and with a sure voice, said: "Tomorrow morning the reed held by the thief will have grown, and I will know who the thief is". The next day Quiroga reassembled the troops and proceeded to inspect and compare the size of the reeds. There was one soldier whose reed was shorter than the others. "You are the thief!" Facundo yelled at him with a fearsome voice. And indeed, he had caught the thief, who quickly showed his guilt by his unease. The explanation is simple: the credulous gaucho, believing that his reed would grow, had cut a piece off to compensate for the growth. This incident showed Quiroga's certain superiority and sure knowledge of human nature in using these methods.

José Martí

José Martí (1853-1895), el "Apóstol de la Independencia Cubana" merece el destacado lugar que tiene en las letras y la historia americana por su papel como escritor, orador y héroe del movimiento de la independencia cubana. Como escritor, demostró gran versatilidad: produjo excelente poesía lírica, lo mejor que apareció en la última fase del movimiento romántico cuando ya iba entrando en su fase pre-modernista. También fue excelente ensayista y traductor.

Figura 14.3 Martí

Debido a sus actividades políticas a favor de la independencia cubana, fue arrestado varias veces y obligado a exilarse. Pasó gran parte de sus años de exilio en los Estados Unidos, principalmente en Nueva York, y en este período se convirtió en sagaz observador de la realidad norteamericana. Trabajó como traductor en Nueva York, y también como corresponsal para varios periódicos latinoamericanos. Algunos de estos países lo nombraron cónsul diplomático o representante ante varias conferencias interamericanas. En esta capacidad escribió un excelente análisis (desde el punto de vista de uno que asistió y entendía todo lo que estaba ocurriendo) de la Primera Conferencia Internacional de las Repúblicas Americanas, que estableció las bases para el sistema interamericano en Washington en 1889-1890.

Martí conocía muy bien a los Estados Unidos, y se preocupó por las ambiciones imperiales que veía en su país anfitrión. Admiraba el dinamismo y la energía del país, pero no los aspectos excesivamente materiales. Lo que más temía era que su querida patria Cuba iba a obtener su independencia de España solamente para caer dentro de la esfera de influencia de los Estados Unidos (una visión profética). Su ensayo *Nuestra América* capta muy bien esta preocupación.

Al mismo tiempo, Martí fue capaz de escribir poemas, que por su sencillez lírica y sus sentimientos son lo mejor que tenemos de la poesía romántica. Pudo analizar la gama de la poesía romántica, tomar lo mejor, refundirlo, y crear algo nuevo que iba abriendo las puertas al movimiento que seguía: el Modernismo. Algunas de sus poesías siguen siendo muy contemporáneas en su tono y contenido: uno de sus *Versos sencillos*, por

ejemplo, forma parte de la canción popular "Guantanamera".

Debido a su patriotismo, y los elementos anti-imperialistas en su ensayos, el régimen castrista lo considera una de las grandes figuras de la historia cubana. Pero al mismo tiempo es admirado igualmente por los cubanos exilados fuera de la isla como símbolo de su patria. Martí murió en combate contra los españoles al desembarcar en Cuba en 1895.

Versos Sencillos por José Martí

Yo soy un hombre sincero de donde crece la palma; y antes de morirme, quiero echar mis versos del alma.	I am a sincere man born where the palm trees grow; and before dying, I want to release my verses from my soul.
Yo vengo de todas partes, y hacia todas partes voy: arte soy entre las artes; en los montes, monte soy.	I come from all places, and to all places I go; art I am among the arts; and in the hills I am hill.
Yo sé los nombres extraños de las yerbas y las flores, y de mortales engaños, y de sublimes dolores.	I know all the strange names of the herbs and the flowers, of mortal trickery, and sublime pain.
Yo he visto en la noche oscura llover sobre mi cabeza los rayos de lumbre pura de la divina belleza.	I have seen the dark night rain upon my head and the rays of pure light coming from divine beauty.
Alas nacer vi en los hombros de las mujeres hermosas, y salir de los escombros, volando, las mariposas.	I have seen wings born on shoulders of beautiful women, and butterflies flying up out of the ashes.
He visto vivir a un hombre con el puñal al costado, sin decir jamás el nombre de aquélla que lo ha matado.	I have seen a man with a dagger in his side, who never spoke the name of the woman who killed him.

Rápida, como un reflejo,
dos veces vi el alma, dos:
cuando murió el pobre viejo,
cuando ella me dijo adiós.

Temblé una vez- en la reja,
a la entrada de la viña-,
cuando la bárbara abeja
picó en la frente a mi niña.

Gocé una vez, de tal suerte
que gocé cual nunca: cuando
la sentencia de mi muerte
leyó el alcaide llorando.

Oigo un suspiro a través
de las tierras y la mar,
y no es un suspiro: es
que mi hijo va a despertar.

Si dicen que del joyero
tome la joya mejor,
tomo a un amigo sincero
y pongo a un lado el amor.

Yo he visto al águila herida
volar al azul sereno,
y morir en su guarida
la víbora del veneno.

Yo sé bien que cuando el mundo
cede, lívido, al descanso,
sobre el silencio profundo
murmura el arroyo manso.

Yo he puesto la mano osada,
de horror y júbilo yerta,
sobre la estrella apagada
que cayó frente a mi puerta.

Quick, like a reflection,
twice I have seen a soul, twice:
first when the old man died
and then when she said goodbye.

I trembled once - at the grating,
at the entrance of my vineyard -,
when the savage bee
stung my little girl's forehead.

I felt pleasure, of a sort
that I never felt before: when
the warden, crying
read my death sentence.

I hear a sigh over
land and the seas,
yet it is not a sigh, it is
my son about to awaken.

If they say take from the jeweler
the best of his jewels,
I take a sincere friend
and set aside love.

I have seen the wounded eagle
fly the serene blue sky,
and I've seen the lair
where the poisonous viper dies.

I well know that when the world
surrenders, tired, to rest,
that over the deep silence
the quiet stream murmurs.

I have put a daring hand,
stiff with horror and joy,
to touch the burned-out star
that fell at my front door.

Oculto en mi pecho bravo
la pena que me lo hiere:
el hijo de un pueblo esclavo
vive por él, calla y muere.

I hide in my wild chest
the blow that wounds it:
the son of an enslaved people
lives for it, is quiet, and dies.

Todo es hermoso y constante,
todo es música y razón,
y todo, como el diamante,
antes que luz es carbón.

All is beautiful and constant,
all is music and reason,
and all, just like the diamond
is coal before light comes.

Yo sé que el necio se entierra
con gran lujo y con gran llanto,
y que no hay fruta en la tierra
como la del camposanto.

I know that the fool is buried
with great pomp and many tears,
and that there is no fruit on earth
quite like the cemetery's.

Callo, y entiendo, y me quito
la pompa del rimador;
cuelgo de un árbol marchito
mi muceta de doctor.

I am silent, and I remove
the pomp of the verse-maker;
I hang up on a withered tree
my academic gown.

Mi caballero (Versos Sencillos)

Por las mañanas
mi pequeñuelo
me despertaba
con un gran beso.
Puesto a horcajadas
sobre mi pecho,
bridas forjaba
con mis cabellos.
Ebrio él de gozo,
de gozo yo ebrio,
me espoleaba
mi caballero:
¡qué suave espuela
sus dos pies frescos!
¡Cómo reía
mi jinetuelo!
Y yo besaba

Mornings
my little one
would wake me
with a big kiss.
Astride
my chest
he made bridles
with my hair.
Giggly he with pleasure
giggly I with pleasure
he spurred me,
my little horseman
what a gentle spur
his two fresh little feet!
How he laughed
my little horseman!
And I kissed

Figura 14.4
El caballero

sus pies pequeños,	his little feet,
¡dos pies que caben	two feet that fit
en solo un beso!	in a single kiss!

Nuestra América (fragmento)

Pero otro peligro corre, acaso, nuestra América, que no le viene de sí, sino de diferencias de orígenes, métodos e intereses entre los dos factores continentales, y es la hora próxima en que se le acerque, demandando relaciones íntimas, un pueblo emprendedor y pujante que la desconoce y la desdeña. ...

El desdén del vecino formidable, que no la conoce, es el peligro mayor de nuestra América; y urge, porque el día de la visita está próximo, que el vecino la conozca, la conozca pronto, para que no la desdeñe. Por ignorancia llegaría, tal vez, a poner en ella la codicia. Por el respeto, luego que la conociese, sacaría de ella las manos. Se ha de tener fe en lo mejor del hombre y desconfiar de lo peor de él. Hay que dar ocasión a lo mejor para que se revele y prevalezca sobre lo peor. Si no, lo peor prevalece. Los pueblos han de tener una picota para quien las azuza a odios inútiles, y otra para quien no les dice a tiempo las verdad. ...

Ni ha de suponerse, por antipatía de aldea, una maldad ingénita y fatal al pueblo rubio del

But our America faces, perhaps, another danger. Not from within, but from the different origins, methods and interests of two major continental elements. And the moment is nigh when this hard-driving and enterprising nation, which scorns us and does not know us, will approach us, demanding intimate relations. ...

This formidable neighbor's scorn and lack of knowledge is the greatest threat to our America. Because the moment of the visit is near, it is urgent that our neighbor get to know us, and soon, so that they will not scorn us. Ignorance may lead her, perhaps, to greed with regard to us. But respect, through getting to know us, would preclude this from happening. We have to have faith in the good side of man and be careful of man's bad side. We must allow the better side to emerge and prevail over the worse. If not, the bad will prevail. Nations should have a pillory for those who provoke useless hate, and another for those who do not tell the truth soon enough. ...

Nor should we assume, through some parochial antipathy, that the blond people of the

continente, porque no habla nuestro idioma, ni ve la casa como nosotros la vemos, ni se nos parece en sus lacras políticas, que son diferentes de las nuestras; ni tiene en mucho a los hombres biliosos y trigueños, ni mira caritativo, desde su eminencia aún mal segura, a los que, con menos fervor de la Historia, suben a tramos heroicos la vía de las repúblicas; ni se han de esconder los datos patentes del problema que puede resolverse, para la paz de los siglos, con el estudio oportuno y la unión tácita y urgente del alma continental. ¡Porque ya suena el himno unánime; la generación actual lleva a cuestas, por el camino abonado por los padres sublimes, la América trabajadora; del Bravo a Magallanes, sentado en el lomo del cóndor, regó el Gran Semí, por las naciones románticas del continente y por las islas dolorosas del mar, la semilla de la América nueva!

**Figura 14.5 Cuba
y su vecino**

continent are inherently and fatally evil because they do not speak our language, because they do not live as we do, because their political scars are different from ours, or because they do not highly regard men who are quick-tempered or swarthier. Nor should we think less of them because they, from their lofty but still unsure eminence, may look down on those who, less favored by History, are still struggling to establish republics; nor should we hide the facts surrounding the problems that must be solved for peace; we must study them in order to reach the urgently required tacit union of the continental soul. The unanimous anthem is already heard; the present generation is now carrying working America forward along the path shown by our founding fathers; from the Río Bravo to the Strait of Magellan, the Great Sower has scattered from the wings of the condor the seeds of the new America!

Manuel Gutiérrez Nájera

Manuel Gutiérrez Nájera (México, 1859-1895), como Martí, simboliza la transición entre el Romanticismo y el Modernismo. Sus emociones y sentimientos, aunque profundos, son demasiado controlados

para ser típicos del Romanticismo. Al mismo tiempo la elegancia y la hermosura de sus versos podrían colocarlo en cualquiera de los dos movimientos. Su obsesión con la muerte, y con la idea que iba a morir joven (pero que su poesía lo mantendrá eternamente vivo), es una actitud romántica. Tuvo una vida llena de desgracias y se auto-apodó el "Duque Job", para subrayar su sufrimiento y su nobleza de espíritu. Efectivamente, murió joven, a causa de su alcoholismo y varios males psicológicos y físicos.

Fig. 14.6 Gutiérrez Nájera

Para entonces

Quiero morir cuando
    decline el día
en alta mar y con
    la cara al cielo;
donde parezca
    un sueño la agonía
y el alma, un ave
    que remonta el vuelo.

No escuchar
    en los últimos instantes,
ya con el cielo y con la mar a solas,
más voces ni plegarias sollozantes
que el majestuoso tumbo de las olas.

Morir cuando la luz triste retira
sus áureas redes de la onda verde,
y ser como ese sol
    que lento expira;
algo muy luminoso
    que se pierde.

I want to die when
    the day fades away
on the high seas and
    with my face to the sun;
when the final agony
    seems like a dream
and the soul, a bird
    that soars into flight

Not to hear,
    in the final moments,
alone with the sea and the sky,
any more voices or crying prayers
than the waves majestic drumming.

To die when sad light withdraws
its golden nets over green wave,
and be like that sun
    that slowly expires;
something very luminous
    that is lost.

Morir, y joven:
   antes que destruya
el tiempo aleve la gentil corona;
cuando la vida dice aún:
   "soy tuya",
¡aunque sepamos bien
   que nos traiciona!

To die, and young:
   before treacherous time
destroys that gentle crown;
when life still says:
   "I am yours",
although we know full well
   she betrays us!

Figura 14.6 Al mar

Non omnis moriar

¡No moriré del todo,
   amiga mía!
De mi ondulante espíritu disperso
algo en la urna diáfana del verso
piadosa guardará la poesía.

I will not completely die,
   my friend!
Of the ripples of my disperse spirit
something in the transparent verse urn
will be piously kept by my poetry.

¡No moriré del todo!
   Cuando herido
caiga a los golpes de dolor humano,
ligera tú del campo entenebrido
levantarás al moribundo hermano.

I will not completely die!
   When wounded
I fall to the blows of human pain,
lightly on the darkened field
you will lift up your dying brother.

Tal vez entonces por
   la boca inerme
que muda aspira la infinita calma,
oigas la voz de todo lo que duerme
con los ojos abiertos en mi alma.

Perhaps then through
   the defenseless mouth
silently breathing infinite calm,
you will hear the voice of sleep
with open eyes in my soul.

Hondos recuerdos de fugaces días,
ternezas tristes que suspiran solas;
pálidas, enfermizas alegrías
sollozando al compás
    de las violas...

Todo lo que medroso
    oculta el hombre
se escapará, vibrante, del poeta,
en áureo ritmo de oración secreta
que invoque en
    cada cláusula tu nombre.

Y acaso adviertas
    que de modo extraño
suenan mis versos en
    tu oído atento,
y en el cristal,
    que con mi soplo empaño,
mires aparecer mi pensamiento.

Al ver entonces lo que yo soñaba,
dirás de mi errabunda poesía:
era triste, vulgar lo que cantaba...
mas, ¡qué canción
    tan bella la que oía!

Y porque alzo en tu recuerdo notas
del coro universal,
    vívido y almo;
y porque brillan lágrimas ignotas
en el amargo cáliz de mi salmo;

porque existe la Santa Poesía
y en ellas irradias tú,
    mientras disperso
átomo de mi ser esconda el verso
¡no moriré del todo,
    amiga mía!

Deep memories of fleeting days,
sad tendernesses which sigh alone.
pale, sickly joys,
sobbing to the rhythm
    of the violins...

Everything that man
    fearfully hides
will escape, vibrant, from the poet,
in golden rhythm of a secret prayer
that invokes in
    each clause your name.

And perhaps you may realize
    that in a strange way
my verses ring in
    your attentive ear,
and on the glass,
    fogged by my breath
you will see my thoughts appear.

To see then what I was dreaming,
you will say of my errant poetry
what I sang was sad and vulgar...
but, what a beautiful
    song you heard!

Because I raise notes in memory
of the universal chorus,
    vivid and sacred;
and because ignored tears brighten
the bitter chalice of my psalm.

Because there exists Sacred Poetry
and in them your light shines,
    as long as a disperse
atom of my being hides the verse
I will not completely die,
    my friend!

Lección 15. Costumbrismo:
Palma, Hernández, López

El Costumbrismo

Siempre ha existido Costumbrismo o Regionalismo en la literatura latinoamericana en el sentido que las costumbres y las maneras de ser típicas de las distintas partes de cada país siempre han tenido un papel importante en la descripción literaria y en el orgullo nacional. A fin y al cabo, las primeras obras escritas en el continente tenían muchas descripciones de lo nuevo que encontraron los descubridores, y en el Siglo XIX el Regionalismo fue un elemento que contribuyó al desarrollo de una conciencia nacional en las nuevas naciones del continente.

Figura 15.1 Gaucho

Cronológicamente, el período de mayor auge del Costumbrismo es a mediados y fines del Siglo XIX, cuando forma una especie de puente entre los desbordes sentimentales del Romanticismo, y los movimientos más fríos y objetivos que siguen: el Modernismo, el Realismo, y el Naturalismo.

Los temas se relacionan con la sociedad, generalmente del campo, y sus tipos humanos característicos. Puede ser histórico y cómico (caso de RIcardo Palma) o con cierto propósito político (caso José Hernández).

Cuadro 15.1: Costumbrismo
(Lección 15)

Marco histórico-cultural:	Período en que se buscan las bases de la consolidación nacional a través de las costumbres y las maneras de ser de las distintas regiones.
En la literatura:	Costumbrismo: enfoque en las costumbres pintorescas. Regionalismo: las maneras de ser del pueblo. La costumbre domina al personaje. Es un puente entre el sentimentalismo del Romanticismo y las tendencias más objetivas que siguen: Modernismo, Realismo, Naturalismo.
Autores:	Ricardo Palma José Hernández Luis Carlos López
Fechas aproximadas	Mediados y fines del Siglo XIX
Otros aspectos culturales:	Pintura: Primitivismo, provincialismo.

Nos revela las realidades de la vida, pero sin las crudezas y aspectos sórdidos que veremos en el Realismo y el Naturalismo. Es un movimiento más espontáneo y popular, y no tan pulido y estético como los que vinieron antes y después.

En las regiones donde predominaba una economía y una cultura a base de la ganadería, el Costumbrismo y el Regionalismo se basaban en los tipos sobresalientes de esa vida campestre: el gaucho argentino, el huaso chileno, y el charro mexicano.

Ricardo Palma

Figura 15.2 Palma

Entre los costumbristas, Ricardo Palma (Perú, 1833-1919) se distingue por haber creado un sub-género: la "tradición", que es una especie de anécdota histórica, repleta de tipos característicos, y también con alguna moraleja o mensaje que va más allá del cuento.

El mismo definió a la "tradición" de la siguiente manera: "La tradición es romance y no es romance; es historia y no es historia. La forma ha de ser ligera y recogida; la narración, rápida y humorística. Me vino en mentes platear píldoras y dárselas a tragar al pueblo, sin andarme con escrúpulos de monja boba. Algo, y aun algos, de mentira, y tal cual dosis de verdad, por infinitesimal que sea: mucho de esmero y pulimiento en el lenguaje; y cata la receta para escribir tradiciones."

Por muchos años Palma fue Bibliotecario de la Nación, y en sus trabajos tuvo ocasión de recopilar documentos viejos, mapas, recortes y anécdotas de la Lima colonial, que vino a ser el tema principal de sus tradiciones. Le fascinó lo escandaloso, y existe una versión de sus "tradiciones" que no se publicó por muchos años por su lenguaje y temas atrevidos. Un personaje de interés especial para Palma fue Micaela Villegas, La Perricholi (Perra-chola), quien era la concubina de un Virrey en el Siglo XIX; Palma tiene el mérito de sacar esta figura del polvo de la historia de tal modo que Thornton Wilder la usó en una novela *(The Bridge of San Luis Rey)*, y Offenbach en una ópera *(La Perricole)*; La

Perrichola también ha inspirado a muchos amantes de caninos y felinos. Su vida también tuvo sus dificultades: luchó en varias guerras políticas internas, y durante la Guerra del Pacífico (1879-1883) entre Perú y Chile, sufrió la amargura de ver su biblioteca personal quemada, y la Biblioteca de la Nación saqueada y trasladada, en gran parte, a Chile.

Palma fue mestizo, y sintió en carne propia el desdén de la alta sociedad limeña hacia las capas sociales y económicas inferiores. Quizás por esto le encantaba a Palma revelar la hipocresía de la élite a través de los escándalos que aparecen en sus *Tradiciones Peruanas.*

El alacrán de fray Gómez

... cuando yo era muchacho, oía con frecuencia a las viejas exclamar, ponderando el mérito y precio de una alhaja: -¡Esto vale tanto como el alacrán de fray Gómez!

Tengo una chica, remate de lo bueno, flor de la gracia y espumita de la sal, ...al cual pimpollo he bautizado, en mi paternal chochera, con el mote de alacrancito de fray Gómez. Y explicar el dicho de las viejas, y el sentido del piropo con que agasajo a mi Angélica, es lo que me propongo ... con esta tradición.

Fig. 15.3 Fray Gómez

Estaba una mañana fray Gómez en su celda entregado a la meditación, cuando dieron a la puerta unos discretos golpecitos, y una voz de quejumbroso timbre dijo:

... when I was a boy I frequently heard old women exclaim, as they talked about the value and price of jewelry, that "it was worth as much as Friar Gomez' scorpion".

I have a little girl, good and full of grace, with mischievous eyes, ... and I have nicknamed her, in my fatherly exaggeration, "Friar Gomez' little scorpion". And now I propose to explain both the old wives' saying as well as my daughter's nickname...with this tradition.

One morning Friar Gomez was in his cell in the monastery, deep in meditation, when there was a discreet knock at his door, and a humble voice said,

-Deo gratias ¡alabado sea el Señor!
-Por siempre jamás, amén. Entre, hermanito- contestó fray Gómez.

Y penetró en la humildísima celda un individuo algo desarrapado, vera efigies del hombre a quien acongojan pobrezas, pero en cuyo rostro se dejaba adivinar la proverbial honradez del castellano viejo.

Todo el mobiliario de la celda se componía de cuatro sillones de vaqueta, una mesa mugrienta, y una tarima sin colchón, sabanas ni abrigo, y con una piedra por cabezal o almohada.

-Tome asiento, hermano, y dígame sin rodeos lo que por acá le trae- dijo fray Gómez.

-Es el caso, padre, que yo soy hombre de bien a carta cabal ...

-Se le conoce y que persevere deseo, que así merecerá en esta vida terrena la paz de la conciencia, y en la otra la bienaventuranza.

-Y es el caso que soy buhonero, que vivo cargado de familia y que mi comercio no cunde por falta de medios, que no por holgazanería yescasez de industria en mí.

-Me alegro, hermano, que a quien honradamente trabaja Dios le acude.

-Pero es el caso, padre, que hasta ahora Dios se me hace el sordo, y en acorrerme tarda ...

-No desespere, hermano, no desespere.

-Pues es el caso que a muchas

"Deo gratias Praise be to God!"

"For ever, amen. Come in, little brother", replied Friar Gomez.

The door of this most modest cell opened and a ragged old man entered. His clothes were in tatters, but his face showed the proverbial honesty of the people from Old Castille.

The furniture in Friar Gomez' cell consisted of four rawhide chairs, a dirty table, a cot without a mattress, sheet or blanket, and with a stone as a pillow.

"Have a seat, brother, and tell me strait out what brings you here" said Friar Gomez.

"Father, I am an honest and good man..."

"I can see that, and I hope you continue that way so that you will deserve the peace of your conscience on this earth, and your blissful reward in heaven".

"I am a peddler, with a large family, and my business is not doing well because I have no capital, and not because of any laziness or lack of effort on my part."

"I am glad to hear that brother, because God rewards he who works honestly."

"But it seems, father, that up to now God has been a little deaf, and has not been in a hurry to help me..."

"Do not despair, brother, do not despair."

"Well, but I have knocked on many

puertas he llegado en demanda de habilitación por quinientos duros, y todas las he encontrado con cerrojo y cerrojillo. Y es el caso que anoche, en mis cavilaciones, yo mismo me dije a mi mismo: -¡Ea!, Jerónimo, buen ánimo y vete a pedirle el dinero a fray Gómez, que si él lo quiere, mendicante y pobre como es, medio encontrará para sacarte del apuro. ...

-¡Cómo ha podido imaginarse, hijo, que en esta triste celda encontraría ese caudal?

-Es el caso, padre, que no acertaría a responderle; pero tengo fe en que no me dejará ir desconsolado.

-La fe lo salvará, hermano. Espere un momento.

Figura 15.4 El alacrán

Y paseando los ojos por las desnudas y blanqueadas paredes de la celda, vio un alacrán que caminaba tranquilamente sobre el marco de la ventana. Fray Gómez arrancó una página de un libro viejo, dirigióse a la ventana, cogió con delicadeza a la sabandija, la envolvió en el papel, y tornándose hacia el castellano viejo le dijo:

-Tome, buen hombre, y empeñe esta alhajita; no olvide, sí

doors seeking a loan of five hundred pesos, and all the doors have been closed to me. And last night, as I was worrying about it, I said to myself, Jerome, you should go to Friar Gomez and ask him for the money, because even though he is a poor and mendicant friar and he has no money, he will find me a way out of my troubles."

"And how could you imagine, my son, that in this sad little cell you would find that kind of money?...

"To tell you the truth, father, I don't know how to answer that question. But I have faith that you will not let me go without consolation."

"Your faith will save you, brother. Wait just a minute."

Friar Gomez let his eyes wander over the bare white-washed walls of his cell, and his glance fell on a scorpion which was calmly crawling on the window sill. Friar Gomez tore a page out of an old book, went over to the window, carefully wrapped the insect in the paper, and turning to the old Castillian said:

"Here, my good man, take this jewel and pawn it. But do not

devolvérmela dentro de seis meses.

El buhonero se deshizo en frases de agradecimiento, se despidió de fray Gómez y más que de prisa se encaminó a la tienda de un usurero.

La joya era espléndida, verdadera alhaja de reina morisca, por decir lo menos. Era un prendedor figurando un alacrán. El cuerpo lo formaba una magnífica esmeralda engarzada sobre oro, y la cabeza un grueso brillante con dos rubíes por ojos.

El usurero, que era hombre conocedor, vio la alhaja con codicia, y ofreció al necesitado adelantarle dos mil duros por ella; pero nuestro español se empeñó en no aceptar otro préstamo que el de quinientos duros por seis meses, y con un alto interés, se entiende. Extendiéronse y firmáronse los documentos o papeletas de estilo, acariciando el agiotista la esperanza de que a la postre el dueño de la prenda acudiría por más dinero, que con el recargo de intereses lo convertiría en propietario de joya tan valiosa por su mérito intrínseco y artístico.

Y con este capitalito fuele tan prósperamente en su comercio, que a la terminación del plazo pudo desempeñar la prenda, y, envuelta en el mismo papel en que la recibiera, se la devolvió a fray Gómez.

forget to return it in six months."

The peddler spilled over with expressions of gratitude, said goodbye to Friar Gomez, and rushed over to the store of the usurer.

The piece of jewelry was magnificent, befitting a Moorish princess, to say the least. It was a pin in the shape of a scorpion. The body was a splendid emerald in a gold setting, and the head was a large diamond with two rubies for eyes.

The usurer, who was a cunning man, eyed the pin with greed, and offered the peddler a loan of two thousand pesos for it. But our Spaniard refused to accept any loan greater than the five hundred pesos for six months, even though the interest was high. The necessary papers were drawn up and signed, and the pawnbroker consoled himself with the thought that the peddler would soon be back for more money, and that in the long run he would never be able to redeem his pin. And then he would be the owner of a piece of jewelry which would be valuable for its uniqueness as well as for its beauty.

The peddler took his little capital and prospered in his business so much that at the end of the six months he was able to redeem his pin. He wrapped it in the same paper he received it in, and returned it to Friar Gomez.

Este tomó el alacrán, lo puso sobre el alféizar de la ventana, le echó una bendición y dijo:
-Animalito de Dios, sigue tu camino.
Y el alacrán echó a andar libremente por las paredes de la celda.

The Friar took the scorpion, placed it on the window frame, blessed it, and said: "Go, little animal of God, continue on your way."
And the scorpion crawled away freely on the walls of the cell.

José Hernández

Este escritor argentino (1834-1886) nos presenta un aspecto diferente del Costumbrismo/ Regionalismo: la literatura gauchesca. Hernández vivió por muchos años entre los gauchos del interior, y se apegó mucho a las maneras de ser de estos espíritus libres de las pampas abiertas. Fue testigo de los abusos del gobierno central de Buenos Aires contra los gauchos (y los pocos indios que quedaban) mientras las pampas se iban comercializando para el mercado exterior con alambre de púa y el ferrocarril. Hernández luchó en contra de la dictadura de los Federales Rosistas, pero también contra Sarmiento porque pensó que las ideas europeizantes de Sarmiento eran una amenaza a la vida libre del gaucho.

Figura 15.5 Hernández

En cierta medida la obra principal de Hernández, Martín Fierro, es un poema épico, con algunos toques del Romanticismo (el héroe es a menudo romántico). Pero el valor especial de Martín Fierro es la manera en que preserva y transmite los dichos, refranes, lengua y manera de ser de estos hombres de la Pampa.

Hernández tenía poca educación formal (apenas la primaria), y uno de los propósitos del Martín Fierro era incentivar a los gauchos a aprender a leer. Efectivamente, en cada pulpería (tienda de campo) argentina se podía encontrar una versión barata y popular de la obra, y los gauchos que podían leer formaban grupos para ayudar a los analfabetas entenderlo.

Martín Fierro es probablemente la obra más conocida en la literatura argentina, y su caudal de refranes, metáforas, sentido común, humor y consejos sigue siendo un elemento fundamental en la cultura popular

argentina. La traducción que presentamos es adaptada de la de Walter Owen, un anglo-argentino que se dedicó a traducir los poemas épicos del Cono Sur *(Martín Fierro, La Araucana)* para que sus compatriotas de habla inglesa también pudieran entender la manera de ser de esta gente muy especial.

Martin Fierro por José Hernández
(Traducción adaptada de la de Walter Owen)

Aquí me pongo a cantar	I sit me here to sing my song
Al compás de la vigüela	To the beat of my old guitar;
Que el hombre lo desvela	For the man whose life is a bitter cup,
Una pena estrordinaria	With a song may yet his heart lift up,
Como la ave solitaria	As the lonely bird on the leafless tree,
Con el cantar se consuela.	That sings 'neath the gloaming star.

Pido a los santos del cielo	May the shining Saints of
Que ayuden	the heavenly band,
mi pensamiento:	That sing in the heavenly choir,
Les pido en este momento	Come down and help me now to tell
Que voy a cantar	The good and ill that me befell,
mi historia	And to sing it true to
Me refresquen la memoria	the thrumming strings;
Y aclaren	For such is my desire.
mi entendimiento.	

Vengan santos milagrosos,	Come down ye Saints that have helped me
Vengan todos en mi ayuda,	In many a perilous pass;
Que la lengua se me añuda	For my tongue is tied and
Y se me turba la vista;	my eyes grow dim,
Pido a mi Dios	And the man that calls, God answers him,
que me asista	And brings him home to his own roof-tree,
En una ocasión tan ruda.	Out of many a deep morass.

Yo he visto	O many singers have I seen,
muchos cantores,	That have won a singer's wreath
Con famas bien obtenidas,	That have talked a lot as
Y que después de alquiridas	they passed the pot,
No las quieren sustentar:	Of the songs they sang and
	the songs they wrought

Parece que sin largar   Till their voices rusted in their throats,
Se cansaron en partidas.   As a knife rusts in its sheath.

Mas ande otro criollo pasa   Now all that a son of the plains may do,
Martín Fierro ha de pasar;   To none shall I give best;
Nada lo hace recular,   And none may dunt with a windy vaunt,
Ni las fantasmas   Or bristle my scalp with a phantom gaunt,
   lo espantan,   And as song is free to all that will,-
Y dende que todos cantan   I will sing among the rest.
Yo también quiero cantar.

Figura 15.6 Gauchos

Yo no soy cantor letrao.   Tis little I have of bookman's craft,
Mas si me pongo a cantar   Yet once let me warm to the swing
No tengo cuándo acabar   And the lilt and beat of the
Y me envejezco cantando: plainsman's song,-
Las coplas me van brotando   I will sing you strong, I will sing you long,
Como agua de mantial.   And the words will out
     like the tumbling rout
   Of waters from a spring.

Con la guitarra en la mano
Ni las moscas   With my mellow guitar across my knee,
   se me arriman;   The flies even give me room,
Naides me pone   And the talk is stilled,
   el pie encima,   and the laugh and jest,
Y, cuando el pecho   As I draw the notes
   se entona,   from its sounding breast;

Hago gemir a la prima	The high string, and the middles weep,
Y llorar a la bordona.	And the low strings mourn and boom.

Yo soy toro en mi rodeo	I am the best of my own at home,
Y torazo en rodeo ajeno;	And better than best afar;
Siempre me tuve por güeno	I have won in song my right of place,
Y si me quieren probar	If any gainsay me, face to face,
Salgan otros a cantar	Let him come and better me, song for song,
Y veremos quién es menos.	Guitar against guitar.

No me hago al lao	I step not aside from the furrowed track,
de la güeya	Though they loosen their hilts as they come;
Aunque vengan degollando	Let them speak me soft, I will answer soft,
Con los blandos	But the hard may find me
yo soy blando	a harder oft;
Y soy duro con los duros,	In a fight they have found me
Y ninguno en un apuro	as quick as they,
Me ha visto	And quicker far than some.
andar tutubiando.	

En el peligro ¡qué Cristos!	When trouble's afoot-now Christ me save,
El corazón se me enancha,	And Christ me save from sin,-
Pues toda	I feel my heart grow big and strong,
la tierra es cancha,	And my blood rise up
Y de esto naides se asombre	like a rolling song,
El que se tiene por hombre	For life is a battle, it seems to me,
Donde quiera	That a man must fight to win.
hace pata ancha.	

Soy gaucho y entiéndalo	A son am I of the rolling plain,
Como mi lengua lo esplica:	A gaucho born and bred;
Para mí la tierra es chica	For me the whole great world is small,
Y pudiera ser mayor;	Believe me. my heart can hold it all;
Ni la víbora me pica	The snake strikes not at my passing foot,
Ni quema mi frente el sol.	The sun burns not my head.

Nací como nace el peje	I was born on the mighty Pampas' breast,
En el fondo de la mar;	As the fish is born in the sea;
Naides me puede quitar	Here was I born and here I live,

Aquello que Dios me dio:	And what seemed good to God to give,
Lo que al mundo truje yo	When I came to the world;
Del mundo lo he de llevar.	it will please him too.
	That I take away with me.

Mi gloria es vivir tan libre	And this is my pride: to live as free
Como el pájaro del cielo;	As the bird that cleaves the sky;
No hago nido en este suelo	I build no nest on this careworn earth,
Ande hay tanto que sufrir,	Where sorrow is long, and short is mirth,
Y naides me ha de seguir	And when I am gone
Cuando yo	none will grieve for me,
remuento el vuelo.	And none care where I lie.

Yo no tengo en el amor	I have kept my feet from trap or trick
Quien me venga	In the risky trails of love;
con querellas;	I have roamed as free
Como esas aves tan bellas	as the winging bird,
Que saltan de	And many a heart my song has stirred,
rama en rama,	But my couch is
Yo hago en	the clover of the plain,
el trébol mi cama	With the shining stars above.
Y me cubren las estrellas.	

Y sepan cuantos escuchan	And every one that hears my song,
De mis penas el relato	With this he will agree:
Que nunca peleo ni mato	I sought no quarrel, nor drew a knife,
Sino por necesidá	Save in open fight and to guard my life,
Y que a tanta alversidá	And that all the harm I have done to men
Sólo me arrojó el mal trato.	Was the harm men wished to me.

Y atiendan la relación	Then gather around and hearken well
Que hace	To a gaucho's doleful story,
un gaucho persiguido,	In whose veins the blood
Que padre y marido ha sido	of the Pampas runs,
Empeñoso y diligente,	Who married a wife and begat him sons,
Y sin embargo la gente	Yet who nevertheless is held by some
Lo tiene por un bandido. ...	as a bandit grim and gory. ...

Martín Fierro, Parte VII

Riunidos al pericón
Tantos amigos hallé,
Que alegre de verme
    entre ellos
Esa noche me apedé.

So many old friends at the dance
I met again that night,
That we all let go,
    and I'm sorry to say
That soon your friend was tight.

Como nunca, en la ocasión
Por peliar me dio la tranca,
Y la emprendí con un negro
Que trujo una negra en encas.

I never before, for picking a fight
Was feeling so inclined
When a guy arrived in a swell rig-out
With his gal riding up behind.

Al ver llegar la morena
Que no había caso de naides
Le dije con la mamúa:
"Va...ca...yendo
    gente al baile."

When she got off, I sidled up,
And I looked at her most polite,
And as she went past I said to her:
"It's a little bit ... chilly tonight."

La negra entendió la cosa
Y no tardó en contestarme
Mirándome como a perro:
"Más vaca será su madre."

She took me up, and to choose her words
She didn't stop to bother
For like a flash she answered me:
"The bigger bitch your mother!"

Y dentró al baile muy tiesa
Con más cola que una zorra
Haciendo blanquiar
    los dientes
Lo mesmo que mazamorra..

With a tail like a vixen
she bounced inside
And rolling her saucer eyes,
And showing a bunch of gleaming teeth
Like a mouthful
    of fresh-cooked maize. ...

Había estao juntando rabia
El moreno dende ajuera;
En lo escuro le brillaban
Los ojos como linterna

The guy was gathering up his rage,
And was almost ready to bark
I could see his eyes beginning to glow
Like lanterns in the dark.

Lo conocí retobao,
Me acerqué y le dije presto:
Por...rudo...que un hombre sea
Nunca se enoja por esto.

He began to paw the ground,
I knew how to make him bellow;
I said to him: "Keep your temper in;
You look like an ass...tute fellow."

Corcovió el de los tamangos	The fellow he gave a jump;
Y creyéndose muy fijo:	I could see he was seeing red;
-"Más porrudo serás vos,	"You're the only ass that's loose tonight
Gaucho rotoso", me dijo.	You drunken beast," he said.
Y ya se me vino al humo	And on the word he came in blind.
Come a buscarme la hebra,	And sure would have done me in,
Y un golpe le acomodé	If I hadn't brought him to a stand
Con el porréon de ginebra.	With a whack from the crock of gin.

Luis Carlos López

Aunque cronológicamente Luis Carlos López (Colombia, 1883-1950) viene bastante tarde en la corriente costumbrista, incluimos a este escritor colombiano por la manera en que nos presenta los tipos regionales de su pueblito de Colombia con unas

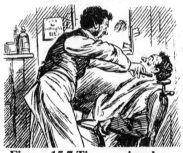

Figura 15.7 Tipos regionales

descripciones que son agudas, amenas, y fidedignas. En sus obras (principalmente poesías), los personajes son como caricaturas de los individuos más típicos de los innumerables pueblitos colombianos semejantes a su hogar natal.

El barbero

El barbero del pueblo,	The village barber,
que usa gora de paja,	who wears straw hats,
zapatillas de baile,	dance slippers, jackets of piqué,
chalecos de piqué,	and is a passionate card player,
es un apasionado jugador de baraja,	who hears mass on his knees
que oye misa de hinojos	and speaks well of Voltaire.
y habla bien de Voltaire.	A tireless reader of El Liberal.
Lector infatigable de El Liberal.	He works
Trabaja alegre como	happily like a glass
un vaso de vino moscatel,	of muscatel wine,
zurciendo, mientras limpia	stitching together,
la cortante navaja,	as he wipes the sharp razor
chismes, todos los chismes	gossip, all the gossip
de la mística grey.	of the mystical flock.

Con el señor Alcalde,
    con el veterinario,
unas buenas personas que
    rezan el rosario
y hablan de los milagros
    de San Pedro Claver,

departe en la cantina,
    discute en la gallera,
sacando de la vida
    recortes de tijera,
alegre como un vaso
    de vino moscatel.

El alcalde

El alcalde, de sucio jipijapa de copa,
ceñido de banda de seda tricolor,
panzudo a lo Capeto,
    muy holgada la ropa,
luce por el poblacho su
    perfil de bull-dog.

Hombre de pelo en pecho,
    rubio como la estopa,
rubrica con la punta de su machete.
Y por la noche cuando
    toma la lugareña sopa
de tallarines y ajos,
    se afloja el cinturón...

Su mujer, una chica
    nerviosamente guapa,
que lo tiene cogido
    como una grapa,
gusta de las grasientas obras
    de Paul de Kock,

ama los abalorios
    y se pinta las cejas,

With the mayor,
    with the veterinarian,
good people who pray the rosary
and speak of the miracles
    of San Pedro Claver,

he talks in the canteen,
    argues in the cock-ring,
his scissors cutting from life's
    newspaper clippings
happy as a glass of muscatel wine.

The mayor, with his dirty straw hat
wrapped with threecolor silk ribbon,
big stomach like Capeto,
    loose clothes,
he walks through the town with
    his bull-dog profile.

A man with hair
    on his chest, blonde as flax,
he signs with point of machete.
And at night as
    he takes his local soup
of thin spaghetti and garlic,
    he loosens his belt...

His wife,
    a nervously pretty girl,
who has him wrapped up
    like a clamp,
likes the dog-eared works
    of Paul de Kock,

she loves beads
    and paints her eyebrows,

mientras que su consorte	while her consort shows off
luce por las callejas	in the streets
su barriga, mil dijes	with his belly, his "I saids"
y una cara feroz.	and his fierce face.

Muchachas solteronas

Muchachas solteronas	Spinster
de provincia,	provincial girls,
que los años hilvanan	who stitch through the years
leyendo folletines	reading booklets
y atisbando en	and watching closely
balcones y ventanas.	from balconies and windows.

Muchachas de provincia,	Provincial girls,
las de aguja y dedal,	the ones with needle and thimble,
que no hacen nada	who do nothing
sino tomar de noche	but drink at night
café con leche y dulce de papaya...	their coffee-and-milk
	and papaya juice...

Muchachas de provincia,	Provincial girls,
que salen -si es que salen	who go out -if they leave
de la casa-	home at all-
muy temprano a la iglesia,	very early to church
con un andar doméstico de gansas.	with the domestic walk of geese.

Muchachas de provincia,	Provincial girls,
papandujas, etcétera, que cantan	soft, etcetera, who sing
melancólicamente	melancholically
de sol a sol:	from sun to sun:
"Susana, ven ... Susana"	"Susana, come ... Susana"

Pobres muchachas, pobres	Poor girls, poor
muchachas tan inútiles y castas,	girls so useless and chaste,
que hacen decir al Diablo,	who make the Devil say,
con los brazos en cruz -	with his arms crossed-
¡Pobres muchachas!	"Poor girls!"

Lección 16. Realismo: Lillo

El Realismo y el Naturalismo

Durante la segunda mitad del Siglo XIX una fuerte corriente de ideas afectó profundamente a la vida política, social, económica y cultural de América Latina: el Positivismo. Como tantas otras ideas, su origen fue Francia, donde el filósofo Auguste Comte estableció los fundamentos: el mundo y el hombre están sujetados a ciertas leyes naturales que determinan su destino. Si se va en contra de estas leyes, el resultado será desorden, anarquía y

Figura 16.1 Comte

desastre. La ciencia, la literatura y la filosofía tenían la responsabilidad de descubrir estas leyes naturales y comunicarlas a todo el mundo para poder identificar los problemas fundamentales y establecer un rumbo para solucionarlas.

Un buen ejemplo del impacto del Positivismo fue el Brasil, donde un grupo de tecnócratas, científicos y militares dio fin al Imperio y estableció la República del Brasil usando las ideas fundamentales del Positivismo a tal punto que colocaron un lema básico del Positivismo (en portugués) en la nueva bandera brasileña: "ordem e progresso".

En la literatura, el Positivismo tuvo gran influencia en dos corrientes más o menos simultáneas: el Realismo y el Naturalismo. Ambos se

Cuadro 16.1: Realismo
(Lección 16)

Marco histórico-cultural:	Influencia del Positivismo (especialmente el francés; Auguste Comte) Y del naturalismo francés (Zola) y ruso (Gorky)
En la literatura:	Realismo: Representación objetiva y "fotográfica" de la realidad. No tiene distorciones emocionales ni filosóficas. Naturalismo: Enfoque en el detalle sórdido y feo para cambiar la situación.
Autores:	Baldomero Lillo
Fechas aproximadas	Fines del Siglo XIX
Otros aspectos culturales:	Principalmente en la pintura. Realismo fotográfico. Naturalismo: enfoque en el detalle feo y sórdido. Enfoque racional, "científico" basado en la filosofía del Positivismo (orden y progreso)

opusieron al sentimentalismo del
Romanticismo, y son también una
evolución de la presentación algo
inocente e ingenuo de los tipos
regionales tan característicos del
Costumbrismo.

El Realismo trata de fielmente
representar la vida y el ambiente
como es, sin emoción o alteraciones
estéticas. Es un retrato fotográfico
que incluye lo bueno, lo malo, lo feo
y lo bello, sin enfatizar ni uno ni el
otro.

El Naturalismo enfoca los
aspectos feos y sórdidos de la
realidad, dejando a un lado lo
sentimental, lo bueno y lo bonito.
Y enfoca estos aspectos
desagradables con un propósito

**Figura 16.2 El ferrocarril,
símbolo de "Orden y progreso"**

político, económico y social bajo la influencia del Positivismo. Trata de
llamar la atención a los problemas de la sociedad, y solucionarlos para
que tengamos "orden y progreso". En la América Latina se sintió mucho
la influencia de los naturalistas franceses (especialmente Emile Zola), y
también los rusos, tal como Alexis Gorky.

La importancia de estos movimientos es que respaldan la vieja
corriente de literatura de protesta social que remonta hasta los días del
Padre las Casas, y que a través de la historia del continente cuenta con
muchos autores y obras importantes, como por ejemplo *El Matadero* de
Echeverría. Pero a fines del Siglo XIX y comienzos del XX adquiere un
nuevo tono político ligado a las revoluciones sociales, económicas y
políticas del Siglo XX, y que siguen en vigor con una amplia gama de
formas de literatura de protesta contemporánea.

Baldomero Lillo

Este autor chileno (1867-1923) conoció por boca de su padre, y por
su experiencia propia, la explotación cruel de los mineros chilenos, que
se veían obligados a trabajar en condiciones peligrosas a bajo salario.

El padre de Lillo había viajado a California para participar en la

explotación de las primeras minas de oro a mediados del Siglo XIX (la "fiebre del oro" del "gold rush"), pero regresó sin haber encontrado su fortuna. Usó lo que había aprendido en California en las minas de cobre y salitre del norte de Chile, y Lillo siguió las huellas de su padre, también trabajando las mismas minas.

Lillo leyó las obras de Emile Zola en que empleó la filosofía del Positivismo y la corriente literaria del Naturalismo para atacar las terribles condiciones de trabajo y de vida de los mineros de carbón franceses. Pudo observar, a la vez, condiciones semejantes en Chile, y comenzó a escribir una serie de cuentos cortos que recopiló en dos obras, *Sub terra* y *Sub sole*.

El cuento que sigue, "El chiflón del diablo", es uno de estos. Es de notar la manera en que los mineros explotados no pueden escapar el destino determinado por su nacimiento y las condiciones económicas y sociales de su vida diaria. Y al final del cuento hay un fuerte contraste entre el cielo puro y limpio y bondadoso, y la mina que se ha convertido en un monstruo que devora a los seres humanos que se atreven a penetrar su oscuridad.

El Chiflón del diablo

The Devil's Tunnel

En una sala baja y estrecha, el capataz de turno sentado en su mesa de trabajo y teniendo delante de sí un gran registro abierto, vigilaba la bajada de los obreros en aquella fría mañana de invierno. Por el hueco de la puerta se veía el ascensor aguardando su carga humana que, una vez completa, desaparecía con él, callada y rápida, por la húmeda apertura del pique.

Los mineros llegaban en pequeños grupos y, mientras descolgaban de los ganchos adheridos a las paredes sus lámparas ya encendidas, el escribiente fijaba en ellos una

In a low and narrow room the foreman on duty sat at a work table facing the registry book, checking off the workers as they descended into the mine shaft that cold winter morning. Through the open door could be seen the elevator with its human cargo, which, once full, would disappear, silent and quick, through the damp entrance of the pit.

The miners arrived in small groups and as they took their already-lit lanterns off the hooks on the wall the foreman fixed his penetrating gaze on them and checked their names off in his

ojeada penetrante, trazando con el lápiz una corta raya al margen de cada nombre. De pronto, dirigiéndose a dos trabajadores que iban presurosos hacia la puerta de salida los detuvo con ademán, diciéndoles:

-Quédense Vds.

Los obreros se volvieron sorprendidos y una vaga inquietud se pintó en sus pálidos rostros. El más joven, muchacho de veinte años escasos, pecoso, con una cabellera rojiza, a la que debía el apodo de Cabeza de Cobre, con que todo el mundo lo designaba, era de baja estatura, fuerte y robusto. El otro, más alto, un alto flaco y huesudo, era ya viejo, de aspecto endeble y achacoso.

Ambos con la mano derecha sostenían la lámpara y con la izquierda un manojo de pequeños trozos de cordel en cuyas extremidades había atados un botón o una cuenta de vidrio de distintas formas y colores: eran los tantos o señales que los barreteros sujetan dentro de las carretillas de carbón para indicar su procedencia.

La campana del reloj, colgado en el muro, dio pausadamente las seis. De cuando en cuando un minero jadeante se precipitaba por la puerta, descolgaba su lámpara y con la misma prisa abandonaba la habitación, lanzando al pasar junto a la mesa una tímida mirada al capataz, quien, sin despegar los

registry. Suddenly, and with a curt gesture, he spoke to two workers who were moving quickly toward the exit door:

"You two, stay here."

The pair turned, surprised, and a vague feeling of unease ran across their pale faces. The youngest, barely twenty years old, freckled, with abundant red locks that earned him the nickname "Copperhead", was short, strong and chunky. The other, taller, a little thin and bony, was already old and had a weak and sickly appearance.

Each held a lamp in their right hand, and in their left a handful of short pieces of cord with buttons and bits of glass of distinctive colors: these were the markers or tally-counters which the miners placed in the wagons of coal to indicate their origin and who had filled the wagon.

The clock on the wall slowly rang out the six bells of the hour. From time to time a sweaty miner would burst through the door, grab his lamp and head toward the elevator, glancing timidly at the foreman who, without moving his lips would mark the latecomer in

labios, impasible y severo, señalaba con una cruz el nombre del rezagado.

Después de algunos minutos de silenciosa espera el empleado hizo una seña a los obreros para que se acercasen, y les dijo:

-Son Vds. barreteros de la Alta, ¿no es así?

-Sí, señor,- respondieron los interperlados.

-Siento decirles que quedan sin trabajo. Tengo orden de disminuir el personal de esa veta.

Los obreros no contestaron y hubo por un instante un profundo silencio.

Por fin el de más edad dijo:

-¿Pero se nos ocupará en otra parte?

Figura 16.3 Minero

El individuo cerró el libro con fuerza y echándose atrás en el siento con tono serio contestó:

-Lo veo difícil, tenemos gente de sobra en todas las faenas.

El obrero insistió:

-Aceptamos el trabajo que se nos dé; seremos torneros, apuntaladores, lo que Vd. quiera.

El capataz movía la cabeza negativamente.

the book with a large "X" next to his name.

After a few minutes of silent waiting the forem gestured to the two miners, signalling them to come close, and said:

"You two are miners from La Alta, right?"

"Yes, sir", they replied.

"I'm sorry to tell you that there is no work for you. I have orders to cut back the work force in this shaft."

The workers did not answer and there was a profound silence for a while.

Finally the older one said:

"But will there be work for us somewhere else?"

The boss closed the book firmly and leaning back in his chair replied in a grave voice:

"It doesn't look good, we have too many people in all of the mines".

The worker kept at it:

"We would take anything you give us; we'd work as maintenance, shorers, whatever".

The foreman shook his head in a negative gesture.

-Ya les he dicho, hay gente de sobra y si los pedidos de carbón no aumentan, habrá que disminuir también la explotación en algunas otras vetas.

Una amarga e irónica sonrisa contrajo los labios del minero, y exclamó:

-Sea Vd. franco, don Pedro, y díganos de una vez que quiere obligarnos a que vayamos a trabajar al Chiflón del Diablo.

El empleado se irguió en la silla y protestó indignado:

-Aquí no se obliga a nadie. Así como Vds. son libres para rechazar el trabajo que no les agrade, la Compañía, por su parte, está en su derecho para tomar las medidas que más convengan a sus intereses.

Durante aquella filípica, los obreros con los ojos bajos escuchaban en silencio y al ver su humilde continente la voz del capataz se dulcificó.

-Pero, aunque las órdenes que tengo son terminantes- agregó -quiero ayudarles a salir del paso. Hay en El Chiflón Nuevo, o del Diablo, como Vds. lo llaman, dos vacantes de barreteros, pueden ocuparlas ahora mismo; pues mañana sería tarde. ...

El trato quedó hecho. Los obreros aceptaron sin poner objeciones el nuevo trabajo y un momento después estaban en la jaula, cayendo a plomo en las profundidades de la mina.

"I've just told you, there are too many workers and if the demand for coal doesn't increase, we will have to slow down production in some other mines as well".

A bitter and ironic smile pulled back the miner's lips as he cried out:

"Come on, Don Pedro, level with us, and tell us straight out that you want to force us to work in the Devil's Tunnel".

The foreman rose up in his chair and indignantly protested:

"No one forces anyone here. Just as you are free to turn down any work you don't like, the Company has the right to take whatever measures are good for it".

During his explanation, the two miners listened quietly with downcast eyes. Seeing their humble demeanor the foreman softened his tone:

"Look, even though I have strict orders I'll try to help you two out. In the New Tunnel, or the Devil's Tunnel as you call it, there are two openings for miners, but you had better take them now. Tomorrow will be too late." ...

The deal was made. The workers accepted their new assignments without objection and a moment later were in the cage, hurtling down the depths of the mine like lead weights.

La galería del Chiflón del Diablo tenía una siniestra fama. Abierta para dar salida al mineral de un filón recién descubierto se habían en un principio ejecutado los trabajos con el esmero requerido. Pero a medida que se ahondaba en la roca, ésta se tornaba porosa e inconsistente. Las filtraciones un tanto escasas al empezar habían ido en aumento, haciendo muy precaria la estabilidad de la techumbre que sólo se sostenía mediante revestimientos.

Una vez terminada la obra, como la inmensa cantidad de maderas que había que emplear en los apuntalamientos aumentaba el costo del mineral de un modo considerable, se fue descuidando poco a poco esta parte esencialísima del trabajo. Se revestía siempre, sí, pero con flojedad, economizando todo lo que se podía.

Los resultados de este sistema no se dejaron esperar. Continuamente había que extraer de allí un contuso, un herido y también a veces algún muerto aplastado por un brusco desprendimiento de aquel techo falto de apoyo, y que minado traidoramente por el agua, era una amenaza constante para las vidas de los obreros, quienes, atemorizados por la frecuencia de los hundimientos, empezaron a

The shaft of the Devil's Tunnel had a sinister reputation. It had been opened to give access to a new seam of coal, and in the beginning the shoring had been done correctly. But as the shaft penetrated, the rock grew more porous and unpredictable. The percolating water, which had been minimal at the beginning, increased to the point that the stability of the ceiling was precarious and could be made safe only with much wooden shoring.

Once the shaft was dug, and as the digging progressed, the immense number of wooden beams required for the shoring increased the cost of the mined coal considerably, and the management bit by bit began to take shortcuts. True, the shoring was continued, but it was inadequate and sloppy as they tried to economize as much as possible.

The results were predictable. There were frequent accidents. Hurt and even dead miners were a common occurrence as the ceiling would break away unexpectedly due to the lack of support and the treacherous action of the unseen waters. This constant threat to the lives of the workers took its toll, and more and more miners, fearful of the frequent collapses, refused to work in the fatal corridor. But

rehuirlas tareas en el mortífero corredor. Pero la Compañía venció muy luego su repugnancia con el cebo de unos cuantos centavos más en los salarios y la explotación de la nueva veta continuó.

Muy luego, sin embargo, el alza de jornales fue suprimida sin que por esto se paralizasen las faenas, bastando para obtener este resultado el método puesto en práctica por el capataz aquella mañana.

Cabeza de Cobre llegó esa noche a su habitación más tarde que de costumbre. Estaba grave, meditabundo, y contestaba con monosílabos las cariñosas preguntas que le hacía su madre sobre su trabajo del día. En ese hogar humilde había cierta decencia y limpieza, por lo común desusadas en aquellos albergues donde, en promiscuidad repugnante, se confundían hombres, mujeres, y niños y una variedad tal de animales que cada uno de aquellos cuartos sugería en el espíritu la bíblica visión del Arca de Noé.

the Company very soon overcame their resistance with the bait of a few centavos more in salaries, and the work in the new mine shaft continued.

Later, however, the pay raises were cancelled, even though the work continued. To keep the shaft manned the Company resorted to the kind of tactic the foreman had just used on the two miners.

Copperhead got back to his home much later than usual that night. He was silent and taciturn, answering with monosyllables the gentle questions his mother asked him about the day's work. In that humble home there was a certain decency and cleanliness, rare qualities in those hovels where, in repugnant promiscuity men, women and children were all thrown together along with the company of so many animals that they suggested a vision of Noah's Ark.

Figura 16.4 La mina

La madre del minero era una mujer alta, delgada, de cabellos blancos. Su rostro muy pálido tenía una expresión resignada y dulce que hacía más suave aún el brillo de sus ojos húmedos, donde las lágrimas parecían estar siempre prontas a resbalar. Llamábase María de los Angeles.

The miner's mother was a tall, thin woman, with white hair. Her pale face had a resigned and sweet expression which softened the brightness of her eyes, where tears seemed always ready to spring out. Her name was María de los Angeles.

Figura 16.5 Los peligros de la mina

Hija y madre de mineros, terribles desgracias le habían envejecido prematuramente. Su marido y dos hijos, muertos unos tras otros, por los hundimientos y los explosivos del grisú, fueron un tributo que los suyos habían pagado a la insaciable avidez de la mina. Sólo le restaba aquel muchacho por quien su corazón, joven aún, pasaba en continuo sobresalto.

Siempre temerosa de una desgracia, su imaginación no se apartaba un instante de las tinieblas

Daughter and mother of miners, she had aged prematurely under the strain of terrible disasters. Her husband and two sons had been killed one after the other by mine collapses and gas explosions. These were the tributes that her loved ones had paid to the insatiable voracity of the mine. All she had left was that young man for whom her heart, still young, always ached.

Always fearful of an accident, her imagination never for an instant left the misty coal seam that

del manto carbonífero que absorbía aquella existencia que era su único bien, el único lazo que le sujetaba a la vida.

Cabeza de Cobre se fue a la mañana siguiente a su trabajo sin comunicar a su madre el cambio de faena efectuado el día anterior. Tiempo de sobra habría siempre para decirle aquella mala noticia. Con la despreocupación propia de la edad no daba grande importancia a los temores de la anciana. Fatalista, como todos sus camaradas, creía que era inútil tratar de sustraerse al destino que cada cual tenía de antemano designado.

Se acercaba la hora del mediodía, y en los cuartos las mujeres atareadas preparaban las cestas de la merienda para los trabajadores, cuando el breve repique de la campana de alarma las hizo abandonar la faena y precipitarse despavoridas fuera de las habitaciones. ...

Una recia barrera de maderos defendía por un lado la abertura del pozo y en ella fue a estrellarse parte de la multitud. En el otro lado unos cuantos obreros con la mirada hosca, silenciosos y taciturnos, contenían las apretadas filas de aquella turba que ensordecía con sus gritos, pidiendo noticias de sus deudos, del número de muertos y del sitio de la catástrofe.

was possessing the only thing she had left, the only thing she lived for.

Copperhead went to work the next day without telling his mother of his new assignment in the Devil's Tunnel. There would be plenty of time to give her the bad news. With the indifference so typical of those his age he gave little thought to the dangers or the fears of the old woman. A fatalist, like all his comrades, he believed that it was useless to try to change the fate which each human had been assigned as his destiny.

As the noon hour approached the women in their hovels prepared the baskets with their men's lunches. Suddenly the shrill sound of the alarm bell made them drop their tasks and desperately leave their hovels and run to the pit entrance. ...

A strong wooden barrier surrounded the mouth of the shaft, and the multitude of running women crashed against it in their desperate efforts to reach their men. On the other side of the fence a few grim miners, silent and taciturn, held back the women who screamed and shouted, pleading for news of their loved ones, of the number of dead and the site of the disaster.

En la puerta de los departamentos de las máquinas se presentó con la pipa entre los dientes uno de los ingenieros, un inglés corpulento, de patillas rojas, y con la indiferencia que da la costumbre, pasó una mirada sobre aquella escena. Una formidable imprecación lo saludó y centenares de voces aullaron:

-¡Asesinos, asesinos!

Las mujeres levantaban los brazos por encima de sus cabezas y mostraban los puños, ebrias de furor. El que había provocado aquella explosión de odio lanzó al aire algunas bocanadas de humo y volviendo la espalda, desapareció.

Las noticias que los obreros daban del accidente calmaron un tanto aquella excitación. El suceso no tenía las proporciones de las catástrofes de otras veces: sólo había tres muertos, de quienes se ignoraban los nombres. Por lo demás y casi no había necesidad de decirlo, la desgracia, un derrumbe, había ocurrido en la galería del Chiflón del Diablo, donde se trabajaba hacia ya dos horas en extraer las víctimas, esperando de un momento a otro la señal de izar en el departamento de las máquinas.

Aquel relato hizo nacer la esperanza en muchos corazones devorados por la inquietud. María de los Angeles, apoyada en la barrera, sintió que la tenaza que

One of the engineers peered out of the doorway of the machinery room. He was a fat Englishman, with a pipe in his teeth, with red sideburns, and an air of indifference born of habit, as he surveyed the scene. When they women saw him, they greeted him with a formidable cursing, and a hundred voices wailed:

"Murderers, murderers!"

The women raised their arms over their heads and shook their fists, blind with rage. The engineer who had provoked that explosion of fury blew a few puffs of smoke, turned his back, and left.

The news coming from the miners slowly calmed the throng. The event was not as bad as past catastrophes: there were only three dead, names yet unknown. It was almost not necessary to mention that the accident, a roof collapse, had taken place in the gallery of the Devil's Tunnel, where for two hours now rescue teams were trying to get the dead out. Any moment now the signal would be given for the machinery to turn and bring up the bodies.

This information gave hope in many hearts devoured by uncertainty. María de los Angeles, leaning against the barrier, felt the vise which had gripped her innards

mordía sus entrañas aflojaba sus férreos garfios. No era la suya esperanza, sino certeza: de seguro él no estaba entre aquellos muertos. Y reconcentrada entre sí misma ese feroz egoísmo de las madres, oía casi con indiferencia los histéricos sollozos de las mujeres y sus ayes de desolación y angustia.

relax a little. She no longer needed to hope; she was now certain that Copperhead would not be among the dead. And with that fierce egocentrism of mothers, she listened almost indifferently to the hysterical cries of the other women as they expressed their anguish and despair.

Figura 16.6 El Chiflón del diablo

De improviso el llanto de las mujeres cesó; un campanazo seguido de otros tres resonaron lentos y vibrantes: era la señal de izar. Un estremecimiento agitó la muchedumbre que siguió con avidez las oscilaciones del cable que subía, en cuya extremidad estaba la terrible incógnita que

Suddenly the crying of the women ceased: a single bell followed by three rings resonated slowly and vibrantly: it was the signal to raise the elevator. A shudder moved through the multitude who followed avidly the vibrations of the rising cable, knowing that at the other end of the wire was the terrible unknown

todos ansiaban y temían descifrar.

Un silencio lúgubre interrumpido apenas por uno que otro sollozo reinaba en la plataforma y el aullido lejano se esparcía en la llanura y volaba por los aires, hiriendo los corazones como un presagio de muerte. Algunos instantes pasaron, y de pronto la gran argolla de hierro que corona la jaula, asomó por sobre el brocal. El ascensor se balanceó un momento y luego se detuvo sujeto por los ganchos del reborde superior. Dentro de él algunos obreros con las cabezas descubiertas rodeaban una carretilla negra de barro y de polvo de carbón.

Un clamoreo inmenso saludó la aparición del fúnebre carro, la multitud se arremolinó y su loca desesperación dificultaba enormemente la extracción de los cadáveres. El primero que se presentó a las ávidas miradas de la turba estaba forrado en mantas y sólo dejaba ver los pies descalzos, rígidos y manchados de lodo.

El segundo que siguió inmediatamente al anterior tenía la cabeza desnuda: era un viejo de barba y cabellos grises. El tercero y último apareció a su vez. Por entre los pliegues de la tela que lo envolvía asomaban algunos mechones de pelos rojos que lanzaban a la luz del sol un reflejo

which all feared and hoped to decipher.

A grim silence, interrupted by one or two sobs, reigned on the platform. The cries slowly rolled over the plain and into the air, wounding hearts as a presage of death. Some minutes passed, and soon the great iron ring which connected the elevator cage to the cable appeared. The elevator shuddered for an instant and then came to a halt. Inside the cage a small group of bareheaded workers surrounded a cart, blackened and dirty with mud and coal dust.

An immense cry greeted the appearance of this funeral car, and the multitude desperately rushing the pit entrance made it difficult to move the bodies off. The first body the group could see was covered with blankets and they could only see bare feet, stiff and spattered with mud.

The second body, which followed immediately, was bareheaded: he was an old man with grey beard and hair. Then the third and last corpse appeared. Between the folds of the blanket which enveloped him could be seen some tufts of reddish hair which shone like recently melted

de cobre recién fundido. Varias voces profirieron con espanto:
- ¡El Cabeza de Cobre!

El cadáver tomado por los hombros y por los pies fue colocado trabajosamente en la camilla que lo aguardaba. María de los Angeles al percibir aquel lívido rostro y esa cabellera que parecía empapada en sangre, hizo un esfuerzo sobrehumano para abalanzarse sobre el muerto; pero apretaba contra la barrera sólo pudo mover los brazos en tanto que un sonido inarticulado brotaba de su garganta. Luego, sus músculos se aflojaron, los brazos cayeron a lo largo del cuerpo y permaneció inmóvil en el sitio como herida por el rayo.

Los grupos se apartaron y muchos rostros se volvieron hacia la mujer, quien con la cabeza doblada sobre el pecho, sumida en una sensibilidad absoluta, parecía absorta en la contemplación del abismo abierto a sus pies.

Jamás se supo cómo salvó la barrera, detenida por los cables niveles, se la vio por un instante agitar sus piernas descarnadas en el vacío, y luego, sin un grito, desaparecer en el abismo. Algunos segundos después, un ruido sordo, lejano, casi imperceptible, brotó de la hambrienta boca del pozo de la cual se escapaban bocanadas de tenues vapores: era el aliento del monstruo ahíto de sangre en el fondo de su cubil.

copper in the golden sunlight. Several voices cried out in shock: "It's Copperhead!"

The body was lifted by the shoulders and feet and was laboriously placed in the waiting stretcher. Maria de los Angeles, upon seeing that ruddy face and that hair which now seemed drenched in blood, made a superhuman effort to throw herself on the body of her son. But pressed up against the barrier she could only move her arms as an inarticulate soundless cry burst from her throat. Then her muscles relaxed, her arms fell to her side and she stood motionless as if hit by a lightning bolt.

The group parted and many faces turned toward the woman who, with her head on her chest, deep in an absolute trance, seemed absorbed in contemplating the abyss open at her feet.

No one ever understood how she managed to jump over the barrier or the retaining cables. But many saw her for an instant as her bare legs dangled over empty space and she disappeared, without a sound, into the abyss. A few seconds later, a low and distant sound, almost imperceptible, erupted from the hungry mouth of the pit along with a few puffs of thin vapor: it was the breath of the monster gorged with blood in the depths of his lair.

Figura 16.7 El Chiflón del diablo

Lección 17. Modernismo: Darío

El Modernismo

La corriente literaria más importante del fin del siglo (y comienzos del siglo actual) fue el Modernismo. Es un hito fundamental, una divisoria de aguas, en el sentido que cualquier obra literaria (especialmente poesía) se identifica como pre-modernista, modernista, o post-modernista.

El Modernismo fue una literatura escapista, nueva y renovadora, que dio la espalda a los excesos emocionales del Romanticismo, a la inocencia del Costumbrismo, a la representación fotográfica del Realismo, y al

Figura 17.1 El cisne

compromiso socio-político del Naturalismo influido por el Positivismo. El impacto del Modernismo se debe a su novedad, su frescura, sus simbolismos, y sus imágenes, colores y sonidos vívidos. El modernista vivía en una torre de marfil, y desde las alturas podía ignorar con desdén las feas realidades que existían abajo, en el mundo cotidiano. Los símbolos del Modernismo eran las frías estatuas de mármol, y en forma especial el cisne, animal de gran belleza pero poca utilidad práctica.

Cuadro 17.1: Modernismo
(Lecciones 17, 18)

Marco histórico-cultural:	Terminada la consolidación de la mayoría de las naciones, se busca un refinamiento en el arte y la literatura.
En la literatura:	Movimiento renovador, estético. Arte por el arte. La forma es más importante que el contenido. Enfasis en lo bello, lo musical, lo exótico. Gran uso del símbolo, la metáfora, y la imagen poética.
Autores:	Rubén Darío José Enrique Rodó José Asunción Silva
Fechas aproximadas	Fines del S XIX, principios del Siglo XX
Otros aspectos culturales:	No hay paralelo exacto, aunque se puede decir que el impresionismo y el abstraccionismo, con su énfasis en la forma y su menosprecio del contenido, son una analogía al modernismo literario.

Es un movimiento complejo, con complejas raíces y manifestaciones. Tiene un fuerte elemento clásico, pero las influencias principales son el Parnasianismo y el simbolismo francés. El Parnasianismo (el nombre deriva de Parnaso, la montaña sagrada de Apolo y las musas en el sur de Grecia) enfatizaba la forma y "el arte por el arte", con poco interés en el contenido social o político. La otra raíz, el simbolismo francés, usó la poesía para obtener efectos musicales a través de los sonidos de las palabras y el ritmo del verso.

El Modernismo inauguró un período que se llamó, a pesar de brevedad, el "Siglo de Oro" de las letras latinoamericanas. Los principales autores fueron imitados por numerosos admiradores en América y España. Después del énfasis en lo real, lo feo y lo desagradable que trajo el Realismo, el Naturalismo y el Positivismo, esta nueva corriente literaria era un escape de estas realidades por medio de un arte refinado, perfecto, culto, precioso y cosmopolita.

Pero, de igual manera que el Romanticismo, el Modernismo tuvo una fase política que podemos ver en algunos poemas de Darío (Walt Whitman, A Roosevelt), y especialmente en los ensayos de Rodó (Ariel). El tema principal es la dualidad de la actitud de la América Latina hacia los Estados Unidos, muy notable después de la Guerra con España (1898), y la independencia de Panamá (1903). Se admiraba la energía, la eficiencia, el trabajo y el dinamismo del poderoso vecino anglosajón del norte, pero a la vez habían preocupaciones acerca de la creciente tendencia hacia el imperialismo y el énfasis excesivo en lo material.

Rubén Darío

Aunque el Modernismo tuvo sus precursores (Martí, por ejemplo), la gran figura de este movimiento es el poeta nicaragüense Rubén Darío (1867-1916). Nació en un pueblito, hijo natural de padres separados; su nombre "Darío" lo escogió él, supuestamente por su asociación con el lejano y exótico emperador pérsico. Precoz desde su infancia, se le dio el apodo "niño poeta". Viajó a Chile y Europa, donde se empapó con lo mejor de las nuevas corrientes francesas parnasianas y simbolistas. En 1888 se publica *Azul*, obra fundamental del

Figura 17.2 Darío

Modernismo, y cuyo nombre simboliza lo puro, exótico y elevado del movimiento: azul del aire, azul del cielo, azul de la heráldica, azul de lo precioso. Lleno de símbolos, colores, y renovación literaria, este libro puso en marcha la nueva corriente entre un pequeño pero fructífero grupo de poetas latinoamericanos.

Además de ser poeta, Darío trabajó como periodista y diplomático en la América Latina y Europa, conociendo a las principales figuras del mundo cultural hispano. Era hombre de grandes apetitos (y excesos), y es probable que su carrera y su vida sufrieron por este motivo.

Darío conoció a los Estados Unidos por medio de viajes y de su literatura. Admiraba la energía del país, y vemos esta admiración en los versos que escribió honrando al poeta Walt Whitman. Pero después de la Guerra con España y la intervención de Teddy Roosevelt en Panamá en 1903, empezó a preocuparse por el peligro que el dinamismo y la expansión estadounidense representaban para los países más débiles y menos organizados del sur.

El cisne

Fue en una hora divina para el género humano.
El Cisne antes cantaba solo para morir.
Cuando se oyó el acento del Cisne wagneriano
fue en medio de una aurora, fue para revivir.

Sobre las tempestades del humano océano
se oye el canto del Cisne; no se cesa de oír,
dominando el martillo del viejo Thor germano
o las trompas que cantan la espada de Argantir.

¡O Cisne! ¡O sacro Pájaro! Si antes la blanca Helena
del huevo azul de Leda brotó de gracia llena,
siendo de la Hermosura la princesa inmortal,

bajo tus blancas alas la nueva Poesía
concibe en una gloria de luz y de armonía
la Helena eterna y pura que encarna el ideal.

En este poema, y en el cuento que sigue, Darío emplea una serie de referencias clásicas y literarias. Entre ellas: Nemrod fue un cazador legendario, mencionado en la Biblia; también fue el primer gran emperador en la tierra. Tolstoy, escritor ruso (1828-1910); abogaba por el pacifismo y la abnegación. Netzahualcoyotl (1403-1470) fue emperador y poeta azteca (el primero que conocemos de nombre). Baco, dios del vino. Guatemoc (Cuahutémoc) fue sobrino del emperador Moctezuma; en 1525 los españoles lo torturaron y luego lo mataron. La reina Mab fue una hada en la mitología céltica. Fidias fue famoso escultor griego del siglo VI. Terpandro fue un famoso músico griego del siglo VII a. de c.

Figura 17.3 Musa griega de la poesía

It was a divine hour for humankind.
Before, the Swan sung only at the moment of death.
But when the accent of the Wagnerian Swan was heard
it was in the midst of a dawn's aurora, it was revival.

Over the tempests of the human ocean
was heard the song of the Swan, unceasing,
dominating the hammering of the old Germanic Thor
or the trumpets that sing of the sword of Argantir.

O Swan! O sacred bird! If before, the pale Helena
blossomed full of grace from Leda's blue egg,
becoming the immortal princess of Beauty,

under your snow-white wings the new Poetry
conceives in the glory of light and harmony
eternal and pure Helen, incarnation of the ideal.

Walt Whitman (1890)

En su país de hierro vive el gran viejo,
bello como un patriarca, sereno y santo.
Tiene en la arruga olímpica de su entrecejo
algo que impera y vence con noble encanto.

Su alma del infinito parece espejo;
son sus cansados hombros dignos del manto;
y con arpa labrada de un roble añejo
como un profeta nuevo canta su canto.

Sacerdote, que alienta soplo divino,
anuncia en el futuro, tiempo mejor.
Dice al águila: "¡Vuela!"; "¡Boga!" al marino,

y "¡Trabaja!", al robusto trabajador.
¡Así va ese poeta por su camino
con su soberbio rostro de emperador!

Figura 17.4 Whitman

A Roosevelt

¡Es con voz de la Biblia, o verso de Walt Whitman,
que habría que llegar hasta ti, cazador!
¡Primitivo y moderno, sencillo y complicado,
con un algo de Wáshington y cuatro de Nemrod!
Eres los Estados Unidos,
eres el futuro invasor
de la América ingenua que tiene sangre indígena,
que aún reza a Jesucristo y aún habla en español.

Eres soberbio y fuerte ejemplar de tu raza;
eres culto, eres hábil; te opones a Tolstoy.
Y domando caballos, o asesinando tigres,
eres un Alejandro-Nabucodonosor.
(eres un profesor de Energía,
como dicen los locos de hoy.)

The grand old man lives in his country of iron,
A beautiful patriarch, serene and saintly.
With an olympic crease between his eyebrows
that dominates and conquers with noble charm.

His infinite soul seems like a mirror;
with his tired shoulders that merit a cloak;
and with his harp carved from seasoned oak
he sings his song like a new prophet.

Priest, whose breath is divine inspiration,
he announces better times in the future.
To the eagle he says: "Fly!",
and to the sailor: "Row!"

And "Work!" to the hardy laborer.
Thus goes the poet on his way
with his splendid imperial countenance.

Figura 17.5 Darío y el cisne

The voice of the Bible, or Walt Whitman's poetry
is needed to reach you, Hunter!
Primitive and modern, simple and complex,
with one part Washington and four part Nimrod!
You are the United States
you are the future invader
of innocent America which still has Indian blood,
still prays to Jesus Christ and still speaks Spanish.

You are a proud and strong example of your race;
you are cultured; you are able; you oppose Tolstoy.
And breaking wild horses, or assassinating tigers
you are Alexander Nebuchadnezzar.
(You are a professor of Energy,
as today's lunatics would put it).

Crees que la vida es incendio,
que el progreso es erupción;
que en donde pones la bala
el porvenir pones.   No.

Los Estados Unidos son potentes y grandes.
Cuando ellos se estremecen hay un hondo temblor
que pasa por las vértebras enormes de los Andes.
Si clamáis, se oye como el rugir del león.
Ya Hugo a Grant lo dijo: "Las estrellas son vuestras."
(Apenas brilla, alzándose, el argentino sol
y la estrella chilena se levanta...) Sois ricos.
Juntáis al culto de Hércules el culto de Mammón;
y alumbrado el camino de la fácil conquista,
la Libertad levanta su antorcha en Nueva York.

Más la América nuestra que tenía poetas
desde los tiempos viejos de Netzahualcoyotl,
que ha guardado las huellas de los pies del gran Baco;
que el alfabeto pánico en un tiempo aprendió;
que consultó los astros, que conoció la Atlántida,
cuyo nombre nos llega resonando en Platón;
que desde los remotos momentos de su vida
vive de luz, de fuego, de perfume, de amor;
la América del grande Moctezuma, del Inca,
la América fragante de Cristóbal Colón,
la América católica, la América española,
la América en que dijo el noble Guatemoc;
"Yo no estoy en un lecho de rosas"; esa América
que tiembla de huracanes y que vive de amor;
hombres de ojos sajones y alma bárbara, vive.
Y sueña, Y ama, y vibra; y es la hija del Sol.

Tened cuidado. ¡Vive la América española!
Hay mil cachorros sueltos del león español.
Se necesitaría, Roosevelt, ser, por Dios mismo,
el Riflero terrible y el fuerte Cazador
para poder tenernos en vuestras férreas garras.

Y, pues contáis con todo, falta una cosa: ¡Dios!

You believe that life is a fire,
and that progress is an eruption;
that where you aim your bullet
progress will strike.   No.

The United States is powerful and great.
When it shakes there is a deep shudder
Through the enormous vertebrae of the Andes.
If you shout, it sounds like the roar of a lion.
Hugo has already said to Grant: "The stars are yours".
(The slowly dawning Argentine sun barely shines
and the Chilean star rises...) You are rich.
You join the cult of Hercules with that of Mammon;
and Liberty, with her lamp in New York
lights the path to easy conquest.

But our America which had poets
since the old times of Netzahualcoyotl,
and has kept the trail of the great Bacchus;
who once learned Pan's alphabet;
who consulted the stars, who knew Atlantis;
whose name resonates to us through Plato;
who in the remote moments of his life   **Fig. 17.6 Roosevelt**
lived in light, in fire, in perfume, in love;
the America of the great Moctezuma, of the Inca,
the fragrant America of Christopher Columbus,
Catholic America, Spanish America,
the America in which the noble Cuauhtémoc said:
"I am not lying in a bed of roses"; that America
that trembles with hurricanes and lives off of love;
that America lives, oh men of Saxon eyes and barbaric souls.
It dreams. And loves, and resonates; she is the daughter of the Sun.

Be careful. Long live Spanish America!
A thousand cubs of the Spanish lion are loose.
You would need, Roosevelt, to be, by God Himself,
the terrible Rifleman and the strong Hunter
to be able to keep us in your steel claws.

And, although you have everything, one thing is missing: God!

Sonatina

La princesa está triste... ¿Qué tendrá la princesa?
Los suspiros se escapan de su boca de fresa
que ha perdido la risa, que ha perdido el color.
La princesa está pálida en su silla de oro,
está mudo el teclado de su clave sonoro,
y en un vaso olvidada se desmaya una flor.

El jardín puebla el triunfo de los pavos reales;
parlanchina, la dueña dice cosas banales,
y vestido de rojo piruetea el bufón.
La princesa no rie, la princesa no siente;
la princesa persigue por el cielo de Oriente
la libélula vaga de una vaga ilusión.

Figura 17.7 La princesa

¡Pobrecita princesa de los ojos azules!
Está presa en sus oros, está presa en sus tules,
en la jaula de mármol del palacio real;
el palacio soberbio que vigilen los guardas,
que custodian cien negros con sus cien alabardas,
un lebrel que no duerme y un dragón colosal.

The princess is sad... What ails the princess?
Her sighs escape that strawberry mouth
which has lost its laughter, which has lost its color.
The princess is pale on her throne of gold,
the keyboard of her sonorous clavichord is silent
and in a vase a forgotten flower faints.

The garden is full of triumphant peacocks;
the chatty dueña says banalities,
and the red-clothed buffoon pirouettes.
The princess laughs not, the princess feels not;
the princess pursues over the eastern sky
the vague dragonfly of a vague illusion.

Figura 17.8 El príncipe

Poor little princess of the blue eyes!
She is imprisoned in her gold, imprisoned in her veils
in the jail of marble in the palace royal;
the arrogant palace surrounded by guards,
and the hundred black custodians with their hundred halberds,
a wide-awake greyhound and a colossal dragon.

O quién fuera hipsipila que dejó la crisálida!
(La princesa está triste. La princesa está pálida)
¡O visión adorada de oro, rosa y marfil!
¡Quién volara a la tierra donde un príncipe existe
(La princesa está pálida. La princesa está triste)
más brillante que el alba, más hermoso que abril!

Calla, calla, princesa -dice el hada madrina-
en caballo con alas hacia acá se encamina,
en el cinto la espada y en la mano el azor,
el feliz caballero que te adora sin verte,
y que llega de lejos, vencedor de la Muerte,
a encenderte los labios con su beso de amor.

Figura 17.9
La reina Mab

El velo de la reina Mab

La reina Mab, en su carro hecho de una sola perla, tirado por cuatro coleópteros de petos dorados y alas de pedrería, caminando sobre un rayo de sol, se coló por la ventana de una buhardilla donde estaban cuatro hombres flacos, barbudos e impertinentes, lamentándose como unos desdichados.

Queen Mab, in her chariot made from a single pearl, pulled by four coleopters with golden shells and jeweled wings, treading on a ray of the sun, slipped through the window of a garret where the four men were: thin, bearded and impertinent, complaining as if they were unfortunate.

Oh if she were just a butterfly who left the chrysalis!
(The princess is sad. The princess is pale)
Of adored vision of gold, rose and ivory!
Who would fly to the land where the prince exists
(The princess is pale. The princess is sad)
more brilliant than the dawn, more beautiful than April!

"Hush, hush, princess", says the fairy godmother
he is coming this way on a winged horse
a sword on his waist and on his hand a falcon,
the happy knight who adores you before seeing you,
who comes from afar, victor over Death,
to ignite your lips with his kiss of love.

Figura 17.10 Los cuatro hombres

Por aquel tiempo, las hadas habían repartido sus dones a los mortales. A unos habían dado las varitas misteriosas que llenan de oro las pesadas cajas de comercio; a otros unas espigas maravillosas que al desgranarlas colmaban las trojes de riqueza; a otros unos cristales que hacían ver en el riñón de la madre tierra oro y piedras preciosas; a quienes, cabelleras

In those days, the fairies had distributed their gifts to mortals. Some had received mysterious rods which filled the heavy merchant's boxes with gold; others were given marvellous ears of grain which, when shaken out filled the grainaries to overflowing with their riches; others received glasses which let them peer into the entrails of mother earth and see gold and

espesas y músculos de Goliat, y mazas enormes para machacar el hierro encendido; y a quienes, talones fuertes y piernas ágiles para montar en las rápidas caballerías que se beben el viento y que tienden las crines en la carretera.

Los cuatro hombres se quejaban. Al uno le había tocado en suerte una cantera, al otro al iris, al otro el ritmo, al otro el cielo azul.

precious stones; others were given the thick hair and muscles of Goliath, and enormous maces to beat burning iron; and to some, were given strong talons and agile legs to mount swift steeds who drink the wind and spread their manes and speed down the roads.

The four men were complaining. Fortune had given one of them a sculptor's quarry, one a painter's iris, another rhythm, and the last the blue sky.

Figura 17.11 Pan y la musa modernista

La reina Mab oyó sus palabras. Decía el primero:
-¡Y bien! ¡Heme aquí en la gran lucha de mis sueños de mármol! Yo he arrancado el bloque y tengo el cincel. Todos tenéis, unos el oro, otros la armonía, otros la luz; yo pienso en la blanca y divina Venus, que muestra su desnudez bajo el paflón color del cielo. Yo quiero dar a la masa la línea y la hermosura plástica; y que circule

Queen Mab heard their words. The first one said:
"And just look at this! Here I am in a great struggle with my life's dreams in marble! I have cut the block loose and I have my chisel. You fellows have: one of you gold, one harmony, one light. I think of the white and divine Venus who shows her nudity under the sky-colored ceiling. I want to give the mass of marble a line and plastic

por las venas de la estatua una sangre incolora como la de los dioses. Yo tengo el espíritu de Grecia en el cerebro, y amo los desnudos en que la ninfa huye y el fauno tiende los brazos. ¡O Fidia! Tú eres para mí soberbio y augusto como un semidiós, en el recinto de la terna belleza, rey ante un ejército de hermosuras que a tus ojos arrojan el magnífico Kiton mostrando la esplendidez de la forma de sus cuerpos de rosa y de nieve.

Tú golpeas, hieres y domas el mármol, y suena el golpe armónico como en verso, y te adula la cigarra, amante del sol oculta entre los pámpanos de la viña virgen. Para ti son los Apolos rubios y luminosos, las Minervas severas y soberanas. Tú, como un mago, conviertes la roca en simulacro y el colmillo del elefante en copa de festín. Y al ver tu grandeza siento el martirio de mi pequeñez. Porque pasaron los tiempos gloriosos. Porque tiemblo ante las miradas de hoy. Porque contemplo el ideal inmenso y las fuerzas exhaustas. Porque a medida de cincelo el bloque me ataraza el desaliento.

Y decía el otro:
-Lo que es hoy romperé mis pinceles. ¿Para qué quiero el iris y esta gran paleta de campo florido, si a la postre mi cuadro no será admitido en el salón? ¿Qué abordaré? He recorrido todas las

beauty; and may a colorless blood like that of the gods flow through the statue's veins. I have the spirit of Greece in my brain, and I love the nudes in which the nymph flees and the faun unfolds its arms. Oh Fidas! You are for me proud and august as a semi-god, in your niche of tender beauty, a king facing armies of beauties who, in front of your eyes, strip off their magnificent tunics to show the splendor of the shape of their rosy, snowy bodies.

You beat, wound and tame the marble, and the blows have a harmonic sound like verse, and the cicada admires you, lover of sun hidden among the grape arbors with virgin vines. Yours are the blond luminous Apollos, the severe and sovereign Minervas. You, like a magician, convert rock into image and the elephant's tusk into festive cup. And when I see your greatness I feel my martyrdom of smallness. Because the glorious times have passed. Because I tremble when facing the stares of today. Because I contemplate the immense ideal and exhausted energies. Because as I chisel I am overcome by discouragement.

And the second one said:
"Today I will break my brushes. What need do I have for the iris of a painter's eye and this great palette of colors of the flowers of the fields if in the end my painting won't be let into the gallery? What will be

escuelas, todas las inspiraciones artísticas. He pintado el torso de Diana y el rostro de la Madona. He pedido a las campiñas sus colores, sus matices, he adulado a la luz como a una amada, y la he abrazado como a una querida. He sido adorador del desnudo, con sus magnificiencias, con los tonos de sus carnaciones y con sus fugaces medias tintas. He trazado en mis lienzos los nimbos de los santos y las alas de los querubines. ¡Ah, pero siempre el terrible desencanto! ¡el porvenir! ¡Vender una Cleopatra en dos pesetas para poder almorzar!

¡Y yo que podría, en el estremecimiento de mi inspiración, trazar el gran cuadro que tengo aquí adentro!

Y decía el otro:

-Perdida mi alma en la gran ilusión de mis sinfonías, temo todas las decepciones. Yo escucho todas las armonías, desde la lira de Terpandro hasta las fantasías orquestales de Wagner. Mis ideales brillan en medio de mis audacias de inspirado. Yo tengo la percepción del filósofo que oyó la música de los astros. Todos los ruidos pueden apasionarse, todos los ecos son susceptibles de combinaciones. Todo cabe en la línea de mis escalas cromáticas.

La luz vibrante es himno, y el mediodía de la selva halla un eco en mi corazón. Desde el ruido de

accomplished? I have gone to all the schools, to all the artistic inspirations. I have painted the torso of Diana and the face of the Madonna. I have asked the fields for their colors, their shades, and I have adored the light as if she were a lover, I have embraced her as a mistress. I have been an adorer of nude, with all its magnificences, with all the carnation-shades and fleeting half-tones. I have drawn on my canvasses the halos of saints and the wings of cherubs. But always terrible disenchantment! The future! To sell a Cleopatra for two pesetas and be able to eat!

And I am the one who could, in the trembling of my inspiration, sketch out the great painting I have within me!"

And the third one said:

"My soul is lost in the great illusion of my symphonies, I fear all disillusionments. I listen to all the harmonies, from Terpandro's lyre to the orchestral fantasies of Wagner. My ideals shine brightly in midst of the daring of my inspirations. I have the perception of the philosopher who heard the music of the spheres. All noises can create passion, all echoes can have combinations. Everything fits in the lines of my chromatic scale.

Vibrant light is a hymn, and at noontime the jungle finds an echo in my heart. From the noise of the

la tempestad hasta el canto del pájaro, todo se confunde y enlaza en la infinita cadencia.

Entretanto, no diviso sino la muchedumbre que befa, y la celda del manicomio.

Y el último:

–Todos bebemos del agua clara de la fuente de Jonia. Pero el ideal flota en el azul; y para que los espíritus gocen de la luz suprema es preciso que asciendan. Yo tengo el verso que es de miel y el que es oro, y el que es de hierro candente. Yo soy el ánfora del celeste perfume; tengo el perfume: tengo el amor. Paloma, estrella, nido, lirio, vosotros conocéis mi morada. Para los vuelos inconmensurables tengo alas de águila que parten los golpes mágicos el huracán. Y para hallar consonantes, los busco en dos bocas que se juntan; y estalla el beso, y escribo la estrofa, y entonces, si veis mi alma, conoceréis a mi musa. Amo a las epopeyas porque de ellas brota el soplo heroico que agita las banderas que ondean las lanzas y los penachos que tiemblan sobre los cascos, los cantos líricos, porque hablan de las diosas y de los amores; y las églogas, porque son olorosas a verbena y a tomillo, y al santo aliento del buey coronado de rosas. Yo escribiría algo inmortal; mas me abruma un porvenir de miseria y de hambre.

tempest to the song of a bird, everything merges and links together in the infinite cadence.

But at the same time, I see only the crowd that scoffs, and the cell of the madhouse."

And the last one said:

"We all drink the clear water from the font of Jonia. But the ideal floats in the blue; and in order for the spirits to enjoy the supreme light it is necessary for them to climb. I have the verse which is honey, and gold, and red-hot iron. I am the vase of celestial perfume; I have the perfume: I have love. Dove, star, nest, lily, you know my dwelling-place. For the immeasurable flights I have wings of eagles which open up the magical blows of the hurricane. And to find consonants, I seek them in the mouths that join; and the kiss bursts forth, and I write the verse, and then, if you see my soul, you will know my muse. I love the epic poems because from them springs the heroic breeze that stirs the flags that wave on the lances and the pennants that tremble over the helmets. I love the lyrical songs because they speak of goddesses and loves. I love the pastoral poems because they smell of vervain and thyme, and the sacred breath of the ox crowned with flowers. I would write something immortal, but I am overcome by a future of misery and hunger."

Entonces la reina Mab, del fondo de su carro hecho de una sola perla, tomó un velo azul, casi impalpable, como formado de suspiros, o de miradas de ángeles rubios o pensativos. Y aquel velo era el velo de los sueños, de los dulces sueños, que hacen la vida del color de rosa. Y con él envolvió a los cuatro hombres flacos, barbudos e impertinentes. Los cuales cesaron de estar tristes, porque penetró en su pecho a la esperanza, y en su cabeza el sol alegre, con el diablillo de la vanidad, que consuela en sus profundas decepciones a los pobres artistas.

Y desde entonces, en las buhardillas de los brillantes infelices, donde flota el sueño azul, se piensa en el porvenir como en la aurora, y se oyen risas que quitan la tristeza, y se hallan extrañas farándulas alrededor de un blanco Apolo, de un lindo paisaje, de un violín viejo, de un amarillento manuscrito.

Then Queen Mab, from the depths of her chariot made from a single pearl, took a blue veil, almost imperceptible to the touch, as if shaped by sighs, or the gaze of blond and pensive angels. And that veil was the veil of dreams, of sweet dreams, which make life rose-colored. And with it she wrapped the four thin, bearded and impertinent men. And they stopped being sad, because hope entered their bosoms, and the joyful sun entered their heads, with the little devil of vanity, which comforts poor artists in their profound disillusionments.

And since that time, in the garrets of the unhappy brilliant ones, where the blue dream floats, they think of the future as if it were a new dawn, and we hear the laughter which wipes away sadness, and we see them dancing strange happy dances around a white Apollo, a pretty landscape, an old violin, and a yellowing manuscript.

Figura 17.12 Modernismo

Lección 18. Modernismo: Rodó, Silva

José Enrique Rodó

Si Darío es la figura principal de la poesía modernista, José Enrique Rodó (Uruguay, 1871-1917) ocupa el lugar destacado en la prosa del mismo movimiento. Es el paladín que defiende espiritualmente a la juventud latina contra los peligros del Positivismo, del materialismo, y de la mediocridad.

Aunque fue escritor polifacético, su fama radica en el ensayo *Ariel*, cuyo nombre deriva del personaje en la obra de William Shakespeare, *The Tempest*. La otra figura simbólica principal del ensayo también viene de la misma obra de Shakespeare: Calibán.

Figura 18.1 Rodó

Frecuentemente se interpreta el ensayo en forma simplista: Ariel es símbolo de los altos valores espirituales y culturales de la América Latina, y Calibán es símbolo del crudo materialismo y los valores utilitarios de los Estados Unidos. Esta interpretación simplista no es necesariamente equivocada, pero no capta el mensaje completo de Rodó, ni de otros muchos pensadores latinoamericanos a través de los años.

El mensaje de Rodó no se dirige en contra de los Estados Unidos; mas bien es un clarín que trata de avisar a los latinoamericanos, y especialmente su juventud, que los altos valores espirituales de cualquier pueblo son vulnerables ante la tentación del materialismo y las enseñanzas mecanistas y deterministas del Positivismo, factor tan importante en el continente a fines del siglo. Rodó toma nota de los importantes aportes de las dos culturas (latina y anglosajón), y concluye que la gran contribución a la humanidad hecha por los anglosajones es la libertad, mientras que los greco-latinos contribuyeron con su cultura. Pero estas dos contribuciones no son propiedad exclusiva de nadie, y cada civilización debe aprender de las otras.

Fgura 18.1 Ariel

Rodó (y otros) se preocupaban que la juventud hispana iba a perder su "latinidad" al aceptar, sin análisis adecuado, los atractivos valores que venían del exterior, especialmente de los Estados Unidos (llamó "nordomanía" a este proceso). La flaqueza del espíritu latino, según Rodó, era su tendencia hacia el caos y la anarquía, y un exceso de libertad podría acelerar esta tendencia. Al mismo tiempo, el materialismo de Calibán representaba un grave peligro a los valores latinos de espiritualidad, idealismo y belleza, que podrían resultar en una "deslatinización" de la América Latina.

Debemos entender que las ideas de Rodó arrancan de la retórica anti-positivista del movimiento Parnasiano y Modernista de su época. Sin embargo, su ensayo ha tenido (y sigue teniendo) gran influencia en la visión que muchos latinoamericanos tienen de los Estados Unidos, y las oportunidades y amenazas que el vecino del norte ofrece.

El mensaje de Rodó, entonces, es uno de equilibrio: cada civilización tiene elementos positivos y negativos para aportar. Es necesario aprender de otros, pero sin perder los valores fundamentales propios. Hay que tener cuidado de no separar la ética de la estética, porque lo bueno es

mejor si también es bello. Hay que admirar y respetar a los Estados Unidos, y tomar como contribuciones de ese país las cosas y los valores que pueden mejorar y desarrollar al latino; al mismo tiempo hay que tener cuidado con el materialismo que puede corromper el espíritu y la identidad que están en lo más íntimo del ser latino.

Ariel (Fragmentos)

Aquella tarde, el viejo y venerado maestro, a quien solían llamar Próspero, por alusión al sabio mago de *La Tempestad* shakesperiana, se despedía de sus jóvenes discípulos, pasado un año de tareas, congregándolos una vez más a su alrededor.

Ya habían llegado ellos a la amplia sala de estudio, en la que un gusto delicado y severo esmerábase por todas partes en honrar la noble presencia de los libros, fieles compañeros de Próspero. Dominaba en la sala - como numen de su ambiente sereno - un bronce primoroso, que figuraba al Ariel de *La Tempestad*. Junto a este bronce se sentaba habitualmente el maestro, y por ello le llamaban con el nombre del mago a quien sirve y favorece en el drama el fantástico personaje que había interpretado el escultor. Quizá en su enseñanza y en su carácter había, para el nombre, una razón y un sentido más profundos.

Ariel, genio del aire, representa, en el simbolismo de la obra de Shakespeare, la parte noble y alada del espíritu. Ariel es el

That afternoon the old and venerated teacher brought his young disciples together for the last session of the year's studies. They called him "Prospero", alluding to the wise magician of Shakespeare's *The Tempest*.

They had already arrived in their spacious study room, in which a delicate but severe taste was evident, emanating from the noble presence of books, Prospero's faithful companions. An elegant bronze statue of *The Tempest's* Ariel dominated the room, as the deity of its serene environment. The teacher usually sat next to this bust, and so they gave him the name of the magician who in the play had served and favored the fantastic personage who was the object of the sculptor's work. But perhaps, with the name, he had intended, in his teachings and character, a deeper reason and sense.

Ariel, genius of the air, represents in Shakespeare's work the noble and winged part of the human spirit. Ariel is the domain

imperio de la razón y el sentimiento sobre los bajos estímulos de la irracionalidad; es el entusiasmo generoso, el móvil alto y desinteresado en la acción, la espiritualidad de la cultura, la vivacidad y la gracia de la inteligencia, el término ideal a que asciende la selección humana, rectificando en el hombre superior los tenaces vestigios de Calibán, símbolo de sensualidad y de torpeza, con el cincel perseverante de la vida.

La estatua, de real arte, reproducía al genio aéreo en el instante en que, libertado por la magia de Próspero, va a lanzarse a los aires para desvanecerse en un lampo. Desplegadas las alas; suelta y flotante la leve vestidura, que la caricia de la luz en el bronce damasquinaba de oro; erguida la amplia frente; entreabiertos los labios por serena sonrisa, todo en la actitud de Ariel acusaba admirablemente el gracioso arranque del vuelo; y con la inspiración dichosa, el arte que había dado firmeza escultural a su imagen, había acertado a conservar en ella, al mismo tiempo, la aparencia seráfica y la levedad ideal.

Próspero acarició, meditando, la frente de la estatua, dispuso luego al grupo juvenil en torno suyo, y con su firme voz- voz magistral, que tenía para fijar la

of reason and sentiment over the gross stimuli of irrationality. It is generous enthusiasm, the high and disinterested motives for action, the spirituality of culture, the vivacity and grace of intelligence, the ideal toward which human selection climbs, correcting in superior man the tenacious vestiges of Caliban, symbol of sensuality and crudeness, chiseled by the persevering reality of life.

The statue, a true piece of art, showed the aerial genius at the instant when, liberated by the magic of Prospero, he hurls himself into the void to disappear in a flash. His wings are unfolded, and his light garments are loose and floating, with the caressing light falling like gold on bronzed silk. His face is uplifted, lips parted in a calm and serene smile. All of this as Ariel reaches the smooth and graceful moment of takeoff into flight. With great and happy inspiration, the art which had managed to give sculptural firmness to the image, had also managed to keep, at the same time, an angelic appearance and an idealistic lightness.

Prospero, meditating, caressed the statue's face, and arranged the affectionate and attentive young group around him. Then with his firm and magisterial voice, which

idea e insinuarse en las profundidades del espíritu, bien la esclaredora penetración del rayo de luz, bien el golpe incisivo del cincel en el mármol, bien el toque impregnante del pincel en el lienzo o de la onda en la arena-, comenzó a decir, frente a una atención afectuosa: ...

La concepción utilitaria, como idea del destino humano, y la igualdad en lo mediocre, como norma de la proporción social, componen, íntimamente relacionadas, la fórmula de lo que ha solido llamarse, en Europa, el espíritu de americanismo. Es imposible meditar sobre ambas inspiraciones de la conducta y la sociabilidad, y compararlas con las que les son opuestas, sin que la asociación traiga con insistencia a la mente la imagen de esa democracia formidable y fecunda, que allá en el Norte ostenta las manifestaciones de su prosperidad y su poder, como una deslumbradora prueba que abona en favor de la eficacia de sus instituciones y de la dirección de sus ideas. Si ha podido decirse del utilitarismo que es el verbo del espíritu inglés, los Estados Unidos pueden ser considerados la encarnación del verbo utilitario. Y el evangelio de este verbo, se difunde por todas partes a favor de los milagros materiales del triunfo. Hispano-América ya no es

he used to fix an idea and penetrate the inner depths of the soul like the clear illumination of a shaft of light, or the incisive blow of chisel on marble, or the pregnant stroke of brush on canvas, or wave on sand, began to speak: ...

The utilitarian conception as an idea of human destiny, and the equality of mediocrity as a norm of social proportion, are intimately related and make up the formula which in Europe is called the spirit of Americanism. It is impossible to meditate on both inspirations of conduct and sociability, and compare them with their opposites, without insistently bringing forth the image of that formidable and fertile democracy of the North. That democracy of the North shows off the manifestations of its prosperity and power, like an overwhelming proof of the value of its institutions and the direction of its ideas. If one can say that utilitarianism is the basic definition of the English spirit, then the United States can be considered the incarnation of that word "utilitarian". And the gospel of this word is scattered all over as it is linked to the material miracles of its triumph. And Spanish America is not exactly characterized as a land of

enteramente calificable, con relación a él, de tierra de gentiles. La poderosa federación va realizando entre nosotros una suerte de conquista moral. La admiración por su grandeza y por su fuerza es un sentimiento que avanza a grandes pasos en el espíritu de nuestros hombres dirigentes, y aún más quizá, en el de las muchedumbres, fascinables por la impresión de la victoria. Y de admirarla se pasa, por una transición facilísima, a imitarla. La admiración y la creencia son ya modos pasivos de imitación para el psicólogo. ...

Se imita a aquél en cuya superioridad y cuyo prestigio se cree. Es así como la visión de una

unbelievers in the face of this triumph. The powerful Federation is carrying out in our midst a sort of moral conquest. The admiration for her greatness and her strength is a sentiment which advances with great strides in the spirit of our leaders, and even more perhaps in the spirit of our masses, who are fascinated by the impression of victory. And from admiring it one moves, with an easy transition, to imitating it. Admiration and belief are, for the psychologist, passive forms of imitation...

One imitates that which one believes has superiority and prestige. And thus there floats through the dreams of many of our

Figura 18.3 Nordomanía

América deslatinizada por propia voluntad, sin la extorsión de la conquista, y renegada luego a imagen y semejanza del arquetipo del Norte, flota ya sobre los sueños de muchos sinceros interesados por nuestro porvenir, inspira la fruición con que ellos formulan a cada paso los más sugestivos paralelos, y se manifiesta por constantes propósitos de innovación y de reforma. Tenemos nuestra nordomanía. Es necesario oponerle los límites que la razón y el sentimiento señalan. ...

Todo juicio severo que se formule de los americanos del Norte debe empezar por rendirles, como se haría con altos adversarios, la formalidad caballeresca de un saludo. Siento fácil mi espíritu para cumplirla. Desconocer sus defectos no me parecería tan insensato como negar sus cualidades. Nacidos -para emplear la paradoja usada por Baudelaire a otro respecto- con la experiencia innata de la libertad, ellos se han mantenido fieles a la ley de su origen, y han desenvuelto, con la precisión y la seguridad de una progresión matemática, los principios fundamentales de su organización, dando a su historia una consecuente unidad que, si bien ha excluido las adquisiciones de aptitudes y méritos distintos, tiene la belleza intelectual de la lógica. La huella de sus pasos no

people who are concerned with our future, a sort of vision of a "delatinized" America imitating the image of the archetype from the North. This happens without the extortion of conquest, but rather through our own free will. We are inspired by the desire to bring to fruition the most suggestive of parallels with the North, which show up in constant proposals for renewal and reform. We have our nordomania. It is necessary to confront this consumption of nordomania with the limits which reason and sentiment indicate. ...

Any severe judgement made of the North Americans must begin by extending to them, as one would do with high adversaries, the chivalrous formality of a greeting. It is easy for my spirit to do this. To deny good qualities is just as bad as to ignore defects. They are born (to use the paradox used in another sense by Baudelaire) with the innate experience of liberty. They have kept the faith with their original laws, and have carried out, with mathematical precision and assurance, the fundamental principles of their organization. They have thus given their history a unity which, even if it excluded the possibility of acquiring other aptitudes and merits, has the intellectual beauty of logic. The trail of their footsteps shall never be erased in the annals of human

se borrará jamás en los anales del derecho humano, porque ellos han sido los primeros en hacer surgir nuestro moderno concepto de la libertad, de las inseguridades del ensayo y vertirla en bronce imperecedero y realidad viviente; porque han demostrado con su ejemplo la posibilidad de extender a un inmenso organismo nacional la inconmovible autoridad de una república; porque, con su organización federativa, han revelado- según la feliz expresión de Tocqueville- la manera cómo se puede conciliar con el brillo y el poder de los Estados grandes la felicidad y la paz de los pequeños.

Su cultura, que está lejos de ser refinada ni espiritual, tiene una eficacia admirable siempre que se dirige prácticamente a realizar una finalidad inmediata. No han incorporado a las adquisiciones de la ciencia una sola ley general, un solo principio; pero la han hecho maga por las maravillas de sus aplicaciones, la han agigantado en los dominios de la utilidad y han dado al mundo en la caldera de vapor y en el dínamo eléctrico, billones de esclavos invisibles que centuplican, para servir al Aladino humano, el poder de la lámpara maravillosa. El crecimiento de su grandeza y de su fuerza será objeto de perdurables asombros para el porvenir. ...

law, because they were the first who embodied our modern concept of liberty. Moving from the first shaky attempts, and despite all the utopian imagining, they converted it into an imperishable bronze and a living reality. Because they have demonstrated through their example that it is possible to extend to a vast national organism the firm authority of a republic. Because, through their federative form of government they have revealed, using de Tocqueville's fortunate phrase, the way in which it is possible to reconcile the brilliance and power of large States with the happiness and peace of small ones.

Their culture, which is a long way from being refined or spiritual, nevertheless has an admirable efficiency which is always directed in a practical manner toward the achievement of an immediate goal. They have not fixed on a single general scientific law or principle. Rather, they have made magic with the wonders of applied principles, and have become giants of utility. They have given the world the steam engine and the electric dynamo, billions of invisible slaves who have multiplied man's power a hundredfold, like Aladdin's lamp. The growth of their greatness and strength shall be the object of enduring astonishment in the future. ...

La libertad puritana, que les envía su luz desde el pasado, unió a esta luz al calor de una piedad que aún dura. Junto a la fábrica y la escuela, sus fuertes manos han alzado también los templos de donde evaporan sus plegarias muchos millones de conciencias libres. Ellos han sabido salvar, en el naufragio de todas las idealidades, la idealidad más alta, guardando viva la tradición de un sentimiento religioso que, si no levanta sus vuelos en alas de un espiritualismo delicado y profundo, sostiene, en parte, entre las asperezas del tumulto utilitario, la rienda firme del sentido moral. ...

Huérfano de tradiciones muy hondas que le orienten, ese pueblo no ha sabido substituir la idealidad inspiradora del pasado con una alta y desinteresada concepción del porvenir. Vive para la realidad inmediata, del presente, y por ello subordina toda su actividad al egoísmo del bienestar personal y colectivo. ...

Pródigo de sus riquezas, el norteamericano ha logrado adquirir con ellas plenamente, la satisfacción y la vanidad de la magnificencia suntuaria; pero no ha logrado adquirir la nota escogida del buen gusto.

Puritan liberty, which gave it light from the past, united this light with a faith which still endures. Next to factories and schools, their strong hands have also built houses of worship where many millions of free consciences pray. They have been able to salvage, in the shipwreck of all ideals, the highest ideal, keeping alive a religious tradition. This religious tradition, which might not soar on the wings of a deep and sensitive spiritualism, but at least sustains among the raw utilitarian tumult the strong reins of morality. ...

Deprived like an orphan of deep traditions which would give it direction, this nation has not learned how to move from the inspired ideals of the past to a high and disinterested conception of the future. They live for the immediate reality, for the present, and because of that they subordinate all their activity to the selfishness of personal and collective well-being....

Prodigious in his wealth, the American has been able to acquire the satisfaction and vanity of sumptuous magnificence; but has not been able to acquire the carefully selected note of good taste.

José Asunción Silva

Este poeta modernista colombiano (1865-1896) tuvo una vida trágica y breve; Baldomero Sanín Cano ha dicho que logró "convertir su organismo en la más delicada y exquisita máquina de sufrir". Tuvo problemas económicos, perdió manuscritos importantes en un naufragio, y sintió profundamente la muerte prematura de su hermana (el poema *Nocturno* refleja esta pérdida).

Figura 18.4 Silva

Tal fue el pesimismo y la tristeza del poeta que un día, a la edad de treinta y dos años, visitó a un amigo médico y le pidió que le haga un croquis en su camiseta indicando la ubicación exacta de su corazón. Poco después se mató con un balazo en ese preciso lugar. La contribución de Silva es la musicalidad, y la manera lírica con que comunica al lector su tristeza, sus sentimientos, y los ritmos interiores de su existencia.

Nocturno III

Una noche,
una noche toda llena de murmullos,
de perfumes y de músicas de alas;
    una noche
en que ardían en la sombra nupcial
y húmeda
    las luciérnagas fantásticas,
a mi lado, lentamente,
    contra mí ceñida toda,
    muda y pálida,
como si un presentimiento
    de amarguras infinitas
hasta el fondo más secreto de las
fibras te agitara,
por la senda florecida que atraviesa
la llanura
caminabas;
y la luna llena

One night,
one night all full of murmurs,
of perfumes and of music of wings;
    one night
in which there burned in nuptial
and moist shadows
    the fantastic fire-flies
next to me, slowly,
    surrounding me,
    mute and pale,
as if a foretaste
    of infinite bitternesses
agitated you to the most secret
depth of your fiber,
over the path that crossed the
flowery meadow
    you were walking
and the full moon

por los cielos azulosos, infinitos y	spread its white light over the
profundos esparcía su luz blanca;	bluish skies, infinite and deep;
y tu sombra	and your shadow
fina y lánguida,	fine and languid,
y mi sombra	and my shadow
por los rayos de	projected by
la luna proyectadas,	the moonbeams
sobre las arenas tristes	on the sad sands
de la senda se juntaban;	of the path were joined
y eran una	and they were one
y eran una,	and they were one,
y eran una sola sombra larga,	and they were one long shadow,
y eran una sola sombra larga,	and they were one long shadow,
y eran una sola sombra larga.	and they were one long shadow.
Esta noche	This night
solo; el alma	alone, the soul
llena de las infinitas amarguras y	full of the infinite bitternesses and
agonías de tu muerte,	agonies of your death,
separado de ti misma por el tiempo,	separated from you by time,
por la sombra y la distancia,	by shadow and distance,
por el infinito negro	by the infinite blackness
donde nuestra voz no alcanza,	where our voice cannot reach
mudo y solo	mute and alone
por la senda caminaba...	the soul walked the path...
Y se oían los ladridos de los perros	And I could hear the dogs
a la luna,	baying at the moon,
a la luna pálida,	the pale moon
y el chirrido	and the croaking
de las ranas...	of the frogs...
Sentí frío. Era el frío que	I felt cold. It was the cold
tenían en tu alcoba	I felt in your bedroom
tus mejillas y tus sienes y tus	the cold of your cheeks and your
manos adoradas,	temples and your beloved hands,
entre las blancuras níveas	between the snowy whiteness
de las mortuorias sábanas.	of funeral sheets.
Era el frío del sepulcro,	It was the cold of the sepulcher,
era el frío de la muerte,	it was the cold of death,

era el frío de la nada.	it was the cold of nothingness.
Y mi sombra,	And my shadow,
por los rayos de la luna proyectada,	projected by the moonbeams
iba sola,	wandered alone,
iba sola,	wandered alone,
iba sola por	wandered alone on
la estepa solitaria;	the solitary steppe;
y tu sombra esbelta y ágil,	and your svelte and agile shadow,
fina y lánguida,	fine and languid,
como en esa noche tibia	like on that warm night
de la muerta primavera,	of dead spring,
como en esa noche llena	like on that warm night full
de murmullos, de perfumes	of murmurs, of perfumes,
y de músicas de alas,	and of music of wings,
se acercó y marchó con ella,	drew near and marched with her,
se acercó y marchó con ella,	drew near and marched with her,
se acercó y marchó con ella...	drew near and marched with her ...
¡O las sombras enlazadas!	Oh, the intertwined shadows!
¡O las sombras de los cuerpos	Oh the shadows of the bodies
que se juntan con	that join with
las sombras de las almas!	the shadows of souls!
¡O las sombras que se buscan	Oh the shadows that seek each
y se juntan en las noches	other and join in the nights
de negruras y de lágrimas!	of darkness and tears!

Figura 18.5 Nocturno

Lección 19. Literatura de la Revolución Mexicana: Guzmán

Los Movimientos del Siglo XX

Después del Modernismo, la literatura latinoamericana demuestra una fuerte tendencia a fragmentarse. Es difícil identificar una sola corriente dominante que define la época, tal como lo hicieron los varios movimientos que hemos analizado hasta aquí. A grandes rasgos, tenemos:

1. Una literatura escapista, especie de heredera del modernismo, en que lo importante es el elemento estético, y no el mensaje, a tal punto que en su aspecto extremo la forma es todo, y el contenido nada.

2. El post-modernismo, especie de reacción ante el preciosismo y el esteticismo excesivo del modernismo, en que domina la sencillez y la sinceridad.

3. La literatura de fantasía e imaginación, incluyendo la novela psicológica y el surrealismo. A veces se aprovechan los mitos antiguos (incluso los precolombinos) para elaborar temas.

4. La literatura de la Revolución Mexicana (veremos dos ejemplos a continuación).

5. La literatura de protesta social, en varias formas.

6. La literatura feminista.

7. Muchas otras corrientes.

Cuadro 19.1: La Movimientos
del Siglo XX

Marco histórico-cultural:	Período contemporáneo; la Revolución Mexicana. Grandes cambios económicos, sociales, políticos, culturales. Otras revoluciones: Cuba, Nicaragua. Influencia de los Estados Unidos.
En la literatura:	Fragmentación, multitud de tendencias: 1. El escapismo -la forma es todo, el contenido nada. 2. El post-modernismo - sencillez y sinceridad. 3. Fantasía, imaginación. Novela psicológica, surrealismo. 4. Literatura de la Revolución Mexicana. 5. Literatura de protesta social. 6. Literatura feminista 7. Muchas otras corrientes.
Autores:	Gran cantidad de autores, obras
Fechas	Siglo XX
Otros aspectos culturales:	Fragmentación, multitud de tendencias: 1. Abstraccionismo - la forma es todo, el contenido nada. 2. Neo-primitivismo, sencillismo. 3. Surrealismo, cubismo. 4. El muralismo mexicano. 5. Protesta social. 6. Feminismo 7. Muchas otras corrientes.

La Revolución Mexicana

La Revolución Mexicana, iniciada en 1910, es una de las pocas revoluciones en el continente que verdaderamente causó un cambio permanente, profundo e irreversible en muchos aspectos: económico, social, político y cultural. Es de esperar, entonces, que en la literatura tengamos una rica veta de cuentos, anécdotas, ensayos y novelas con el tema de la Revolución, especialmente en su fase más dramática y violenta entre los años 1910 y 1920.

Figura 19.1 Revolucionario

Martín Luis Guzmán

Uno de los mejores escritores que tomó el tema fue Martín Luis Guzmán (1887-1976), periodista de una familia adinerada mexicana que pudo darle una buena formación académica antes que se desató la violencia de la Revolución con el derrocamiento del viejo dictador Porfirio Díaz en 1910. Guzmán nació en Chihuahua (estado fronterizo mexicano) y acompañó a varios ejércitos del norte cuando Venustiano Carranza se rebeló contra el reaccionario Victoriano Huerta, quien había asesinado al primer presidente revolucionario, Francisco Madero. Uno de los ejércitos del norte era el de Pancho Villa, y Guzmán tuvo la oportunidad de conocerlo bastante bien durante varias campañas.

La obra principal de Guzmán es *El águila y la serpiente,* título que tomó del viejo símbolo azteca de la nación mexicana, y que también para él simboliza la lucha permanente entre el bien y el mal, y la lucha entre las fuerzas conservadoras y las del brusco cambio revolucionario. No es exactamente una novela, sino mas bien una serie de relatos y anécdotas que vivió o presenció el propio Guzmán, especialmente cuando estaba con las fuerzas de Villa.

La relación psicológica e intelectual entre Guzmán y Villa es algo así como la que existió entre Sarmiento y Facundo, pero con el factor

importante que el autor conoció personalmente al caudillo. El autor es hombre educado y culto, símbolo de la civilización radicada en la ciudad. El otro es más animal, crudo, macho; un caudillo que actúa antes de pensar y que representa la fuerza bruta de la Revolución. Villa se burla frecuentemente de Guzmán, pero también, como veremos en el cuento que sigue, es inteligente y capaz de aceptar su asesoramiento cuando pausa y piensa.

Pancho Villa en la Cruz

No se dispersaba aún la Convención, cuando ya la guerra había vuelto a encenderse. Es decir, que los intereses conciliadores fracasaban en el orden práctico antes que en el teórico. Y fracasaban, en fin de cuentas, porque eso era lo que en su mayor parte querían unos y otros. Si había ejércitos y se tenían a la mano, ¿cómo resistir la urgencia tentadora de ponerlos a pelear?

Maclovio Herrera, en Chihuahua, fue de los primeros en lanzarse de nuevo al campo, desconociendo la autoridad de Villa.

-Orejón jijo de tal- decía de él el jefe de la División del Norte-. Pero ¡si yo lo he hecho! ¡Si es mi hijo en las armas! ¿Cómo se atreve a abandonarme así este sordo traidor e ingrato?

Y fue tanta su ira, que a los pocos días de rebelarse Herrera ya estaban acosándolo las tropas que Villa mandaba a que lo atacasen.

Los encuentros eran encarnizados, terribles: de villistas

The Aguas Calientes Convention had barely ended when the fighting began again. That is to say, the conciliatory efforts failed at the practical level before the theoretical one. And the efforts failed, after all, because that is what most of the members wanted. If there were armies available and at hand, how could one resist the urgent temptation to put them to use by fighting?

Maclovio Herrera, in Chihuahua, was among the first to take to the field once more, challenging Pancho Villa's authority.

"That big-eared SOB" said Villa of his one-time ally Herrera, "I am the one who made him what he is! He is my son in arms! How can that deaf and ungrateful traitor dare to abandon me like this?"

So great was Villa's ire that only a few days after Herrera rebelled he was under attack from the troops Villa sent to get him.

The encounters were bloody, terrible: Villistas against Villistas,

contra villistas, de huracán contra huracán. Quien no mataba, moría.

hurricane against hurricane. He who did not kill, died.

Una de aquellas mañanas fuimos Llorente y yo a visitar al guerrillero, y lo encontramos tan sombrío que sólo mirarlo sentimos pánico. A mí el fulgor de sus ojos me reveló de pronto que los hombres no pertenecemos a una especie única, sino a muchas, y que de especie a especie hay, en el género humano, distancias infranqueables, mundos irreductibles a

Figura 19.2 Pancho Villa

One of those mornings Llorente and I went to visit Villa, and we found him so somber that we felt panic just looking at him. The burning fire in his eyes made me think that we humans belong to several different species, and that between these species there are unbridgeable distances, worlds that have no common denominator. And

común término, capaces de producir, si desde uno de ellos se penetra dentro del que se le opone, el vértigo de lo otro. Fugaz como estremecimiento reflejo pasó esa mañana por mi espíritu, frente a frente de Villa, el marco del terror y del horror.

A nuestro "buenos días, general", respondió él con tono lúgubre:

-Buenos no, amiguitos, porque están sobrando muchos sombreros.

Yo no entendí bien el sentido de la frase ni creo que Llorente tampoco. Pero mientras éste

if one of us penetrated into the world of an opponent we would feel a certain vertigo over the chasm that divides us. A reflex shudder swept through my soul that morning as I faced Villa, in the framework of terror and horror.

In response to our "good morning, general", he responded in a grim tone:

"Not good, my friends. We have too many empty sombreros".

I did not fully understand the meaning of that phrase, and I don't think Llorente did either. But while he kept the silence of true wisdom,

guardaba el silencio de la verdadera sabiduría, yo, con inoportunidad estúpida, casi incitadora del crimen dije:
-¿Están sobrando qué, general?

El dio un paso hacia mí y me respondió con la lentitud contenida de quien domina apenas su rabia:
-Sobrando muchos sombreros, señor licenciado. ¿De cuando acá no entiende usté el lenguaje de los hombres? ¿O es que no sabe que por culpa del Orejón (¡jijo de tal, donde yo lo agarre!...) mis muchachitos están matándose unos a otros? ¿Comprende ahora por qué sobran muchos sombreros? ¿Hablo claro?

Yo me callé en seco.

I, with stupid haste, almost inciting a crime, said,
"We have too many what, General?"

He took a step towards me and replied with a careful and slow tone that showed that he was barely containing his rage:
"Too many empty sombreros, Licenciado. Don't you understand man talk? Or don't you realize that because of the Long-eared one (wait till I catch that bastard!) my boys are killing each other? Do you understand now why we have too many empty sombreros? Am I speaking clear enough?"

I froze and said nothing.

Figura 19.3 Villistas

Villa se paseaba en el saloncito del vagón al ritmo interior de su ira. Cada tres pasos murmuraba entre dientes:

-Sordo jijo de tal... Sordo jijo de tal...

Varias veces nos miramos Llorente y yo, y luego, sin saber qué hacer ni qué decir, nos sentamos cerca uno del otro. Afuera brillaba la mañana, sólo interrumpida en su perfecta unidad por los lejanos ruidos y voces del campamento. En el coche, aparte el tremar del alma de Villa, no se oía sino el tic-tiqui del telégrafo.

Inclinado sobre su mesa, frente por frente de nosotros, el telegrafista trabajaba, preciso en sus movimientos, inexpresivo de rostro como la forma de sus aparatos.

Así pasaron varios minutos. Al fin de éstos el telegrafista, ocupado antes en transmitir, dijo, volviéndose a su jefe:

-Parece que ya está aquí, mi general.

Y tomó el lápiz que tenía detrás de la oreja y se puso a escribir pausadamente.

Entonces Villa se acercó a la mesita de los aparatos, con aire a un tiempo agitado y glacial, impaciente y tranquilo, vengativo y desdeñoso.

Interpuesto entre el telegrafista y nosotros, yo lo veía de perfil, medio inclinado el busto hacia adelante. ...

Villa was pacing back and forth in the rail car to the interior rhythm of his anger. Every couple of steps he swore between clenched teeth: "That deaf SOB... ... That deaf SOB".

Several times Llorente and I looked at each other, and then, not knowing what to do or say, we sat down next to each other. Outside the morning was bright, interrupted only by the distant sounds and voice of the bivouacked camp. In the train car the only sound besides the raging in Villa's soul was the tic-track of the telegraph.

The telegrapher sat facing us, leaning over his table, his movements precise, and his face as expressionless as his equipment.

Several minutes passed this way. Then the telegrapher, who had been busy transmitting, turned to his chief and said: "It looks like it's here, General".

He took the pencil from behind his ear and slowly began to write.

Villa moved over to the telegraph table with an air that at the same time was agitated and glacial, impatient and calm, vengeful and disdaining.

He was between us and the telegrapher, and I saw him from the side, with his chest semi-inclined leaning over the equipment....

El telegrafista desprendió del bloque color de rosa la hoja en que había estado escribiendo y entregó a Villa el mensaje. El lo tomó, pero devolviéndolo al punto dijo:

-Léamelo usté, amigo; pero léamelo bien, porque ora sí creo que la cosa va de veras.

Temblaban en su voz dejos de sombría emoción, dejos tan hondos y terminantemente amenazadores que pasaron luego a reflejarse en la voz del telegrafista. Este, separando con cuidado las palabras, escadiendo las sílabas, leyó al principio con voz queda:

"Hónrome en comunicar a usted..."

Y después fue elevando el tono conforme progresaba la lectura.

El mensaje, lacónico y sangriento, era el parte de la derrota que acababan de infligir aMaclovio Herrera las tropas que se le habían enfrentado.

Al oírlo Villa, su rostro pareció, por un instante, pasar de la sombra a la luz. Pero acto seguido, al escuchar las frases finales, le llamearon otra vez los ojos y se le encendió la frente en el fuego de su cólera máxima, de ira arrolladora descompuesta. Y era que el jefe de la columna, tras de enumerar sus bajas en muertos y heridos, terminaba pidiendo instrucciones sobre lo que debía hacer con ciento sesenta soldados

The telegrapher peeled off the top sheet of the pink pad where he had been writing the message and handed it to Villa. Villa took it, but then handed it back to him, saying: "You read it to me, friend. But read it carefully, because now I think we're getting down to business".

Villa's voice carried echoes of somber emotion, echoes so deep and threatening that they were reflected in the voice of the telegrapher, who separating each word carefully, scanning each syllable, began to read the message with a flat voice:

"I have the honor of communicating to you..."

Then the tone of his words became more elevated as the reading continued.

The message, laconic and bloody, was the report of the defeat that Villa's troops had just inflicted on Maclovio Herrera's forces which had confronted them.

As he listened, Villa's face seemed for an instant to move from the shadows to the light. But then, as he heard the final phrases, his eyes blazed and once again his face burned with the fire of his maximum fury, his overwhelming and uncontrollable rage. What set him off was the closing phrase in the message in which the commander of his victorious forces, after listing his dead and wounded, asked Villa what he

de Herrera que se le habían entregado rindiendo las armas.

\- ¡Qué ¿qué hace con ellos?! - vociferaba Villa - .¡Pues ¿qué ha de hacer sino fusilarlos?! ¡Vaya que pregunta! ¡Que se me afigura que todos se me están maleando, hasta los mejores, hasta los más leales y seguros! Y si no, ¿pa qué quiero yo estos generales que hacen boruca hasta con los traidores que caen en sus manos?

should do with the one hundred and sixty of Herrera's men who had laid down their arms and surrendered.

"What to do with them?" yelled Villa. "Well, what else but shoot them! What a stupid question! Why do even my best men, my most loyal and sure ones, let me down? What do I need these generals for if they don't even know what to do with traitors they get a hold of?"

Figura 19.4 Violencia durante la Revolución mexicana

Todo lo cual decía sin dejar de ver al pobre telegrafista, a través de cuyas pupilas, y luego por los alambres del telégrafo, Villa sentía quizá que su enojo llegaba al propio campo de batalla donde los suyos yacían yertos.

He said all of this without taking his eyes off the poor telegrapher, and through his eyes, and then the wires of the telegraph, Villa could perhaps feel how his anger reached the battlefield where his men lay dead.

Volviéndose hacia nosotros, continuó:

-¿Qué les parece a ustedes, señores licenciados? ¡Preguntarme a mí lo que hace con los prisioneros!

Pero Llorente y yo, mirándolo apenas, desviamos de él los ojos y los pusimos, sin chistar, en la vaguedad del infinito.

Aquello era lo menos de Villa. Tornando al telegrafista le ordenó por último:

-Andele, amigo. Dígale pronto a ese tal por cual que no me ande gastando de oquis los telégrafos; que fusile a los ciento sesenta inmediatamente, y que si dentro de una hora no me avisa que la orden está cumplida, voy allá yo mismo y lo fusilo para que aprenda a manejarse. ¿Me ha entendido?

-Sí, mi general.

Y el telegrafista se puso a escribir el mensaje para transmitirlo. Villa lo interrumpió a la primera palabra:

-¿Qué hace, pues, que no me obedece?

-Estoy redactando el mensaje, mi general.

-¡Qué redactando ni qué redactando! Usté nomás comunique lo que yo le digo y sanseacabó. El tiempo no se hizo para perderlo en papeles.

Entonces el telegrafista colocó la mano derecha sobre el aparato trasmisor; empujó con el dedo meñique la palanca anexa, y se

Turning to us, he continued:

"And what do you think, sir lawyers?" "Asking me what to do with prisoners?"

But Llorente and I, barely looking at him, stared silently out the window to the vague infinity beyond.

We were Villa's least concern. Turning back to the operator he ordered him:

"OK, friend. Tell that so-and-so to stop wasting my time and the telegraph's. Tell him to shoot the hundred and sixty right now, and if he doesn't tell me within the hour that he has carried out the order I'll go there and shoot him myself so he'll learn how to handle things. Did you understand me?"

"Yes, general".

The telegrapher started to write the message out first before transmitting it. Villa interrupted him after the first word:

"Hey, what are you doing? Why aren't you obeying my order?"

"I'm drafting the message, General"

"Don't give me any of that drafting crap. Just tell him what I said and that's it. Time was not made to be wasted on papers."

And so the operator put his right hand on the transmitting apparatus, placed his index finger on the Morse key, and began to call

puso a llamar:
<<Tic-tic, tiqui; tic-tic, tiqui...>>
Entre un rimero de papeles y el brazo de Villa veía yo los nudillos superiores de la mano del telegrafista, pálidos y vibrantes bajo la contracción de los tendones al producir los suenecitos homicidas. Villa no apartaba los ojos del movimiento que estaba transmitiendo sus órdenes doscientas leguas al norte, ni nosotros tampoco. Yo, no sé por qué necesidad -estúpida como la de los sueños -, trataba de adivinar el momento preciso en que las vibraciones de los dedos deletrearan las palabras "fusile usted inmediatamente". Fue aquélla, durante cinco minutos, una terrible obsesión que barrió de mi conciencia toda otra realidad inmediata, toda otra noción de ser.

Cuando el telegrafista hubo acabado la trasmisión del mensaje, Villa, ya más tranquilo, se fue a sentar en el sillón próximo al escritorio.

Allí se mantuvo quieto por breve rato. Luego se echó el salacot hacia atrás. Luego hundió los dedos de la mano derecha entre los bermejos rizos de la frente y se rascó el cráneo, como con ansia de querer matar una comezón interna, cerebral - comezón del alma. Después volvió a quedarse quieto. Inmóviles nosotros, callados, lo veíamos.

the distant station:
<Tic-tic; trick-tic; tic-trick-tic>.

Between the pile of papers and Villa's arm I could see the operator's knuckles, pale and vibrating under the contraction of his tendons as he produced the little homicidal sounds. Villa never took his eyes off the movements which were transmitting his orders two hundred leagues North, nor did we. For reasons I could not understand, as stupid as those in dreams, I was trying to guess the exact instant in which the vibrations of the operator's fingers spelled out the words "shoot at once". For five minutes it was a terrible obsession which swept from my conscience every other immediate reality, every other sense of being.

When the operator had finished his transmission, Villa, now calmer, sat down in the easy chair next to his desk.

There he was silent for a brief moment. Then he shifted his hat to the back of his head, pushed the fingers of his hand through his reddish hair and scratched his skull as if trying to rip out something that was eating at his brain, at his soul. Then he was still. We sat watching him, silent, still.

Pasaron acaso diez minutos. Súbitamente se volvió Villa hacia mí y me dijo:

-¿Y a usté qué le parece todo esto, amigo?

Dominado por el temor, dije vacilante:

-¿A mí, general?

-Sí, amiguito, a usté.

Entonces, acorralado, pero resuelto a usar el lenguaje de los hombres, respondí ambiguo:

-Pues que van a sobrar muchos sombreros, general.

Perhaps ten minutes passed. Suddenly Villa turned toward me and said:

"And what do you think of all this, my friend?"

Overwhelmed with fear, I said shakily:

"Me, General?"

"Yes, you, my little friend".

Then, cornered, but determined to use men's language, I answered ambiguously: "Well, there are going to be a lot of empty sombreros, General".

Figura 19.5 La Revolución mexicana

-¡Bah! ¡A quien se lo dice! Pero no es eso lo que le pregunto, sino las consecuencias. ¿Cree usté que esté bien, o mal, esto de la fusilada?

Llorente; más intrépido, se me adelantó:

"Bah. Who are you telling that to! But that's not what I am asking about. What about the consequences? Do you think this business of the execution is good or bad?"

Llorente, more daring, got ahead of me:

-A mí, general -dijo-, si he de verle franco, no me parece bien la orden. Yo cerré los ojos. Estaba seguro de que Villa, levantándose del asiento, o sin levantarse siquiera, iba a sacar la pistola para castigar tamaña reprobación de su conducta en algo que le llegaba tanto al alma. Pero pasaron varios segundos, y al cabo de ellos sólo oí que Villa, desde su sitio, preguntaba con voz cuya alma se oponía extrañamente a la tempestad de poco antes:

-A ver, a ver: dígame por qué no le parece bien mi orden.

Llorente estaba pálido hasta confundírsele la piel con la albura del cuello. Eso no obstante, respondió con firmeza:

-Porque el parte dice, general, que los ciento sesenta hombres se rindieron.

-Sí. ¿Y qué?

-Que cogidos así, no se les debe matar.

-Y ¿por qué?

-Por eso mismo, general: porque se han rendido.

-¡Ah, qué amigo es éste! ¡pos sí que me cae en gracia! ¿Dónde le enseñaron esas cosas?

La vergüenza de mi silencio me abrumaba. No pude más. Intervine:

- Yo - dije creo lo mismo, general. Me parece que Llorente tiene razón.

Villa nos abarcó a los dos en una sola mirada. -Y ¿por qué le

"To be frank, General, I don't think the order was a good idea".

I closed my eyes. I was sure that Villa, rising up from his seat, or even sitting down, would whip out his pistol to punish such a colossal reproach of his conduct in something so close to his soul. But a few seconds passed, and after that Villa asked in a calm voice which contrasted extraordinarily with the tempest that had come before:

"Well, well, tell me why you don't think my order was a good idea".

Llorente was so pale that his skin looked just like his starched white collar. But he answered firmly:

"Because the report said, General, that the hundred and sixty men surrendered".

"Yes. So what?"

"Well, taken in battle like that, they should not be executed"

"Why not?"

"Because of that, General: because they surrendered".

"That really is hilarious. Where did they teach you these things?"

The shame of my silence overwhelmed me. I couldn't take it any longer. I broke in:

"I think the same thing, General. I think Llorente is right."

Villa took us both in with a single glance: "and why do you

parece eso, amigo?

-Ya lo explicó Llorente: porque los hombres se rindieron.

-Y vuelvo a decirle: ¿eso qué?

El qué lo pronunciaba con acento de interrogación absoluta. Esta última vez, al decirlo, reveló ya cierta inquietud que le hizo abrir más los ojos para envolvernos mejor en su mirada desprovista de fijeza. De fuera a dentro sentía yo el peso de la mirada fría y cruel, y de dentro a fuera, el impulso inexplicable donde se clavaban, como acicates, las visiones de remotos fusilamientos en masa. Era urgente dar con una fórmula certera e inteligible. Intentándolo, expliqué:

-El que se rinde, general, perdona por ese hecho la vida de otro, puesto que renuncia a morir matando. Y siendo así, el que acepta la rendición queda obligado a no condenar a muerte.

Villa se detuvo entonces a contemplarme de hito en hito. Luego se puso en pie de un salto y le dijo al telegrafista, gritando casi:

-Oiga amigo; llame otra vez, llame otra vez...

El telegrafista obedeció:

<< Tic-tic, tiqui; tic-tic tiqui...>>

Pasaron unos cuantos segundos. Villa, sin esperar, interrogó impaciente:

-¿Le contestan?

-Estoy llamando, mi general.

think that, my friend?"

"Llorente already explained it: because the men surrendered"

"And I'll repeat what I said: SO WHAT?"

The WHAT was pronounced like a final and absolute interrogation. This last time, as he said it, he revealed a certain unease that led him to open his eyes even wider to wrap us in his now less focused gaze. From outside inwards I felt the weight of that cold and cruel stare, and from inside outwards I felt an impulse spurred on by the vision of remote mass executions. It was urgent that I come up with a sure and intelligible formula. I tried, explaining:

"When a man surrenders, General, he grants life to others by giving up his career of killing. And as a result, he who accepts the surrender is obliged not to kill him".

Villa looked at me carefully and slowly. Then he quickly jumped to his feet and said to the telegraph operator, almost yelling:

"Hey, friend, call them again, call them again..."

The operator obeyed:

<Tic-trick-tic; trick-trick>.

A few seconds went by. Villa, without waiting, inquired impatiently:

"Are they answering?"

"I'm calling, General".

Llorente y yo tampoco logramos ya contenernos y nos acercamos también a la mesa de los aparatos.

Volvió Villa a preguntar:

-¿Le contestan?

-Todavía no, mi general.

-Llame más fuerte.

No podía el telegrafista llamar más fuerte ni más suave; pero se notó, en la contracción de los dedos, que procuraba hacer más fina, más clara, más exacta la fisonomía de las letras. Hubo un breve silencio, y a poco brotó de sobre la mesa, seco y lejanísimo, el tiquitiqui del aparato receptor.

-Ya están respondiendo -dijo el telegrafista.

-Bueno, amigo, bueno. Trasmita, pues, sin perder tiempo, lo que voy a decirle. Fíjese bien: <<Suspenda fusilamiento prisioneros hasta nueva orden. El general Francisco Villa...>>

<<Tic, tiqui; tic, tiqui...>>

-¿Ya?

<< Tic-tiqui, tiqui-tic...>>

-...Ya, mi general.

-Ahora diga al telegrafista de allá que estoy aquí junto al aparato esperando la respuesta, y que lo hago responsable de la menor tardanza.

<<Tiqui, tiqui, tiqui-tic, tic...>>

-¿Ya?

...Ya mi general.

El aparato receptor sonó:

Llorente and I could not contain ourselves either, and we too went over to the equipment table.

Villa asked again:

"Do they answer?"

"Not yet, general"

"Call harder"

The operator could neither call harder or softer. But we could see, in the contraction of his fingers, that he was trying to make the shape of each letter clearer and more precise. There was a brief silence, and then there broke out, dry and distant, the <trick-tic> of the receiver.

"They're answering" said the operator.

"Ok, friend, OK. Transmit this, and don't waste any time. Listen closely: 'Delay execution prisoners until further order. General Francisco Villa'..."

<Tic-trick-tic; trick-trick...>

"Done?"

<Tic-tic-trick-tic; trick-trick...>

..."Yes, General".

"Now tell the operator at the other end that I am standing here next to the equipment waiting for an answer, and I am holding him personally responsible for the slightest delay."

<Tic-trick-tic; trick-trick...>

"Done?"

..."Yes, General"

The receiver rang out:

<< Tic, tiqui-tiqui, tic, tiqui...>>

- ...¿Qué dice?

- ... Que va él mismo a entregar el telegrama y a traer la respuesta...

Los tres nos quedamos en pie junto a la mesa del telégrafo: Villa extrañamente inquieto; Llorente y yo dominados, enervados por la ansiedad.

<Tic-trick-tic; trick-trick...>

..."What's he saying?"

..."That he's going to deliver the telegram and get an answer..."

The three of us stood next to the telegraph table: Villa strangely uneasy; Llorente and I spellbound, enervated by anxiety.

Figura 19.6 Fusilamiento

Pasaron diez minutos.

<< Tic-tiqui, tic, tiqui-tic...>>

-¿Ya le responde?

- No es él, mi general. Llama otra oficina...

Villa sacó el reloj y preguntó:

- ¿Cuánto tiempo hace que telegrafiamos la primera orden?

- Unos veinticinco minutos, mi general.

Volviéndose entonces hacia mí,

Ten minutes went by.

<Trick-tic-trick-tic; trick-trick..>

"Is he answering?"

"That's not him, General. It's another station."

Villa took out his watch and asked: "How long has it been since we telegraphed the first order?"

"About twenty-five minutes, General".

Turning then towards me,

me dijo Villa, no sé por qué a mi precisamente.

- ¿Llegará a tiempo la contraorden? ¿Usted qué cree?

- Espero que sí, general.

<< Tic-tiqui, tic, tic...>>

- ¿Le responden, amigo?

- No, mi general, es otro.

Iba acentuándose por momentos, en la voz de Villa una vibración que hasta entonces nunca le había oído: armónicos, velados por la emoción, más hondos cada vez que él preguntaba si los tiqui-tiquis eran respuesta a la contraorden. Tenía fijos los ojos en la barrita del aparato receptor, y, en cuanto éste iniciaba el menor movimiento, decía, como si obrara sobre él la electricidad de los alambres:

- ¿Es él?

- No, mi general: habla otro

Veinte minutos habían pasado desde el envío de la contraorden cuando el telegrafista contestó al fin:

- Ahora están llamando -. Y cogió el lápiz.

<< Tic, tic, tiqui...>>

Villa se inclinó más sobre la mesa. Llorente, al contrario, pareció erguirse. Yo fui a situarme junto al telegrafista para ir leyendo para mí lo éste escribía.

<< Tiqui-tic-tiqui, tiqui-tiqui ...>>

A la tercera línea, Villa no pudo dominar su impaciencia y me preguntó:

- ¿Llegó a tiempo la contraorden?

Villa said, and I don't know why he picked me:

"Will the counter-order get there in time? What do you think?"

"I hope so, General"

<Tic-trick-tic; trick-trick...>

"Are they answering, friend?"

"No, General, it's a different one".

As the minutes passed, we could hear in Villa's voice a vibration which we had never heard before: harmonics, veiled by emotion, deeper each time he asked if the <tic-tricks> were an acknowledgement of the counter-order. He had his eyes fixed on the little lever of the receiver, and whenever it showed the slightest movement he would say, as if he could influence the electricity running through the wires:

"Is it him?"

"No, General, it's someone else".

Twenty minutes had passed since the sending of the counter-order when the operator finally said:

"They're calling now". He picked up his pencil.

<Tic-trick-tic; trick-trick...>

Villa leaned further over the table. Llorente, however, stood up straight. I went over and sat next to the operator to read the message as he was writing it.

<Tric-trick-tic; trick-trick>

By the third line Villa could not contain his impatience and asked:

"Did the counter-order get there in

Yo, sin apartar los ojos de lo que el telegrafista escribía, hice con la cabeza señales de que sí, lo cual confirmé en seguida de palabra.

Villa sacó su pañuelo y se lo pasó por la frente para enjugarse el sudor.

Esa tarde comimos con él; pero durante todo el tiempo pasamos juntos no volvió a hablarse del suceso de la mañana. Sólo al despedirnos, ya bien entrada la noche, Villa nos dijo, sin entrar en explicaciones:

-Y muchas gracias, amigos, muchas gracias por lo del telegrama, lo de los prisioneros...

time?" Without taking my eyes off what the operator was writing, I nodded my head affirmatively, and then quickly confirmed it orally.

Villa took out his handkerchief and wiped the sweat from his brow.

That evening we ate with him; but during the whole time we sat together he did not talk about the morning's events. Only when we said goodbye, well after nightfall, Villa said to us, without any explanations:

"And thanks, friends, many thanks, for the business with the telegrams and the prisoners..."

Figura 19.7 Villistas

Lección 20. Literatura de
la Revolución Mexicana: Azuela

Mariano Azuela

Mariano Azuela (México, 1873-
1952) es otro de los grandes
novelistas de la Revolución
Mexicana. Como Guzmán,
acompañó a Villa y a otros jefes en
numerosas campañas. Pero su punto
de vista no es tan autobiográfico
como el de Guzmán, y trata de
presentar el punto de vista del
hombre común, del pueblo.

Había estudiado medicina,
aunque siempre tenía vocación de
escritor, empezando con una obra
titulada *Impresiones de un
estudiante,* a los 23 años de edad. Sus
obras cubren la Revolución desde el
período maderista (1910-13) hasta la
presidencia de Lázaro Cárdenas al

Figura 20.1 Presidente Madero

comienzo de la década de los años cuarenta. Cuando estalla la Revolución se incorpora al maderismo, y después al ejército de Pancho Villa como médico. Escribió la mayor parte de su obra principal, la novela *Los de abajo* (traducida como *The Underdogs)* durante este período con Villa. Cuando Villa es derrotado en la batalla de Celaya se exila a El Paso, Tejas, y ahí se publica la novela en 1915. El título revela la actitud de Azuela: el pueblo siempre es "el de abajo", a pesar de los supuestos cambios que trajo la Revolución.

El mismo tema persiste en el cuento que sigue. Juan Pablo es humilde hombre de pueblo, que por las circunstancias y su coraje personal, llega a ser jefe y general revolucionario. Pero los políticos corruptos lo traicionan, y al final lo ejecutan por su honestidad y por su lealtad a los ideales de la Revolución.

De cómo al fin lloró Juan Pablo

Juan Pablo está encapillado; mañana al rayar el alba, será conducido de su celda, entre clangor de clarines y batir de tambores, al fondo de las cuadras del cuartel, y allí, de espaldas a un angosto muro de adobes, ante todo el regimiento, se le formará el cuadro y será pasado por las armas.

Así paga con su vida el feo delito de traición.

¡Traición! ¡Traición!

La palabreja pronunciada en el Consejo Extraordinario de Guerra de ayer se ha clavado en mitad del corazón de Juan Pablo como un dardo de alacrán.

"Traición". Así dijo un oficialito, buen mozo, que guiñaba los ojos y movía las manos como esas gentes de las comedias. Así dijo un oficialito encorseletado, relamido, oloroso como las

Juan Pablo is locked up in the chapel. Tomorrow, at the crack of dawn, he will be taken from his cell amidst the sound of bugles and drums to the far end of the barracks blocks. And there, with his back to a narrow adobe wall, in front of the whole regiment, the squad will be formed and he will be executed.

Thus one pays with one's life for the ugly crime of treason.

Treason! Treason!

The harsh word spoken yesterday during the Extraordinary Court Martial has been stabbed into the center of Juan Pablo's heart like a scorpion's stinger.

"Treason". Thus spoke the handsome little officer, who blinked his eyes and moved his hands like a comic actor's. Thus spoke the corseted officer, affected, perfumed like the women of the

mujeres de la calle; un oficialito de tres galones muy brillantes... galones vírgenes.

Y la palabreja da vueltas en el cerebro de Juan Pablo como la idea fija en la rueda sin fin del cerebro de un tifoso.

"¡Traición!, ¡traición! ¿Pero traición a quién?"

Juan Pablo ruge, sin alzar la cabeza, removiendo la silla y haciendo rechinar sus ferradas botas en las baldosas.

streets; a little officer with three very shiny insignia ... virgin insignia.

And the word bounces around Juan Pablo's skull like a fixed idea in the endless ferris-wheel of a typhoid victim's brain.

"Treason! Treason! But treason against whom?"

Juan Pablo roars, but without raising his head, shifting in his chair and making his iron-trimmed boots creak on the tile floor.

Figura 20.2 Juan Pablo, encapillado

La guardia despierta:
"¡Centinela aaalerta!..."
"¡Centinela aaalerta!..."
Las voces se repiten alejándose, perdiéndose de patio en patio, hasta esfumarse pavorosas y escalofriantes en un gemido del viento. Después ladra un perro en la calle. Ladrido agudo, largo, plañidero, de una melancolía desgarradora, casi humana.

The guard awakes:
"Sentry aleeeeert!..."
"Sentry aleeeeert!..."
The call is repeated and moves into the distance, losing itself from patio to patio, until it fades fearfully and with a shudder in a whimper of wind. Then a dog barks in the street. A long sharp bark, mournful, with a tearful, almost human melancholy.

El día que llegó a Hostotipaquillo el periódico de México con la relación mentirosa de las hazañas del beodo Huerta y su cafrería, Pascual Bailón, hábil peluquero, y acertado boticario, convocó a sus íntimos.

"Pos será bueno acabar ya con los tiranos", respondió Juan Pablo que nunca hablaba.

Entonces Pascual Bailón, personaje de ascendiente, empapado en las lecturas de Juan A. Mateos, y de Don Ireneo Paz y de otros afamados escritores, con gesto épico y alcanzando con su verbo las alturas del cóndor, dijo así:

"Compañeros, es de cobardes hablar en lenguas, cuando ya nuestros hermanos del Norte están hablando en pólvora".

Juan Pablo fue el primero en salir a la calle.

Los conjurados, en número de siete, no hablaron en pólvora porque no tenían ni pistolas de chispa; tan bien hablaron en hierro, que dejaron mudos para siempre a los tiranos del pueblo, al alcalde y los jenízaros de la cárcel municipal, amén de ponerle fuego a La Simpatía (abarrotes y misceláneas) de Don Telésforo, el cacique principal.

Pascual Bailón y los suyos remontaron a las barrancas de Tequila. Luego de su primera escaramuza con los federales, verificóse un movimiento

The day that the Mexico City newspaper arrived in Hostotipaquillo with the lies telling of the feats of the drunkard Huerta and his savages, Pascual Bailón, skillful barber and sure druggist, called his intimate friends together.

"It would be good to get rid of the tyrants now", replied Juan Pablo, who never spoke.

Then Pascual Bailón, a personage of some note, full of the readings of Juan A. Mateos and Don Ireneo Paz and other famous writers, with an epic gesture, and with his words reaching the heights of condors, spoke thusly:

"Friends, it is cowardly to speak in tongues, when our brothers to the North are speaking with gun powder".

Juan Pablo was the first to go out into the street.

The conspirators, numbering seven, did not speak with powder because they didn't even have flintlock pistols. But they did speak with iron, and they permanently silenced the tyrants of the village, the mayor and the guards of the municipal jail, to say nothing of setting fire to the La Simpatía store (odds and ends) belonging to Don Telésforo, the local political boss.

Pascual Bailón and his men went up to the ravines of Tequila. After their first skirmish with the Federals, there occurred a radical move which realigned the

jerárquico radical; Pascual Bailón, que procuraba ponerse siempre a respetable distancia de la línea de fuego, dijo que a eso él le llamaba, con la historia, prudencia; pero los demás, que ni leer sabían, en su caló un tanto rudo, mas no desprovisto de color, dijeron que eso se llamaba simplemente "argolla". Entonces, por unanimidad de pareceres, tomó la jefatura de la facción Juan Pablo, que en el pueblo sólo se había distinguido por su retraimiento hosco y por su habilidad muy relativa para calzar una reja, aguzar un barretón o sacarle filo a un machete. Valor temerario y serenidad fueron para Juan Pablo como para el aguilucho desplegar las alas y hender los aires.

Al triunfo de la Revolución podía ostentar, sin mengua de la vergüenza y del pudor, sus insignias de general.

Las parejas de enamorados que gustan de ver el follaje del jardín Santiago Tlatelolco tinto en el oro vaporoso del sol naciente tropezaron a menudo con un recio mocetón, tendido a la bartola en una banca, en mangas de camisa, desnudo el velloso pecho; a veces contemplando embebecido un costado mohoso y carcomido de la iglesia; sus vetustas torrecillas desiguales que recortan claros zafirinos, débilmente rosados por la hora; otras veces con un número de El Pueblo, a deletrea que

hierarchy. Pascual Bailón had always tried to place himself at a respectable distance from the line of fire, which he called, based on his readings of history, "prudence". But the others, who didn't even know how to read, said that this was simply called "fear". Then, by unanimity, Juan Pablo assumed the leadership of the group. This was Juan Pablo who in the village had been known only for his rough withdrawal, or by his very limited ability to put an edge on a plow, whet a workman's bar, or sharpen a machete. Fearless valor and serenity were for Juan Pablo the same thing as an eaglet's ability to spread its wings and fly through the sky.

When the Revolution triumphed he was able to proudly wear, without any shame or false modesty, his insignias of the rank of general.

The pairs of lovers who liked to see the foliage of Mexico City's Santiago Tlatelolco garden tinted in the golden vapors of the morning sun would frequently run across a rough-looking man, carelessly leaning back on a park bench, in shirt-sleeves, his shirtfront open to show a hairy chest; sometimes he would drunkenly contemplate the moldy and eroded side of the church, its old and uneven rose-colored towers cutting into the sapphire-blue sky; other times he would be with a copy of El Pueblo,

deletrea.

Juan Pablo, de guarnición en la capital, poco sabe de periódicos, desde que Pascual Bailón, nuevo Cincinato, después de salvar a la patria, se ha retirado a la vida privada a cuidar sus intereses (una hacienda en Michoacán y un

painfully spelling out each word.

Juan Pablo, on garrison duty in the capital, knows little about newspapers, now that Pascual Bailón, the new Cincinattus, having saved the motherland, has retired to private life to look after his interests (an hacienda in

Figura 20.3 El pueblo mexicano

ferrocalito muy regularmente equipado); pero cuando el título del periódico viene en letras rojas y con la enésima noticia de que "Doroteo Arango ha sido muerto" o que "el Gobierno ha rehusado el ofrecimiento de quinientos millones de dólares que le ofrecen los banqueros norteamericanos", o bien como ahora que "ya el pueblo está sintiendo los inmensos beneficios de la Revolución", entonces compra el diario. Excusado decir que Juan Pablo prohija la opinión de El Pueblo de hoy: su chaleco está desabrochado porque no le cierra más; la punta de su nariz se empurpura y

Michoacán and a rather nicely equipped little railroad). But when the newspaper's headline is printed in red for the nth time with the news "Doroteo Arango (Pancho Villa) has been killed" or that "the Government has refused the offer of five hundred million dollars made by US bankers", or perhaps now that "the people are beginning to feel the immense benefits of the Revolution", he then buys the paper. Clearly, Juan Pablo adopts the daily opinion of El Pueblo: his jacket is unbuttoned because it no longer closes; the point of his nose has become purple and it has begun to sprout rather large little veins

comienzan a culebrear por ella venillas muy erectas, y a su lado juguetea una linda adolescente vestida de tul blanco floreado, con un listón muy encendido en la nuca, otro más grande y abierto como mariposa de fuego al extremo de la trenza que cae pesada en medio de unas caderas que comienzan apenas a ensanchar.

Juan Pablo acaba rendido la lectura de "los Inmensos Beneficios que la Revolución le ha traído al Pueblo" a la sazón que sus ojos reparan en el centenar de mugrientos, piojosos y cadavéricos que están haciendo cola a lo largo de la duodécima calle del Factor, en espera de que abra sus puertas un molino de nixtamal. Juan Pablo frunce el ala izquierda de su nariz y se inclina a rascarse un tobillo. No es que Juan Pablo, herido por la coincidencia, haya reflexionado. No. Juan Pablo ordinariamente no piensa. Lo que ocurre en las reconditeces de su subconsciencia suele exteriorizarse así: un fruncir de nariz, un sordo escozor, algo así como si se le paseara una pulga por las pantorrillas. Eso es todo.

Y bien, es ésta la tercera vez que Juan Pablo está encapillado. Una por haberle desbaratado la cara a un barbilindo de la Secretaría de Guerra; otra por haber alojado en la cabeza de un pagador una bala de revólver. Todo por nada, por minucias de servicio. Porque en la lógica de mezquite de Juan Pablo

which wind through it like a snake; at his side plays a pretty adolescent dressed in flowery white, with a bright ribbon at her neck, and another, larger and opened up like a butterfly tied to the end of the braid which lies, heavily, in the midst of hips which have only just begun to broaden.

Juan Pablo had just finished reading of "the Immense Benefits which the Revolution has brought the People", when his eyes fix upon a hundred or so filthy, flea-bitten, cadaverous individuals who are standing in line along the twelfth Factor street, waiting for the opening of the corn mill. Juan Pablo scrunches his left nostril and leans over to scratch his ankle. It is not that Juan Pablo, stung by coincidence, has reflected. No. Juan Pablo does not ordinarily think. What happens in the depths of his subconscious usually emerges to the surface this way: the scrunching of a nostril, a silent snap, as if a flea had walked across his calf. That is all.

Indeed, this is the third time Juan Pablo has awaited execution. The first was for having rearranged the face of an effeminate emissary of the War Secretary; the second for having put a bullet in the head of a paymaster. Not major events, just the minutiae of service. Because in the dense mesquite-like

no cabrá jamás eso de que después del triunfo de la revolución del pueblo sigan como siempre unos esclavizados a los otros. En su regimiento, en efecto, jamás se observó más línea de conducta que ésta: "No volverle jamás la espalda al enemigo". El resto avéngaselo cada cual como mejor le cuadre. Se comprende qué hombres llevaría consigo Juan Pablo. Se comprende cómo lo adoraría su gente. Y se comprende también que por justos resquemores de esa gente el Gobierno haya puesto dos veces en libertad a Juan Pablo.

Sólo que la segunda salió de la prisión a encontrarse con una novedad: su regimiento disuelto, sus soldados incorporados a cuerpos remotísimos; unos en Sonora, otros en Chihuahua, otros en Tampico y unos cuantos en Morelos.

Juan Pablo, general en depósito sin más capital que su magnífica Colt izquierda, sintió entonces la nostalgia del terruño lejano, de sus camaradas de pelea, de su libertad más mermada hoy que cuando majaba el hierro, sin más tiranos en la cabeza que el pobre diablo de la Simpatía (abarrotes y misceláneas) y los tres o cuatro "gatos" que fundían de gendarmes municipales, excelentes personas por lo demás, si uno no se mete con ellos. Juan Pablo así lo reconoce ahora, suspirando y vueltas las narices al occidente.

logic of Juan Pablo there was no room for this about the people continuing to be enslaved by others after the triumph of the Revolution. In his regiment the only line of action that was followed was "Don't ever turn your back to the enemy". The rest would be sorted out later. One can understand the kind of men Juan Pablo would take with him, and why they adored him. And one can understand the valid reasons why the Government, concerned about the just complaints of his people, would have twice set him free.

But the second time he came out of jail he found something new: his regiment had been dissolved, and his men broken up and sent to remote units; some in Sonora, others in Chihuahua, others in Tampico and a few in Morelos.

Juan Pablo, a warehoused general with no more capital than the Colt at his left side, then felt the nostalgia for his little plot of homeland, and his old fighting buddies, with his freedom more limited now than when he was a blacksmith, and when the only tyrants in his head were the poor devil of the La Simpatía village store, (odds and ends), and the three or four "cats" holstered by the municipal guards, good fellows generally, if one did not mess around with them. Juan Pablo recognized this now, sighing and turning his nostrils to the west.

Una noche, cierto individuo que de días atrás viene ocupando el sitio frontero a Juan Pablo en el restaurante se rasca la cabeza, suspira y rumora: "Los civilistas nos roban".

Juan Pablo, cejijunto, mira a su interlocutor, come y calla.

Al día siguiente: "Los civilistas se han apoderado de nuestra cosecha; nosotros sembramos la tierra, nosotros la regamos con nuestra propia sangre".

Juan Pablo deja el platillo un instante, pliega el ala izquierda de la nariz, se inclina y se rasca un tobillo. Luego come y calla.

Otro día: "'Los civilistas ya no son las moscas, ahora se han sentado a la mesa y a nosotros nos arrojan, como al perro, las sobras del paquete".

Juan Pablo, impaciente al fin, pregunta: "¿Por eso, pues, quiénes jijos de un... son esos tales civilistas?"

"Los que nos han echado de nuestro campo... los catrines..."

La luz se hace en el cerebro de Juan Pablo.

Al día siguiente es él quien habla; "Sería bueno acabar con los tiranos".

Su amigo lo lleva por la noche a una junta secreta por un arrabal siniestro. Allí están reunidos los conjurados. Uno, el más respetable, diserta con sombrío acento sobre el tema que ya es

One evening, a certain individual who a few days before had been sitting in front of Juan Pablo in the restaurant scratches his head, sighs, and mumbles: "Those 'civilistas' are robbing us".

Juan Pablo, brows furrowed, looks at him, eats, and is quiet.

The next day: "The 'civilistas' have gotten a hold of our crops; and this after we have sowed the earth and watered it with our own blood".

Juan Pablo leaves his plate for a second, folds the left half of his nose, and scratches his ankle. Then he eats and is quiet.

Another day: "The 'civilistas' are not just flies any more. Now they have taken over the table and they throw us, as if we were dogs, the leftovers from their meal".

Juan Pablo, finally impatient, asks: "But well, who are those sons of... who are those 'civilistas'?"

"Those who have stolen our land, those lazy bastards"...

The light went on in Juan Pablo's head.

The next day it is he who speaks: "It would be good to get rid of those tyrants".

His friend takes him that night to a secret meeting in the sinister suburbs. There the conspirators are meeting. One, more respectable, speaks with sober tones on the theme that it is time to give the

tiempo de que al pueblo le demos patria.

Alelado, Juan Pablo no siente cuando las puertas y ventanas contiguas se cuajan de brillantes cañones de fusil.

Un vozarrón: "¡Arriba las manos!"

Todo el mundo las levanta. Juan Pablo también las levanta; mejor dicho alza la derecha empuñando vigorosamente la Colt izquierda.

"¡Ríndase o hago fuego!", ruge una voz tan cerca de él que le hace dar un salto de fiera hacia atrás. Y Juan Pablo responde vaciando la carga de su revólver.

En medio de la blanca humareda, entre el viejo fulgor de los fogonazos, bajo la tibia penumbra de un farol grasiento, Juan Pablo, crispada la melena, blancos los dientes, sonríe en su apoteosis.

Cuando los tiros se agotan y no queda figura humana en los oscuros huecos de puertas y ventanas, caen sobre él como un rayo los mismos conjurados.

Agarrotado de pies y manos, Juan Pablo sigue sonriendo.

No hay jactancia alguna, pues, en que Juan Pablo diga que tantas veces se ha encontrado frente a frente con la muerte que ya aprendió a verla de cara sin que le tiemblen las corvas.

Si hoy lleva seis horas enclavado en una silla de tule, la

people their motherland.

Absorbed and unaware, Juan Pablo does not realize that the doors and windows are gradually filling up with shiny rifle barrels.

A harsh voice: "Hands up!"

Everyone puts them up. Juan Pablo also puts his hands up: or better said he raises his right hand vigorously, his fist wrapped around his Colt.

"Surrender or I'll shoot!" roars out a voice so close to him that it makes him leap backward violently. And Juan Pablo replies by emptying the chambers of his revolver.

In the midst of the white smoke, between the flash of the firing, under the dim light of the greasy lantern, Juan Pablo, his hair twitching, his teeth showing white, smiles in his apotheosis.

When the firing ends and there is no human figure left in the dim corners of the doors and windows, the conspirators themselves fall on him like a bolt of lightning.

Hands and feet tied, Juan Pablo keeps smiling.

And so there is no idle mocking when Juan Pablo says that he has been face to face with death so often that he is used to seeing her head-on without having his legs tremble.

If for the last six hours he has been rooted in his fabric chair, with

vigorosa cabeza hundida entre sus manos nervudas y requemadas, es porque algo más cruel que la muerte lo destroza. Juan Pablo oye todavía: "¡Traición... traición...!", cuando una a una caen lentas y pausadas las campanadas del alba.

"¿Pero traición a quién, Madre mía del Refugio?"

Sin abrir los ojos está mirando el altarcito en uno de los muros del cuartucho; una estampa de Nuestra Señora del Refugio, dos manojos de flores ya marchitas y una lamparita de aceite que derrama su luz amarillenta y funeraria. Entonces dos lagrimones se precipitan a sus ojos.

"¡Imposible! -Juan Pablo da un salto de león herido-... ¡Imposible!... Clarividencias de moribundo le traen viva la escena de infancia, ruidoso covachón, negro de hollín, gran fuego en el hogar, y un niño de manos inseguras que no saben tener la tenaza y dejan escapar el hierro candente... Luego un grito y los ojos que se llenan de lágrimas... Al extremo de la fragua se yergue un viejo semidesnudo, reseco, como corteza de roble, barbado en grandes madejas como ixtle chamuscado:

"¿Qué es eso, Juan Pablo?... Los hombres no lloran!

En huecas frases revestidas de hipocresía reporteril, la prensa dice que el ajusticiado murió con gran serenidad. Agregan los reporteros

his vigorous head sunk in his strong and sunburned hands, it is because something more cruel than death is destroying him. Juan Pablo still hears: "Treason! ... treason!", as the slow and steady ringing of the bells announces the dawn.

"But treason against whom, Holy Mother of the Refugio?"

Without opening his eyes he is looking at the little altar mounted on one of the walls of his little room; a religious figure of Our Lady of Refugio, two handfuls of withered flowers and a little oil lamp that sheds its yellow and funeral light. Then two large tears come to his eyes.

"Impossible!" Juan Pablo leaps with the energy of a wounded lion... "Impossible". But the clear insight of those facing death takes him back to a vivid scene of his infancy, in a noisy hut, black with soot, a great fire, and a little boy with unsure hands who cannot hold the tongs and drops the red-hot iron... Then a cry of pain and his eyes fill with tears... On the other side of the forge an old, barechested man stands tall, dried out like the bark of an oak tree, bearded with great hanks of hair like burned ixtle plant fibers.

"What is this, Juan Pablo? Men don't cry!"

In hollow phrases wrapped in journalistic hypocrisy, the press said the prisoner died with great serenity. The reporters added that

que las últimas palabras del reo fueron éstas: "No me tiren a la cara", y que con tal acento las pronunció, que más parecía dictar una orden que implorar una gracia.

Parece que la escolta estuvo irreprochable. Juan Pablo dio un salto adelante, resbaló y cayó tendido de cara a las estrellas, sin contraer más una sola de sus líneas.

Eso fue todo lo que vieron los reporteros. Yo vi más. Vi cómo en los ojos vitrificados de Juan Pablo asomaron tímidamente dos gotitas de diamantes que crecían, crecían, que se dilataban, que parecían querer subir al cielo...sí, dos estrellas...

the last words of the culprit were these: "Don't fire at my face", and that he pronounced the words with such authority that they seemed more like an order than a plea.

It seemed that the firing squad did their job well. Juan Pablo jerked forward, slipped, and fell with his face to the stars, without crumpling, lying strait out.

That was all the reporters saw. I saw more. I saw how in the glassy eyes of Juan Pablo two little diamond drops timidly grew and grew, and spread, as if they wanted to climb to the sky ... yes, two stars...

Figura 20.4 Muere Juan Pablo

Terminología

En esta sección se presentan los términos especializados que se usan en este texto para describir los movimientos literarios y culturales de interés.

Antítesis: un juego de palabras típico del barroco en que se contraponen dos ideas para lograr un efecto estético o intelectual especial.

Barroco: corriente cultural y literaria fundamental en la época colonial. En España se asocia con la Contrareforma y la lucha contra el Protestantismo comenzando a mediados del Siglo XVI. En América es la corriente principal entre el Renacimiento (período de descubrimiento) y el Neoclasicismo que acompaña a los movimientos de la independencia a comienzos del Siglo XIX. El Barroco se caracteriza por el gran lujo de detalle, la ornamentación a veces un poco artificial, y los complicados juegos de palabras e ideas. En la arquitectura resaltan las iglesias coloniales, con sus increíbles detalles y ornamentación. El impacto político del Barroco fue resultado del énfasis en el poder de la principal institución colonial (la Iglesia Católica) y hacer notar su estrecha relación con la corona y el estado. Ver también: antítesis, conceptismo, retruécano

Churrigueresco: dentro de la arquitectura del Barroco, una tendencia hacia la ornamentación sobrecargada. Su nombre deriva del arquitecto

español José Churriguera, pero el estilo llegó a su apogeo en las iglesias mexicanas del Siglo XVIII.

Conceptismo: aspecto del barroco, especialmente en la literatura, que usa la agudeza del genio del autor para lograr efectos inesperados por medio de juegos de palabras, retruécanos y metáforas. La afectación intelectual del conceptismo frecuentemente crea una prosa casi incomprensible para el lector de hoy. En España se asocia con Quevedo y Góngora. Ejemplo: "derretirse en lágrimas".

Costumbrismo: corriente literaria que enfatiza las costumbres y maneras de ser de un pueblo, generalmente de campo o zona rural. Aunque siempre ha existido, a mediados del Siglo XIX forma una especie de puente literario entre el Romanticismo y el Realismo. Generalmente el Costumbrismo es espontáneo, ingenuo, inocente y no muy pulido. El personaje y la trama son de menor importancia que el paisaje y las costumbres y maneras de ser. Por su enfoque en ciertos lugares, es también frecuentemente llamado Regionalismo o Criollismo.

Crónicas: en general, son relatos o informes que documentan la historia de algún evento de importancia. En la literatura latinoamericana el término se refiere más que nada a las historias y documentación preparada por los descubridores y conquistadores en el Siglo XVI. La crónica escrita en el campo de batalla o conquista era vívida, realista, y a veces con errores de estilo y gramática. Un segundo tipo de crónica, escrito en la corte o la capital colonial, lejos del lugar de los hechos, es más pulido y elegante, pero no tiene la fuerza del primer tipo, y a veces exageraba o inventaba.

Edad Media: en la historia de Europa, es el período entre la caída del Imperio Romano (Siglo V) y el Renacimiento (Siglo XV). Las principales manifestaciones de la cultura estaban controladas por la Iglesia Católica, y enfatizaban la enseñanza moral, la escolástica, y la subordinación del hombre a la Iglesia.

Epica, poesía: poema con tema heroico, generalmente extenso, que documenta y glorifica las hazañas de un gran héroe, o un pueblo heroico.

Humanismo: elemento del Renacimiento que da mayor importancia al ser humano (haciendo contraste con la tendencia de la Edad Media de poner a la Iglesia y a la religión por encima de todo). Fue una renovación basada en los valores culturales clásicos de Roma y Grecia.

Ilustración (inglés= Enlightenment): movimiento intelectual que comienza en Francia en el Siglo XVIII con los enciclopedistas (Rousseau, Diderot, Voltaire) y también en Inglaterra (Locke, Hume). La Ilustración menosprecia lo teológico y la escolástica para enfatizar el poder de la razón, la bondad humana, y el "salvaje noble". En la literatura se asoció con el Neoclasicismo, y en la política con el liberalismo y los movimientos de independencia del Siglo XVIII y XIX.

Indianismo: dentro del Romanticismo, es la tendencia de idealizar al indígena y presentarlo como un elemento secundario, casi como si fuera parte del paisaje, con poca consideración de las realidades de sus condiciones sociales, económicas o políticas.

Indigenismo: haciendo contraste con el indianismo, el indigenismo enfatiza los abusos y la opresión que ha sufrido el indígena. Es especialmente notable en el Naturalismo, que enfoca estos aspectos negativos para tratar de cambiarlos. El indigenismo es también asociado con la literatura de protesta desde el Padre Bartolomé de las Casas hasta el día de hoy.

Misticismo: en general, el proceso que emplean ciertos religiosos para encontrar un camino directo a su Dios por medio de un estado de perfección espiritual en que el ser y su Dios se funden en amor y éxtasis. En América Latina el misticismo fue un elemento importante en el Barroco.

Modernismo: corriente hispanoamericana de gran originalidad que renovó las literaturas a finales del Siglo XIX, especialmente en la poesía. Se emplearon imágenes vívidas, colores, musicalidad y simbolismo. Muchos modernistas usaron la literatura para escapar de algunas tristes realidades humanas, como si su mundo fuese una torre de marfil. Reemplaza los excesos sentimentales del Romanticismo con una literatura más abstracta, pulida, y bella, con énfasis en la forma por sobre el contenido y el "arte por el arte". También es una reacción ante los aspectos

desagradables que enfatizaron el Realismo y el Naturalismo. Por el momento histórico en que aparece (fines del Siglo XIX), se ve obligado a incluir una fase política que analiza el creciente poder de los Estados Unidos. Ver: Parnasianismo, Simbolismo.

Naturalismo: tendencia filosófica y literaria de fines del Siglo XIX que emplea el énfasis en lo feo y sórdido de la sociedad para tratar de cambiarlo. Intenta ser científico cuando busca "leyes" universales que rigen la conducta humana y el mundo natural; si se encuentran estas leyes, argumentan los naturalistas, se deben respetarlas, y de este modo la condición humana mejorará. En este sentido es determinista y materialista, porque mantiene que el destino del hombre está determinado por estas leyes, por su herencia biológica, y por las circunstancias en que nace y vive. Se asoció con el Positivismo y el Realismo (aunque esta última corriente no enfatiza los aspectos feos y sórdidos). El Naturalismo latinoamericano se basó en el francés, especialmente la obra de Emile Zola.

Neoclasicismo: corriente literaria europea y latinoamericana que reemplazó al Barroco durante el período de independencia a fines del Siglo XVIII y comienzos del XIX. Intelectualmente se asoció con la Ilustración, y representa un regreso a los modelos clásicos de Grecia y Roma. Comparado con el Barroco que reemplaza, y el Romanticismo que viene después, el Neoclasicismo es más frío, rígido e intelectual; el cerebro domina al corazón. En la arquitectura (especialmente en los edificios públicos) predomina la sencillez de modelos romanos y griegos. Los neoclásicos creían que el arte debería conformarse a ciertas reglas bastante rígidas derivadas de los modelos clásicos, y en la literatura esto significaba la necesidad de respetar las "tres unidades" (tiempo, lugar, acción).

Parnasianismo: corriente literaria francesa del Siglo XIX que enfatizaba la forma por encima del contenido. El Monte Parnaso era una montaña sagrada en Grecia, hogar de Apolo y las musas poéticas. El Parnasianismo enfatizaba la herencia clásica de Grecia y Roma, y tuvo gran influencia en el Modernismo latinoamericano.

Plateresco: dentro del Barroco colonial, fue una corriente en la arquitectura y la decoración que usaba el detalle tan fino y complejo que

parecía trabajo en plata.

Positivismo: corriente filosófica del Siglo XIX que se asoció con el Naturalismo en la literatura. El Positivismo tiene origen francés (Auguste Comte, 1798-1857), y argumentó que el mundo natural tiene una serie de reglas y leyes "científicas". Al descubrir, entender y respetar estas leyes dentro de un marco de orden social, la humanidad tendrá un progreso inevitable. El Positivismo tuvo un impacto considerable en la vida política de varios países, especialmente Brasil (hay que notar las palabras en el centro de su bandera: "ordem e progresso") y en el México de Porfirio Díaz (1876-1910), donde los intelectuales positivistas que asesoraban a Díaz fueron apodados "los científicos".

Realismo: corriente literaria que trata de presentar al mundo como es, objetivamente, incluyendo tanto los aspectos negativos como los positivos. Es una evolución lógica del Costumbrismo, y apoya al Naturalismo en el sentido que incluye los elementos negativos y feos (pero, haciendo contraste con el Naturalismo, no los enfatiza). El Realismo es una "cámara fotográfica" que documenta el mundo real sin los lentes idealizadores del Romanticismo, ni los ideológicos del Naturalismo.

Regionalismo: variante del Costumbrismo que enfatiza las maneras de ser de cierta zona geográfica, normalmente rural.

Renacimiento: en Europa, movimiento cultural que marca el fin de la Edad Media. Renovación de muchos aspectos del arte y la literatura, con un regreso a los modelos greco-romanos. El hombre adquiere mayor importancia, en comparación con la Edad Media, en que la Iglesia y la teología dominaban. El "hombre renacentista" era polifacético, de pluma y espada, capaz en cualquier día de ganar una batalla, escribir un poema, lanzarse en una aventura romántica y hacer un descubrimiento geográfico. En América, Colón trae el Renacimiento en sus aspectos cartográficos y geográficos; en la literatura lo traen los primeros escritores épicos (Ercilla).

Retruécano: juego de palabras, especialmente notable en la literatura barroca, que emplea ideas opuestas o complementarias en una relación nueva y original.

Romanticismo: la principal corriente cultural latinoamericana de mediados del Siglo XIX. Por su énfasis en el sentimentalismo y la idealización del paisaje y del ser humano, es lo opuesto del Neoclasicismo; es la victoria del corazón por sobre el cerebro, del sentimentalismo sobre la razón. Es también una especie de rebelión contra las estrictas reglas del Neoclasicismo, y la única regla es dejar al corazón desbordarse con las emociones (amor, desesperación, alegría, angustia). Enfatiza también el individualismo y el subjetivismo del autor o el héroe romántico, que frecuentemente es exilado o separado de las corrientes principales de la sociedad. En su fase política (especialmente notable en la Argentina) se asocia con el liberalismo y la lucha contra los dictadores y los conservadores.

Simbolismo: corriente literaria francesa de fines del Siglo XIX que tuvo influencia sobre el Modernismo. Empleó la poesía para lograr efectos musicales.

Surrealismo: movimiento que busca ir más allá de la realidad física para encontrar otra realidad basada en el mundo de los sueños y de los substratos psicológicos del ser humano. En el mundo surreal el tiempo y el espacio se combinan y se cambian en formas fantásticas que el mundo "real" no aceptaría como posibles.

Bibliografía

Adams, Nicholson B., et al. *Hispanoamérica en su literatura.* (2nd ed.)
New York: W. W. Norton, 1993.

Anderson Imbert, Enrique. *Literatura hispanoamericana.* New York:
Holt, Rinehart, 1960.

Chang-Rodríguez, Raquel. *Voces de Hispanoamérica.* Boston: Heinle &
Heinle, 1988.

Englekirk, John E. *An Outline History of Spanish American Literature.*
New York: Appleton-Century-Crofts, 1965.

Fornés Bonavía, Leopoldo. *Fundamentos de historia de América.* Madrid:
Playor, 1984.

Foster, David William. *Literatura hispanoamericana.* New York: Garland
Publishing, 1994.

González, J. R. *Literatura moderna hispánica.* Lincolnwood, Il: National
Textbook Company, 1991.

León-Portilla, Miguel. *Literaturas indígenas de México.* México: Fondo
de Cultura Económica, 1992.

Mujica, Bárbara. *Texto y vida: introducción a la literatura hispanoamericana.* New York: Harcourt Brace Jovanovich, 1992.

Picon Garfield, Evelyn. *Las literaturas hispánicas.* Detroit: Wayne State University Press, 1991.

Rodríguez Monegal, Emir. *The Borzoi Anthology of Latin American Literature.* New York: Knopf, 1988.

Solé, Carlos A., (ed.) *Latin American Writers.* New York: Scribner's, 1989. (Tres tomos).

Virgilio, Carmelo, et al, *Aproximaciones al estudio de la literatura hispánica.* New York: Random House, 1989.

Indice de materias

About the author

Dr. Jack Child is professor of Spanish and Latin American Studies in the Department of Language and Foreign Studies of The American University, Washington, DC. He was born of American parents in Buenos Aires, Argentina, and lived in South America for 18 years before coming to the United States in 1955 to attend Yale University. Following graduation from Yale, he entered the U.S. Army, and served for 20 years as an Army Latin American Specialist until his retirement as a lieutenant colonel in 1980. His M.A. and Ph. D. are from The American University.

In 1980 he joined The American University's School of International Service as Assistant Dean. Two years later he moved to the Department of Language and Foreign Studies, where he teaches a variety of courses (in both English and Spanish) dealing with translation, conflict, and Latin American studies. He has a special interest in using literature and art to teach history, and has authored several Macintosh computer programs.

His principal research interests have focused on conflict and its resolution in Latin America and Antarctica. He has worked with the U.S. Institute of Peace and the International Peace Academy (associated with the United Nations in New York), on issues dealing with peacekeeping and confidence-building measures in Central and South America, and the Antarctic Quadrant of South America. His interest in high latitudes has taken him to Alaska, and on seven trips as staff lecturer aboard expedition cruise vessels to Antarctica and various sub-Antarctic islands, including the Malvinas/Falklands and South Georgia.

His published books include: *Latin America: History, Art, Literature* (with software), 1993. *The Central American Peace Process, 1983-1991: Sheathing Swords, Building Confidence,* 1992. *Introduction to Spanish Translation,* 1992. *Geopolitics of the Southern Cone and Antarctica,* coedited, 1988. *Antarctica and South American Geopolitics: Frozen Lebensraum,* 1988. *Regional Cooperation and the Peaceful Settlement of Disputes in Latin America,* ed., 1987. *Conflict in Central America: Approaches to Peace and Security,* ed., 1986. *Quarrels Among Neighbors: Geopolitics and Conflict in South America,* 1985. *Latin America: International Relations,* coauthored, 1981. *Unequal Alliance: The Inter-American Military System, 1938-1978,* 1980.

Computer software authored (Macintosh Hypercard): "Latin America: History, Art, Literature", "Introduction to the Geography of Latin America", and "Introduction to Latin American Literature".